CODE MILITAIRE.

TOME TROISIÈME.

F.

CODE MILITAIRE,

RECUEIL MÉTHODIQUE

DES DÉCRETS

Relatifs aux troupes de ligne et à la gendarmerie nationale.

Rendus par les assemblées constituante et législative, et par la convention nationale, depuis 1789, jusques et compris le 15 juin 1793.

TOME TROISIÈME.

À PARIS,

DE L'IMPRIMERIE DE PRAULT,

AU PALAIS.

M. DCC. XCIII.

TABLE DES CHAPITRES

ET DES DÉCRETS,

COMPOSANT LE TROISIÈME VOLUME

DU CODE MILITAIRE.

a

a 2

CHAPITRE XXIV.

Fêtes nationales et fédération.

CHAPITRE XXV.

Gendarmerie nationale.

SECTION PREMIÈRE.

Organisation de la gendarmerie nationale à pied et à cheval.

DATES des DÉCRETS.	TITRES DES DÉCRETS.	DATES des LOIX.
2 sept. 1792.	Décret relatif aux deux compagnies à cheval de la gendarmerie de la première division du département de Paris. 271.	29 Sept. 1792. 16 Mai.
5 septem. ...	Décret relatif aux gendarmes de la vingt neuvième division de la gendarmerie nationale à cheval. 273.	3 Septemb.
5 Sept. ...	Décret relatif à l'état-major, et aux officiers des trois divisions de gendarmerie nationale, formées par le décret du 16 juillet. 273.	4 Septemb.
5 Septem. ...	Décret qui autorise le pouvoir exécutif provisoire à faire partir pour les frontières des gendarmes en exercice auprès des tribunaux de Paris. 274.	5 septemb.
5 Septembre.	Décret relatif aux gendarmes à cheval de la vingt neuvième division. 275.	5 Sept. 1792.
5 Septem. ...	Décret relatif à l'expédition des brevets des officiers de la gendarmerie et des compagnies franches. 275.	6 Septem.
11 septemb.	Décret relatif à l'habillement et à l'équipement des citoyens reconnus pour s'être distingués à la prise de la bastille. 276.	11 Sept.
11 Septemb.	Décret relatif aux pensions des officiers licenciés de la gendarmerie nationale du département de Paris. 277.	15 septemb.
2 Octobre.	Décret relatif à la solde provisoire des trois compagnies de la trente-deuxième division de la gendarmerie nationale. 278.	5 Octobre.

CODE

CODE MILITAIRE.

CHAPITRE XXI.

DROITS DE PAIX ET DE GUERRE,

ET DÉCLARATION DE GUERRE.

Décret de la convention nationale, concernant le droit de faire la paix et la guerre.

Du 22 mai 1792. = 27 du même mois.

L'ASSEMBLÉE NATIONALE, décrète comme articles constitutionnels ce qui suit :

ART. Iᵉʳ. Le droit de la paix et de la guerre appartient à la nation :

La guerre ne pourra être décidée que par un décret du corps législatif, qui sera rendu sur la proposition formelle et nécessaire du roi, et ensuite sanctionné par sa majesté.

II. Le soin de veiller à la sûreté extérieure du royaume, de maintenir ses droits et ses possessions, est délégué au roi par la constitution de l'état ; ainsi lui seul peut entretenir des relations politiques au dehors, conduire les négociations, en choisir les agens, faire des préparatifs de guerre proportionnés à ceux des états voisins, distribuer les forces

Tome II. A

de terre et de mer, ainsi qu'il le jugera convenable, et en régler la direction en cas de guerre.

III. Dans le cas d'hostilités imminentes ou commencées, d'un allié à soutenir, d'un droit à conserver par la force des armes, le pouvoir exécutif sera tenu d'en donner, sans aucun délai, la notification au corps législatif, d'en faire connoître les causes et les motifs; et si le corps législatif est en vacances, il se rassemblera sur le champ.

IV. Sur cette notification, si le corps législatif juge que les hostilités commencées soient une agression coupable de la part des ministres ou de quelque autre agent du pouvoir exécutif, l'auteur de cette agression sera poursuivi comme criminel de lèze-nation: l'assemblée nationale déclarant à cet effet que la nation française renonce à entreprendre aucune guerre, dans la vue de faire des conquêtes, et qu'elle n'emploira jamais ses forces contre la liberté d'aucun peuple.

V. Sur la même notification, si le corps législatif décide que la guerre ne doit pas être faite, le pouvoir exécutif sera tenu de prendre sur le champ des mesures pour faire cesser ou prévenir toutes hostilités, les ministres demeurant responsables des délais.

VI. Toute déclaration de guerre sera faite en ces termes: *de la part du roi des français, au nom de la nation.*

VII. Pendant tous le cours de la guerre, le corps législatif pourra requérir le pouvoir exécutif de négocier la paix, et le pouvoir exécutif sera tenu de déférer à cette réquisition.

VIII. A l'instant où la guerre cessera, le corps législatif fixera le délai dans lequel les troupes levées au-dessus du pied de paix, seront congédiées, et l'armée réduite à son état permanent. La solde desdites troupes ne sera continuée que jusqu'à la même époque, après laquelle, si les troupes excédant le pied de paix, restoient rassemblées, le ministre sera responsable et poursuivi comme criminel de lèze-nation.

IX. Il appartient au roi d'arrêter et de signer avec les puissances étrangères tous les traités de paix, d'alliance et de commerce, et autres conventions qu'il jugera nécessaires au bien de l'état ; mais lesdits traités et conventions n'auront d'effet qu'autant qu'ils auront été ratifiés par le corps législatif.

Décret contenant la déclaration des motifs qui déterminent les résolutions de la France, et l'exposition des principes qui dirigeront sa conduite, dans l'exercice du droit de la guerre.

Des 29 décembre 1791 et 14 avril 1792. = 20 *du même mois.*

L'Assemblée nationale, après avoir entendu la lecture d'un projet de déclaration solennelle de la nation française, qui lui a été présenté par l'un de ses membres, considérant qu'elle ne sauroit trop tôt manifester les sentimens qu'elle exprime, décrète qu'il y a urgence.

L'assemblée nationale, après avoir décrété l'urgence, décrète ce qui suit:

Déclaration de l'assemblée nationale.

A l'instant où, pour la première fois, depuis le jour de sa liberté, le peuple français peut se voir réduit à la nécessité d'exercer le droit terrible de la guerre, ses représentans doivent à l'Europe, à l'humanité entière, le compte des motifs qui ont déterminé les résolutions de la France, l'exposition des principes qui dirigeront sa conduite.

« *La nation française renonce à entrepren-* » *dre aucune guerre, dans la vue de faire* » *des conquêtes, et n'emploira jamais ses* » *forces contre la liberté d'aucun peuple.* » Tel est le texte de la constitution : tel est le vœu sacré par lequel nous avons lié notre bonheur au bonheur de tous les peuples; et nous y serons fidèles.

Mais, qui pourroit regarder encore comme un territoire ami, celui où il existe une armée qui n'attend, pour attaquer, que l'espérance du succès? et n'est-ce donc pas nous avoir déclaré la guerre, que de prêter volontairement ses places, non-seulement à des ennemis qui nous l'ont déclarée, mais à des conspirateurs qui l'ont commencée depuis long-tems? Tout impose donc aux pouvoirs établis par la constitution pour le maintien de la paix et de la sûreté, la loi impérieuse d'employer la force contre les rebelles qui, du sein d'une terre étrangère, menacent de déchirer leur patrie

Les droits des nations offensés ; la dignité
du peuple français outragée ; l'abus criminel
du nom du roi, que des imposteurs font servir
de voile à leurs projets désastreux ; la défiance
que ces bruits sinistres entretiennent dans toutes
les parties de l'empire ; les obstacles que cette
défiance oppose à l'exécution des loix et au
rétablissement du crédit ; les moyens de cor-
ruption employés pour égarer, pour séduire les
citoyens ; les inquiétudes qui agitent les habitans des frontières ; les maux auxquels les ten-
tatives les plus vaines, les plus promptement
repoussées pourroient les exposer ; les outrages
toujours impunis qu'ils ont éprouvés sur des
terres où les français révoltés trouvent un
asyle ; la nécessité de ne pas laisser aux rebelles
le temps d'achever leurs préparatifs, et de
susciter à leur patrie des ennemis plus dangereux.

Tels sont nos motifs ; jamais il n'en a existé
de plus justes, de plus pressans ; et dans le
le tableau que nous en présentons ici, nous
avons plutôt atténué qu'exagéré nos injures :
nous n'avons pas besoin de soulever l'indignation des citoyens, pour enflammer leur courage.

Cependant la nation française ne cessera pas
de voir un peuple ami dans les habitans des
pays occupés par les rebelles, et gouvernés par
des princes qui les protègent. Les citoyens paisibles, dont ces armées occuperont le pays, ne
seront point des ennemis pour elle ; ils ne seront
pas même ses sujets. La force publique dont
elle deviendra momentanément dépositaire,

ne sera employée que pour assurer leur tranquillité et maintenir leurs loix. Fière d'avoir
reconquis les droits de la nature, elle ne les
outragera point dans les autres hommes. Ja-
louse de son indépence, résolue à s'ensevelir
sous ses ruines plutôt que de souffrir qu'on
osât ou lui dicter des loix, ou même garantir
les siennes, elle ne portera point atteinte à
l'indépendance des autres nations. Ses soldats
se conduiront sur le territoire étranger, comme
ils se conduiroient sur le territoire franç ais,
s'ils étoient forcés d'y combattre; les maux in-
volontaires que ses troupes auroient fait éprouver aux citoyens seront réparés.

L'asyle qu'elle ouvre aux étrangers ne sera
point fermé aux habitans des pays dont les
princes l'auront forcée à les attaquer; et ils
trouveront dans son sein un refuge assuré. Fidèle aux engagemens pris en son nom, elle
se hâtera de les remplir avec une généreuse
exactitude; mais aucun danger ne pourra lui
faire oublier que le sol de la France appartient
tout entier à la Liberté, et que la loi de l'égalité
y doit être universelle. Elle présentera au monde
le spectacle nouveau d'une nation vraiment
libre, soumise aux règles de la justice, au
milieu des orages de la guerre, et respectant
partout, en tous temps, à l'égard de tous les
hommes, les droits qui sont les mêmes pour
tous.

La paix que le mensonge, l'intrigue et la
trahison ont éloignée, ne cessera point d'être
le premier de nos vœux. La France prendra
les armes pour sa sûreté, pour sa tranquillité

intérieure; mais on la verra les déposer avec
joie, le jour où elle sera sûre de n'avoir plus
à craindre pour cette liberté, pour cette égalité,
devenues le seul élément où des français puissent vivre. Elle ne redoute point la guerre,
mais elle aime la paix; elle sent qu'elle en a
besoin, et elle a trop la consience de ses forces
pour craindre de l'avouer.

Lorsqu'en demandant aux nations de respec-
ter son repos, elle a pris l'engagement éternel
de ne jamais troubler le leur; peut-être auroit-
elle mérité d'en être écoutée; peut-être cette
déclaration solemnelle, ce gage de la tranquillité et du bonheur des peuples voisins,
devoit-il lui mériter l'affection des princes qui
les gouvernent; mais ceux de ces princes qui
ont pu craindre que la nation française ne cher-
chât à produire dans les autres pays des agita-
tions intérieures, apprendront que le droit
cruel de représailles, justifié par l'usage, condamné par la nature, ne la fera point recourir
à ces moyens employés contre son repos, qu'elle
sera juste envers ceux mêmes qui ne l'ont pas
été pour elle; que par-tout elle respectera la
paix comme la liberté; et que les hommes
qui croient pouvoir se dire encore les maîtres
des autres hommes, n'auront à craindre d'elle
que l'autorité de son exemple.

La nation française est libre, et ce qui est
plus que d'être libre, elle a le sentiment de
sa liberté. Elle est libre, elle est armée, elle
ne peut être asservie. En vain compteroit-on
sur ses discordes intestines; elle a passé le moment dangereux de la formation de ses loix

politiques ; et trop sage pour devancer la leçon
du temps, elle ne veut que maintenir sa constitution et la défendre. Cette division entre
deux pouvoirs émanés de la même source,
dirigés vers le même but, ce dernier espoir
de nos ennemis, s'est évanoui à la voix de la
patrie en danger ; et le roi, par la solennité
de ses démarches, par la franchise de ses mesures, montre à l'Europe la nation française
forte de tous ses moyens de défense et de prospérité. Résignée aux maux que les ennemis du
genre humain réunis contre elle peuvent lui
faire souffrir, elle en triomphera par sa patience et par son courage. Victorieuse, elle
ne voudra ni réparation ni vengeance.

Tels sont les sentimens d'un peuple généreux,
dont ses représentans s'honorent d'être ici les
interprètes. Tels sont les projets de la nouvelle
politique qu'il adopte. Repousser la force, résister à l'oppression, tout oublier lorsqu'il
n'aura plus rien à redouter, et ne plus voir
que des frères dans ses adversaires, vaincus,
réconciliés ou désarmés : voilà ce que veulent
tous les Français, et voilà quelle est la guerre
qu'ils déclareront à leurs ennemis.

L'assemblée nationale après avoir entendu
la lecture du projet de déclaration solennelle
de la nation française, qui lui a été présenté
par l'un de ses membres, décrète qu'elle adopte
ladite déclaration ; ordonne qu'elle sera insérée
dans son procès-verbal, qu'elle sera imprimée
et distribuée, qu'elle sera portée au roi par
une députation de vingt-quatre membres,
qu'elle sera envoyée aux quatre-vingt-trois
départemens du royaume, à tous les régimens

des troupes de ligne, et à tous les bataillons de gardes-nationales-volontaires.

Décret portant déclaration de guerre contre le roi de Hongrie et de Bohême.

Du 20 avril 1792. = *même jour.*

L'assemblée nationale délibérant sur la proposition formelle du roi, considérant que la cour de Vienne, au mépris des traités, n'a cessé d'accorder une protection ouverte aux français rebelles, qu'elle a provoqué et formé un concert avec plusieurs puissances de l'Europe, contre l'indépendance et la sûreté de la nation française;

Que François Ier., roi de Hongrie et de Bohême, a, par ses notes des 18 mars, et 7 avril derniers, refusé de renoncer à ce concert;

Que malgré la proposition qui lui a été faite par la note du 11 mars 1792, de réduire de part et d'autre à l'état de paix, les troupes sur les frontières, il a continué et augmenté des préparatifs hostiles;

Qu'il a formellement attenté à la souveraineté de la nation française, en déclarant vouloir soutenir les prétentions des princes allemands possessionnés en France, auxquels la nation française n'a cessé d'offrir des indemnités;

Qu'il a cherché à diviser les citoyens français et à les armer les uns contre les autres, en offrant aux mécontens un appui dans le concert des puissances;

Considérant enfin que le refus de répondre aux dernières dépêches du roi des français, ne laisse plus d'espoir d'obtenir par la voie d'une négociation amicale, le redressement de ces différens griefs, et équivaut à une déclaration de guerre;

Décrète qu'il y a urgence.

L'assemblée nationale, déclare que la nation française, fidèle aux principes consacrés par sa constitution, *de n'entreprendre aucune guerre dans la vue de faire des conquêtes et de n'employer jamais ses forces contre la liberté d'aucun peuple*, ne prend les armes que pour le maintien de sa liberté et de son indépendance.

Que la guerre qu'elle est forcée de soutenir, n'est point une guerre de nation à nation, mais la juste défense d'un peuple libre contre l'injuste agression d'un roi.

Que les français ne confondront jamais leurs frères avec leurs véritables ennemis; qu'ils ne négligeront rien pour adoucir le fléau de la guerre, pour ménager et conserver les propriétés, et pour faire retomber sur ceux-là seuls qui se ligueront contre sa liberté, tous les malheurs inséparables de la guerre.

Qu'elle adopte d'avance tous les étrangers qui abjurant la cause de ses ennemis, viendront se ranger sous ses drapeaux et consacrer leurs efforts à la défense de sa liberté; qu'elle favorisera même par tous les moyens qui sont en son pouvoir, leur établissement en France.

Délibérant sur la proposition formelle du roi,

et après avoir décrété l'urgence, décrète la
guerre contre le roi de Hongrie et de Bohème.

Décret portant approbation des ordres donnés
par le conseil exécutif provisoire, pour faire
évacuer la ville de Genève par les troupes de
Berne et de Zurich.

Du 17 octobre 1792. = *du même jour.*

La convention nationale décrète ce qui
suit :

ART. Ier. La convention nationale , après
avoir entendu le rapport de son comité diplomatique, considérant que l'introduction des
troupes de Berne et de Zurich à Genève, est
contraire aux traités de 1579 et 1584, et com-
promet autant la sûreté que la dignité de la république française, approuve les ordres donnés par le conseil exécutif provisoire, pour
faire évacuer la ville de Genève par les troupes
de Berne et de Zurich, en respectant néanmoins la neutralité et l'indépendance du territoire de Genève, si cette évacuation se fait
amicalement.

II. La convention nationale considérant que
l'édit de Genève de 1782, a été dicté par la
force ; que le traité du 12 novembre 1782, qui
le garantit, n'est à l'égard de la constitution
Génévoise, qu'un engagement entre des tyrans
pour garantir une tyrannie étrangère ; qu'il est
indigne d'un peuple libre de maintenir de pa-
reils actes ; considérant enfin que toute garantie de constitution est un attentat à l'indépendance de la puissance garantie , charge le con-

seil exécutif de déclarer à la république de Genève, et aux cantons de Berne et de Zurich, que la république française renonce, pour sa part, au traité du 12 novembre 1782, en ce qui concerne la garantie du gouvernement et de la constitution de Genève.

Décret par lequel la convention déclare qu'elle accordera fraternité et secours à tous les peuples qui voudront recouvrer leur liberté.

Du 19 novembre 1792. = 23 *du même mois.*

La convention nationale déclare au nom de la nation française, qu'elle accordera fraternité et secours à tous les peuples qui voudront recouvrer leur liberté, et charge le pouvoir exécutif de donner aux généraux les ordres nécessaires pour porter secours à ces peuples, et défendre les citoyens qui auroient été vexés, ou qui pourroient l'être pour la cause de la liberté.

La convention nationale décrète que le pouvoir exécutif donnera ordre aux généraux de la république française, de faire imprimer et proclamer le décret précédent en diverses langues, dans toutes les contrées qu'ils parcourront avec les armées de la république.

La convention nationale décrète que le ministre des affaires étrangères lui donnera des renseignemens sur la conduite de l'agent de France auprès du duc de Deux-Ponts.

Décret par lequel la république française proclame la liberté et la souveraineté de tous les peuples chez lesquels elle a porté et portera ses armes.

Des 15 et 17 décembre 1792. = *même jour.*

La convention nationale, après avoir entendu le rapport de ses comités de finances, de la guerre et diplomatique réunis, fidèle aux principes de la souveraineté du peuple qui ne lui permet pas de reconnoître aucune des institutions qui y portent atteinte, et voulant fixer les règles à suivre par les généraux des armées de la république dans les pays où ils porteront ses armes, décrète :

ART. Ier. Dans les pays qui sont ou seront occupés par les armées de la république, les généraux proclameront sur le champ, au nom de la nation française, la souveraineté du peuple, la suppression de toutes les autorités établies, des impôts ou contributions existant, l'abolition de la dîme, de la féodalité, des droits seigneuriaux, tant féodaux que censuels, fixes ou casuels, des bannalités, de la servitude réelle et personnelle, des priviléges de chasse et de pêche, des corvées, de la noblesse, et généralement de tous les priviléges.

II. Ils annonceront au peuple qu'ils lui apportent paix, secours, fraternité, liberté et égalité, et ils le convoqueront de suite en assemblées primaires ou communales, pour créer et organiser une administration et une justice provisoire; ils veilleront à la sûreté des personnes et des propriétés ; ils feront imprimer en langue ou idiome du pays, afficher et exécuter sans délai, dans chaque commune, le présent décret et la proclamation y annexée.

III. Tous les agens et officiers civils ou militaires de l'ancien gouvernement, ainsi que les individus ci-devant réputés nobles, ou membres de quelque corporation ci-devant privilégiée, seront, pour cette fois seulement, inadmissibles à voter dans les assemblées primaires ou communales, et ne pourront être élus aux places d'administration ou du pouvoir judiciaire provisoire.

IV. Les généraux mettront de suite sous la sauve-garde et protection de la république française, tous les biens, meubles et immeubles appartenant au fisc, au prince, à ses fauteurs, adhérens et satellites volontaires, aux établissemens publics, aux corps et communautés laïques et ecclésiastiques ; ils en feront dresser sans délai un état détaillé, qu'ils enverront au conseil exécutif, et ils prendront toutes les mesures qui sont en leur pouvoir, afin que ces propriétés soient respectées.

V. L'administration provisoire nommée par le peuple, sera chargée de la surveillance et régie des objets mis sous la sauve-garde et protection de la république française ; elle veillera à la sûreté des personnes et des propriétés ; elle fera exécuter les loix en vigueur, relatives au jugement des procès civils et criminels, à la police et à la sûreté publique ; elle sera chargée de régler et de faire payer les dépenses locales, et celles qui seront nécessaires pour la défense commune, elle pourra établir des contributions, pourvu toutefois qu'elles ne soient pas supportées par la partie indigente et laborieuse du peuple.

VI. Dès que l'administration provisoire sera organisée, la convention nationale nommera des commissaires pris dans son sein, pour aller fraterniser avec elle.

VII. Le conseil exécutif nommera aussi des commissaires nationaux, qui se rendront de suite sur les lieux pour se concerter avec les généraux et l'administration provisoire nommée par le peuple, sur les mesures à prendre pour la défense commune, et sur les moyens employés pour se procurer les habillemens et subsistances nécessaires aux armées, et pour acquitter les dépenses qu'elles ont faites et feront pendant leur séjour sur son territoire.

VIII. Les commissaires nationaux nommés par le conseil exécutif, lui rendront compte tous les quinze jours de leurs opérations. Le conseil exécutif les approuvera, modifiera ou rejettera, et il en rendra compte de suite à la convention.

IX. L'administration provisoire nommée par le peuple, et les fonctions des commissaires nationaux, cesseront aussitôt que les habitans, après avoir déclaré la souveraineté et l'indépendance du peuple, la liberté et l'égalité, auront organisé une forme de gouvernement libre et populaire.

X. Il sera fait état des dépenses que la république française aura faites pour la défense commune, et des sommes qu'elle pourra avoir reçues, et la nation française prendra avec le gouvernement qui sera établi, des arrangemens pour ce qui pourra être dû ; et au cas que l'intérêt commun exigeroit que les troupes de la république restassent encore à cette époque sur le territoire étranger, elle prendra les mesures convenables pour les faire subsister.

XI. La nation française déclare qu'elle traitera comme ennemi, le peuple qui refusant la liberté et l'égalité, ou y renonçant, voudroit conserver, rappeler ou traiter avec le prince et les castes privilégiées, elle promet et s'engage de ne souscrire aucun traité, et de ne poser les armes qu'après l'affermissement de la souveraineté et de l'indépendance du peuple sur le territoire duquel les troupes de la république sont entrées, qui aura adopté les principes de l'égalité, et établi un gouvernement libre et populaire.

XII. Le conseil exécutif enverra le présent décret par des courriers extraordinaires, à tous les généraux, et prendra les mesures nécessaires pour en assurer l'exécution.

Suit la teneur de la proclamation.

LE PEUPLE FRANÇAIS AU PEUPLE.

FRÈRES ET AMIS,

Nous avons conquis la liberté, et nous la maintiendrons. Nous offrons de vous faire jouir de ce bien inestimable qui vous a toujours appartenu, et que vos oppresseurs n'ont pu vous ravir sans crime.

Nous avons chassé vos tyrans. Montrez-vous hommes

hommes libres, et nous vous garantirons de leur vengeance, de leurs projets et de leur retour.

Dès ce moment la nation française proclame la souveraineté du peuple, la suppression de toutes les autorités civiles et militaires qui vous ont gouvernés jusqu'à ce jour, et de tous les impôts que vous supportez, sous quelque forme qu'ils existent, l'abolition de la dîme, de la féodalité, des droits seigneuriaux, tant féodaux que censuels, fixes ou casuels, des bannalités, de la servitude réelle et personnelle; des priviléges de chasse et de pêche, des corvées, de la gabelle, des péages, des octrois, et généralement de toutes espèces de contributions dont vous avez été chargés par vos usurpateurs; elle proclame aussi l'abolition parmi vous de toute corporation nobiliaire, sacerdotale et autres, de toutes les prérogatives et priviléges contraires à l'égalité. Vous êtes dès ce moment, frères et amis, tous citoyens, tous égaux en droits, et tous appelés également à gouverner, à servir et défendre votre patrie.

Formez-vous sur le champ en assemblées primaires ou de communes, hâtez-vous d'établir vos administrations et justices provisoires; en se conformant aux dispositions de l'article III du décret ci-dessus. Les agens de la république française se concerteront avec vous pour assurer votre bonheur, et la fraternité qui doit exister désormais entre nous.

Décret qui ordonne l'exécution des décrets des 15., 17 et 22 décembre, dans tous les lieux où les armées de la république sont entrées ou entreront à l'avenir.

Du 31 janvier 1793. = 1er. février suivant.

La convention nationale informée que dans quelques-uns des pays actuellement occupés par les armées de la république, l'exécution des décrets des 15., 17 et 22 décembre dernier a été arrêtée en tout ou en partie par les ennemis du peuple coalisés contre sa souveraineté, décrète ce qui suit :

ART. Ier. Les décrets des 15., 17 et 22 décembre seront exécutés dans tous les lieux où les armées de la république sont entrées ou entreront à l'avenir.

II. Les généraux des armées de la république, prendront toutes les mesures nécessaires pour la tenue des assemblées primaires ou communales aux termes desdits décrets. Les commissaires envoyés par la convention nationale, pour fraterniser avec ces peuples, pourront décider provisoirement toutes les questions qui s'élèveront relativement à la forme et aux opérations des assemblées, même en cas de réclamation sur la validité des élections. Ils veilleront particulièrement sur tout ce qui pourra assurer la liberté des assemblées et des suffrages.

III. Les peuples réunis en assemblées primaires ou communales, sont invités à émettre leur vœu sur la forme de gournement qu'ils voudront adopter.

IV. Les peuples des villes et territoires qui ne se seroient pas assemblés dans la quinzaine au plus tard, après la promulgation, tant des décrets des 15, 17 et 22 décembre dernier, si elle n'a pas été faite, que du présent décret, seront déclarés ne vouloir être amis du peuple Français. La république les traitera comme les peuples qui refusent d'adopter ou de se donner un gouvernement fondé sur la liberté et l'égalité.

V. les trois commissaires de la convention nationale dans la Belgique, le Hainaut, le pays de Liége et les pays voisins, qui sont venus rendre compte de leurs opérations à la convention, se réuniront à leurs collègues, et partiront; savoir, Danton et Lacroix, immédiatement après le présent décret; Camus dans la huitaine au plus tard. Ils pourront agir conjointement ou séparément, pourvu néanmoins qu'ils soient réunis au nombre de deux, et à la charge de donner connoissance dans les vingt-quatre heures, de toutes leurs opérations à la convention.

Décret qui déclare au nom de la nation française, que la république est en guerre avec le roi d'Angleterre et le Stathouder des Provinces-unies.

Du 1er. février 1793. = même jour.

La convention nationale, après avoir entendu le rapport de son comité de défense générale, sur la conduite du gouvernement Anglais envers la France;

B 2

Considérant que le roi d'Angleterre n'a cessé, principalement depuis la révolution du 10 août 1792, de donner à la nation française des preuves de sa malveillance et de son attachement à la coalition des têtes couronnées ;

Qu'à cette époque, il a ordonné à son ambassadeur à Paris, de se retirer, parce qu'il ne vouloit pas reconnoître le conseil exécutif provisoire, créé par l'assemblée législative ;

Que le cabinet de Saint-James a discontinué, à la même époque, sa correspondance avec l'ambassadeur de France à Londres, sous prétexte de la suspension du ci-devant roi des Français ;

Que depuis l'ouverture de la convention nationale, il n'a pas voulu reprendre sa correspondance accoutumée, ni reconnoître les pouvoirs de cette convention.

Qu'il a refusé de reconnoître l'ambassadeur de la république française, quoique muni de lettres de créance en son nom ;

Qu'il a cherché à traverser les divers achats de grains, armes et autres marchandises commandés en Angleterre, soit par les citoyens français, soit par des agens de la république française ;

Qu'il a fait arrêter plusieurs bateaux et vaisseaux chargés de grains pour la France, tandis que contre la teneur du traité de 1786, l'exportation en continuoit pour d'autre pays étrangers ;

Que pour traverser encore plus efficacement les opérations commerciales de la république en Angleterre, il a fait prohiber, par un acte du parlement, la circulation des assignats;

Qu'en violation de l'article IV du traité de 1786, il a fait rendre par le même parlement, dans le cours du mois de janvier dernier, un acte qui assujétit tous les citoyens français allant ou résidant en Angleterre, aux formes les plus inquisitoriales, les plus vexatoires et les plus dangereuses pour leur sûreté;

Que dans le même temps, et contre la teneur de l'article Ier. du traité de paix de 1783, il a accordé une protection ouverte, des secours d'argent aux émigrés et même aux chefs des rebelles qui ont déjà combattu contre la France; qu'il entretient avec eux une correspondance journalière et évidemment dirigée contre la révolution française;

Qu'il accueille pareillement les chefs des rebelles des colonies françaises occidentales;

Que dans le même esprit, sans qu'aucune provocation y ait donné lieu, et lorsque toutes les puissances maritimes sont en paix avec l'Angleterre, le cabinet de Saint-James a ordonné un armement considérable par mer, une augmentation à ses forces de terre;

Que cet armement a été ordonné au moment où le ministère anglais persécutoit avec acharnement ceux qui soutenoient en Angleterre les principes de la révolution française, et employoit tous les moyens possibles, soit au parlement, soit au-dehors, pour couvrir d'ignominie la république française, et pour attirer sur elle l'exécration de la nation anglaise et de l'Europe entière;

Que le but de cet armement, destiné contre la France, n'a pas même été déguisé dans le parlement d'Angleterre.

Que quoique le conseil exécutif provisoire de France ait employé tous les moyens pour conserver la paix et la fraternité avec la nation anglaise, et n'ait répondu aux calomnies et aux violations des traités, que par des réclamations fondées sur les principes de la justice, et exprimées avec la dignité d'hommes libres, le ministère anglais a persévéré dans son système de malveillance et d'hostilité, continué les armemens, et envoyé une escadre vers l'Escaut, pour troubler les opérations de la France dans la Belgique;

Qu'à la nouvelle de l'exécution de Louis, il a porté l'outrage envers la république française, au point de donner ordre à l'ambassadeur de France, de quitter sous huit jours le territoire de la grande Bretagne;

Que le roi d'Angleterre a manifesté son attachement à la cause de ce traître, et son dessein de le soutenir par diverses résolutions prises au moment de sa mort, soit pour nommer les généraux de son armée de terre, soit pour demander au parlement d'Angleterre une addition considérable de forces de terre et de mer, et ordonner l'équipement de chaloupes canonnières;

Que sa coalition secrète avec les ennemis de la France, et notamment avec l'empereur et la Prusse, vient d'être confirmée par un traité passé avec le premier dans le mois de janvier dernier;

Qu'il a entraîné dans la même coalition le Stathouder des Provinces-unies; que ce prince, dont le dévouement servile aux ordres du cabinet de Saint-James et de Berlin, n'est que trop notoire, a dans le cours de la révolution française, et malgré la neutralité dont il protestoit, traité avec mépris les agens de France, accueilli les émigrés, vexé les patriotes français, traversé leurs opérations, relâché malgré les usages reçus, et malgré la demande du ministère français, les fabricateurs de faux assignats;

Que dans les derniers temps, pour concourir aux desseins hostiles de la cour de Londres il a ordonné un armement par mer, nommé un amiral, ordonné à des vaisseaux hollandais de joindre l'escadre anglaise, ouvert un emprunt pour subvenir aux frais de la guerre, empêcher les exportations pour la France, tandis qu'il favorisoit les approvisionnemens des magasins prussiens et autrichiens;

Considérant enfin que toutes les circonstances ne laissent plus à la république française d'espoir d'obtenir par la voie des négociations amicales, les redressemens de ses griefs et que tous les actes de la cour Britannique et du Stathouder, sont des actes d'hostilité et équivalent à une déclaration;

La convention nationale décrète ce qui suit:

ART. Ier. La convention nationale déclare au nom de la nation française; qu'attendu tous ces actes d'hostilités et d'agression, la république française est en guerre avec le roi d'Angleterre et le Stathouder des Provinces-unies.

II. La convention nationale charge le conseil exécutif provisoire de déployer les forces qui lui paroîtront nécessaires pour repousser leur agression, et pour soutenir l'indépendance, la dignité et les intérêts de la république française.

III. La convention nationale autorise le conseil exécutif provisoire à disposer des forces navales de la république, ainsi que le salut de l'état lui paroîtra l'exiger; elle révoque toutes les dispositions particulières, ordonnées à cet égard par les précédens décrets.

Décret qui règle la conduite des généraux français dans l'exercice du pouvoir révolutionnaire dans le pays Batave.

Du 2 mars 1793 = 7 *du même mois.*

La convention nationale, après avoir entendu le rapport de son comité de défense générale, fidèle au principe de la souveraineté du peuple, qui ne lui permet pas de reconnoître aucune des institutions qui y portent atteinte;

Considérant qu'à défaut des pouvoirs émanés du peuple, toute révolution a besoin d'une puissance provisoire, qui, remplaçant les autorités usurpées, ordonne le mouvement régénérateurs, et prévienne l'anarchie et le désordre;

Considérant que la nation française qui, la première en Europe, a osé proclamer les droits de l'homme, peut seule se charger efficacement de l'exercice momentanée de ce pouvoir révolutionnaire dans les pays ou la poursuite des ennemis de la liberté et de l'égalité a conduit ses armées;

Considérant que l'exécution de ce pouvoir ne peut être confiée, jusqu'à ce que le peuple ait manifesté sa volonté, qu'aux généraux français qui, après avoir chassé les despotes et leurs complices, sont à même de rallier et protéger les amis de la liberté et de l'égalité;

Considérant que la suppression de toutes les contributions dans le pays Batave, laisseroit les caisses publiques sans aucune ressource, puisqu'il n'existe presque pas dans le pays Batave de domaines fonciers nationaux qui puissent fournir momentanément à l'entretien des établissemens publics nécessaires à l'existence même du peuple Batave;

Considérant que l'abolition du stathoudérat et de toutes les places créées par le despotisme, produira une économie considérable dans les dépenses publiques;

Considérant qu'il est du devoir des représentans de la nation française de faire tourner au profit de la partie la plus indigente et la plus laborieuse du peuple Batave, l'avantage résultant de cette économie, en supprimant les contributions les plus onéreuses;

Considérant que les impôts perçus dans le pays Batave sur le pain et sur la bière, sont immoraux, et sont supportés pareillement par cette partie la moins fortunée du peuple, qu'il est essentiel de soulager;

Considérant que ces impôts sont diversement assis dans les différentes provinces, et même dans les villes, bourgs et villages des mêmes cantons, et qu'ainsi leur abolition est une suite naturelle du principe de l'égalité;

Considérant que la nation française régénérée doit s'empresser de réparer le plutôt possible l'abandon fait par le despotisme qui la gouvernoit en 1787, des citoyens Bataves qui luttoient contre les intrigues du stathoudérat, des régences aristocratiques, et de tous les complices de la tyrannie;

Voulant enfin régler la conduite des généraux français dans l'exercice du pouvoir révolutionnaire dans le pays Batave, décrète ce qui suit.

ART. Ier. Les généraux français, en entrant dans le pays Batave, proclameront au nom de la nation française la souveraineté du peuple; ils annonceront à tous les habitans qu'ils sont dégagés de tout serment et garantie de leur constitution actuelle, particulièrement du serment qui fut exigé d'eux en 1788 par les régences dévouées au stathouder; ils annonceront que ceux qui se prétendront encore liés, se déclarant par-là même adhérens du despotisme, et conséquemment ennemis du peuple français, seront traités avec toute la rigueur du droit de la guerre.

II. Les généraux français exerceront provisoirement dans le pays Batave, au nom de la nation française, le pouvoir révolutionnaire, jusqu'à ce que le peuple Batave, réuni en assemblées primaires, ait organisé les administrations et les tribunaux provisoires mentionnés en l'article ci-après.

III. Les généraux français s'opposeront à ce qu'aucun individu ou réunion d'individus, sous quelque dénomination que ce puisse être, qui n'auront pas reçu des pouvoirs du peuple, exercent dans le pays Batave aucun pouvoir révolutionnaire, législatif ou exécutif.

IV. Seront regardés comme nul et non avenus toutes les délibérations, proclamations, arrêtés et autres actes qui pourroient avoir été ou qui pourront être pris par des individus ou réunion d'individus qui n'auront pas reçu de pouvoir du peuple Batave.

V. Les généraux français proclameront, en entrant dans toutes les villes du pays Batave, la suppression immédiate de tous les privilèges, du régime féodal, de la servitude réelle ou personnelle, des banalités, des corvées, des prestations réelles ou personnelles exigées par les drossards, baillis et autres officiers publics; des dixmes, des privilèges de chasse de pêche, et généralement de tous les droits seigneuriaux, féodaux et autres dont le titre ne dérive pas d'une concession originaire de fonds, duement et légalement constatée par le rapport du titre primitif.

VI. Les généraux français proclameront en même temps l'abolition de tous les abonnemens, privilèges et exemptions d'impositions accordés à des personnes, villes, bourgs, villages, charges, fonctions et corporations, l'abolition de la noblesse, de toute magistrature canonicale, héréditaire, patricienne, ou qui dérive de la possession de quelques biens-fonds; des assemblées provinciales, des états, du stathoudérat, de l'assemblée des états-généraux, du conseil d'état, des conseillers députés, des amirautés, des chambres féodales, des collèges, des curateurs, de toutes les universités; du conseil des colonies américaines, des directeurs de la compagnie des Indes, de toutes les cours de justice, tant souveraines que tribunaux de première instance, de toutes les juridictions privilégiées et seigneuriales, et de toutes les autorités établies, autres que celles conservées par les articles ci-après.

VII. Les généraux français proclameront aussi la suppression immédiate des impôts sur la bierre fabriquée dans le pays, et sur le pain; ils conserveront toutes les autres contributions existantes, sous quelque forme et dénomination qu'elles se perçoivent. Ils accorderont protection et main-forte à tous les agens subalternes employés à leur perception, lesquels continueront leurs fonctions jusqu'à ce que le peuple, réuni en assemblées primaires, ait manifesté sa volonté.

VIII. Les généraux français conserveront également les établissemens d'administration secondaire du commerce et instruction publique, les tribunaux de commerce et de conciliation, les administrations de banques publiques, monts-de-piété, chambres pupillaires, hôpitaux, maisons d'orphelins, de correction et de secours publics, ainsi que les administrations chargées de l'entretien des pauvres, chemins, canaux, ponts, chaussées, digues, écluses, ports, fanaux, et autres de pareille nature.

IX. Les généraux français, en vertu du pouvoir révolutionnaire qu'ils exerceront au nom de la nation française, pourront suspendre provisoirement les administrateurs, préposés, employés et fonctionnaires qui sont conservés d'après les dispositions précédentes ; mais ils seront tenus de les remplacer de suite par des citoyens du pays, notoirement connus par leurs talens et leur civisme.

X. Les généraux français feront arrêter tous les émigrés français qui se sont retirés sur le territoire batave, et ils feront exporter toutes les personnes qui ont été déportées du territoire français.

XI. Les généraux français annonceront au peuple batave qu'ils lui apportent paix, secours, fraternité, liberté et égalité ; ils le convoqueront de suite en assemblées primaires ou communales, pour créer et organiser une administration et des tribunaux provisoires ; ils veilleront à la sûreté des personnes et des propriétés ; ils feront imprimer en langue du pays, publier, afficher et exécuter dans chaque commune le présent décret et la proclamation y annexée.

XII. Nul ne pourra être admis à voter dans les assemblées primaires ou communales, et ne pourra être nommé administrateur ou juge provisoire, sans avoir prêté le serment de liberté et d'égalité, et sans avoir renoncé par écrit, aux privilèges et prérogatives dont il pourroit avoir joui.

XIII. Les généraux français mettront de suite sous la sauve-garde et protection de la répu-

blique française, tous les biens, meubles et immeubles appartenant au fisc, au stathouder,
à ses fauteurs, adhérens et satellites volontaires, aux établissemens publics, aux corps
et communautés laïques et ecclésiastiques; et
ils prendront possession, pour le compte de
la nation française, de tous les biens nationaux provenant des biens français ci-devant
ecclésiastiques, domaniaux et des émigrés
français, qui se trouvent situés dans le pays
batave.

XIV. Les généraux français se feront remettre, par les administrateurs, employés et
préposés aux administrations conservées, l'état
des biens mentionnés en l'article ci-dessus, qui
sont sous leur régie, ils nommeront des commissaires pour dresser l'état desdits biens appartenant aux autorités ou établissemens supprì-
més, ou appartenant à la nation française; ils
prendront toutes les mesures qui sont en leur
pouvoir, afin que ces propriétés soient à l'a-
bri de toute atteinte.

XV. L'administration provisoire, nommée
par le peuple, sera chargée de la surveillance
et régie des objets mis sous la sauve-garde et
protection de la république française; elle
veillera à la sûreté des personnes et des propriétés; elle surveillera les administrations des
établissemens conservés; elle sera chargée de
régler et faire payer toutes les dépenses publiques; elle pourra destituer et remplacer tous
les fonctionnaires publics, civils ou militaires.

XVI. L'administration provisoire étant responsable envers le peuple batave de la gestion

de ses opérations, elle publiera chaque semaine le compte des dépenses qu'elle aura ordonnées, et elle rendra ses comptes définitifs au gouvernement que le peuple batave établira.

XVII. L'administration provisoire fournira, sur les requisitions écrites des cominissaires-ordonnateurs de la république française, tous les objets d'habillement, équipement, campement, chauffage, vivres et fourrages, ainsi que les chariots de transports nécessaires aux troupes françaises pendant le séjour qu'elles feront sur le territoire Batave; elle pourvoira également au prêt des mêmes troupes.

XVIII. Les généraux français sont tenus de veiller et concourir, par tous les moyens qui sont en leur pouvoir, à l'exécution des réquisitions fournies par les commissaires - ordonnateurs.

XIX. L'administration provisoire tiendra note des dépenses qu'elle aura faites en exécution desdites réquisitions; elle en dressera des états certifiés, qu'elle enverra au conseil exécutif de la république française, lequel, après les avoir vérifiés et arrêtés, les adressera aux commissaires de la trésorerie nationale, qui seront tenus de créditer le peuple Batave du montant desdits états, et d'en tenir compte sur les fonds mis à la disposition du ministre de la guerre.

XX. Si l'administration provisoire avoit besoin d'ouvrir des emprunts pour se procurer les fonds nécessaires au payement des dépenses résultant des réquisitions qui lui seront faites, la nation française lui procurera sur la demande qu'elle en fera, tous les moyens de garantie qui lui pourront lui être nécessaires.

XXI. Il sera nommé par la convention des commissaires pris dans son sein, qui iront fraterniser avec le peuple Batave; ils auront les mêmes pouvoirs que ceux accordés aux commissaires déja envoyés dans les pays occupés par les armées de la république.

XXII. Le conseil exécutif nommera aussi des commissaires nationaux qui se rendront dans le pays Batave, pour se concerter avec les généraux et l'administration provisoire nommée par le peuple, sur les mesures à prendre pour la défense commune et pour l'exécution du présent décret.

XXIII. Les commissaires nationaux nommés par le conseil exécutif lui rendront compte tous les quinze jours de leurs opérations : le conseil exécutif les approuvera, modifiera ou rejettera ; et en rendra compte à la convention.

XXIV. Les pouvoirs de l'administration provisoire nommée par le peuple, et des commissaires nationaux, cesseront aussitôt que le peuple Batave, après avoir déclaré sa souveraineté, son indépendance, les principes de la liberté et de l'égalité, aura organisé une forme de gouvernement libre et populaire.

XXV. Il sera fait état des dépenses de la république française pour l'établissement de la liberté du peuple Batave, et des sommes qu'elle aura reçues, ou des dépenses que le peuple Batave aura payées pour le compte de la république.

XXVI.

XXVI. La nation française promet et s'engage de prendre avec le gouvernement qui sera établi par le peuple Batave, tous les arrangemens convenables pour le payement des sommes qui pourront lui être dues, et d'acquitter fidèlement les avances qu'elle pourroit devoir au peuple Batave.

XXVII. Au cas que l'intérêt du peuple Batave exigeroit qu'après l'établissement de son gouvernement, les troupes de la république française restassent encore sur son territoire, la nation française promet et s'engage de prendre toutes les mesures qui sont en son pouvoir, pour lui accorder secours et protection.

XXVIII. La nation française renouvelle au peuple Batave la déclaration solennelle qu'elle a faite de traiter comme ennemis les peuples qui, refusant la liberté et l'égalité, ou y renonçant, voudroient conserver, rappeler ou traiter avec les tyrans qui les ont gouvernés, ou avec leurs complices et les castes privilégiées ; elle renouvelle aussi la promesse solennelle qu'elle a faite de ne poser les armes qu'après l'affermissement de la souveraineté et de l'indépendance du peuple sur le territoire duquel les troupes de la république française sont entrées, et qui aura adopté les principes de l'égalité, et établi un gouvernement libre et populaire.

XXIX. Le conseil exécutif enverra le présent décret par des courriers extraordinaires aux généraux commandant les troupes de la république française sur le territoire Batave, et prendra les mesures nécessaires pour en assurer l'exécution.

Décret contenant proclamation aux Bataves.

Du 2 mars 1793. = 11 *du même mois.*

La convention nationale de France aux
Bataves.

BATAVES,

Votre république avoit perdu ses titres ; les français les ont trouvés à Breda, les français viennent vous les rendre.

La France esclave vous laissa opprimer par les prussiens altérés d'or et de sang. La France libre vient vous délivrer de vos oppresseurs par des armées avides de gloire et de liberté : c'est à la république à effacer les crimes du despotisme.

L'histoire atteste les efforts constans que vous avez faits pour être libres, et la reconnoissance imprudente qui a rivé vos fers. Ce n'est pas assez d'avoir arraché de vastes domaines aux fureurs de la mer, et d'avoir obtenu de grands avantages sur l'ambition anglaise, il faut encore vous délivrer de vos tyrans-domestiques : vos aïeux luttèrent quatre-vingts ans contre tous les moyens réunis de la superstition et du despotisme ; la liberté ne vous demande que quelques jours pour rétablir entièrement votre indépendance.

Il est parmi vous un grand nombre de citoyens qui n'ont jamais désespéré de leur patrie, et qui n'ont pas cessé un instant de s'occuper des moyens de recouvrer leurs droits ; ces hommes forment déjà un grand parti pour la liberté, elle ne peut que triompher de ses ennemis.

Gouvernés depuis plusieurs siècles par des mains étrangères, vous devriez être fatigués de passer comme de vils troupeaux, successivement de la maison de Hainaut à celles de Bavière et de Bourgogne, pour être transmis ensuite à celle d'Autriche et de Nassau. Un capitaine général, un ministre salarié des Provinces-unies est devenu votre maître, votre tyran. C'est ainsi que vous avez tout perdu, en vous confiant à un homme. Vos ancêtres ne virent dans leur Stathouder que le premier sujet de l'état, que le gardien de leur liberté; mais même dans ces beaux jours, votre prince étoit un despote, et la démocratie de quelques villes n'étoit qu'un foible palliatif à l'aristocratie des nobles et des régens; bientôt des états abandonnèrent toute l'autorité aux Stathouders de la maison d'Orange; et la liberté fut perdue. Un chef héréditaire d'une république, fut toujours son plus redoutable ennemi.

Aussi le premier acte que fera pour vous la république française, sera de détruire l'ancien gouvernement. Il faut extirper à-la-fois toutes les racines du stathoudérat, si vous ne voulez qu'il repousse avec plus de vigueur. Il est dans vos annales un édit solennel d'abjuration et d'indépendance, qui posa le terme à la tyrannie de Philippe II. « Les peuples, disiez-» vous, ne sont pas faits pour le prince, mais le » prince est fait pour les peuples; ils ont le droit » de le chasser, quand au lieu de les défendre, » il est devenu leur ennemi par ses vexa-» tions. »

Tel doit être aujourd'hui le terme de la ty-

rannie de Guillaume V et de toutes les autorités
qui lui étoient dévouées. Que le peuple Batave
se ressaisisse donc de ses droits, qu'il délègue
lui - même ses pouvoirs, que sa volonté seule
soit émise et exécutée. La déclaration des droits
de l'homme à proclamer ; le stathoudérat à
abolir ; les sommes énormes que l'adulation
servile de vos magistrats prodiguoit sous mille
formes à la maison de Nassau, à faire rentrer
dans votre trésor national ; les anciennes aris-
tocraties à détruire ; la vente des hommes qui
se fait au milieu de vous, au nom de la compagnie des Indes, vente plus infâme que la
presse anglaise, à proscrire ; un gouvernement
simple et économe à organiser ; les impôts sur
les premiers besoins du peuple à adoucir ou à
supprimer ; votre crédit immense auquel toute
l'Europe est associée, à maintenir ; la foi publique et les transactions commerciales à conserver ; voilà les bienfaits de la liberté et de
l'égalité que la république française vous présente : c'est ainsi que nous stipulons pour le
genre humain en proclamant sa puissance et en
assurant ses droits.

Qu'est-ce que votre Stadhouder? un capitaine
général devenu monarque, un sujet devenu
maître, un tribun devenu tyran ; un élève,
un allié de ces Brunswick, dont les uns maî-
trisant l'Angleterre, dévorent votre commerce
dans les Indes, tandis que les autres ont asservi
votre république, ont souillé notre territoire ?
Qu'est-ce que votre Stathouder? un flateur
servile des anglais, qui lui dictent des loix ainsi
qu'à vous ; un vassal de la Prusse, qui obéit

à ses baïonnettes et à ses intrigues. Est-ce une telle autorité que vous voudriez maintenir?

Relisez les pages honorables de votre his-toire; dites si votre plus haut degré de gloire et de prospérité ne date point de l'époque où vous aviez une espèce d'administration répu-blicaine? dites si ce n'est pas ce régime plus libre qui excita l'envie des étrangers, aiguisa la haine de la maison d'Orange, et alluma la colère des rois? Cette époque se renouvelle aujourd'hui pour vous; la liberté, le courage et la vertu vous défendront mieux qu'un Stathouder; la liberté, le courage, la vertu, voilà les seuls chefs des républiques, qui ne leur soient jamais ni dangereux, ni funestes.

Ce n'est pas assez de détruire tous les ves-tiges de cette autorité héréditaire, élevée par la reconnoissance et terminée par la tyrannie; la liberté ne peut laisser au milieu de vous les traces hideuses de la féodalité et de l'aristo-cratie nobiliaire ou magistrale. La liberté des personnes n'est rien sans la liberté des terres, il faut les affranchir. Les habitans des cam-pagnes sont par tout les plus zélés défenseurs des républiques.

L'exercice momentanée du pouvoir révolu-tionnaire, ne peut alarmer les Bataves. Com-ment ceux qui n'ont pas craint d'éterniser l'au-torité arbitraire d'un Stathouder, ne confieroient ils pas un instant le pouvoir à une grande nation libre, qui vient régler les premiers mouve-mens de la liberté, étouffer les partis qui pour-roient l'opprimer, et empêcher l'anarchie de naître?

Vous n'écouterez pas les calomnies de nos ennemis ; ils savent bien que la France ne veut dominer ni asservir aucun peuple, mais rétablir chaque nation dans l'exercice de sa souveraineté. Les révolutions ont besoin d'être organisées pour être bienfaisantes, et c'est notre expérience dont nous vous apportons les fruits.

Il faut dans toutes les révolutions, une puissance provisoire qui tempère les excès du zèle, comprime les explosions de la vengeance, dirige vers le bien général les vues de l'intérêt personnel, et modère les mouvemens désorganisateurs du vieil ordre de choses ; il faut un pouvoir momentanée, qui fasse démolir avec méthode l'ancien régime, qui remplace provisoirement les autorités éclipsées, et arrête les dévastations de l'anarchie. C'est un dépôt sacré que nos généraux restitueront au peuple Batave, avec la fidélité de républicains, aussitôt qu'il aura organisé l'exercice de sa souveraineté.

Mais en même temps que les généraux français détruiront toutes les autorités stathoudériennes et les régences aristocratiques, vous les verrez conserver avec un respect religieux les établissemens d'utilité publique, et ceux consacrés à adoucir les maux de l'humanité. Nous savons que vos richesses ne s'annoncent pas par des dépenses fastueuses, mais par des secours prodigués à l'instruction et à l'indigence. Les armes de la liberté respecteront par-tout les asyles multipliés du malheur, les hospices ouverts à la vieillesse, et les monumens honorables de la générosité Batave.

En vous portant les secours de nos victoires contre vos oppresseurs, nous servons la liberté des mers, et nous ouvrons au commerce les portes des deux hémisphères. Nous punissons le gouvernement astucieux de ces orgueilleux insulaires qui, partisans exclusifs d'une constitution féodale et monarchique, poursuivent par-tout la liberté comme une rivale, et n'ont produit pour toutes les parties du globe, que des systèmes de monopole et d'oppression.

Bataves, les anglais n'ont relevé plusieurs fois le stathoudérat, que pour vous asservir et vous ruiner : ils vouloient faire de vous les indiens de l'Europe ; c'est à nous de faire des anglais les carthaginais de l'histoire moderne. Vous n'avez pas oublié que la perfide amitié du gouvernement Britanique tenta contre votre commerce, ce que ses flottes n'avoient pu faire, et que cette perfide amitié leur valut des succès.

On dit que l'anglais vous envoie des secours !......... Croirez-vous que cet éternel rival de votre prospérité vienne secourir votre indépendance ? croirez-vous que des hommes que vous avez si souvent blessés dans leurs intérêts et dans leur orgueil, soient jamais vos alliés fidèles ? Il y a bien plus de rapports d'amitié et d'intérêt entre une république agricole et une république commerçante, qu'entre deux peuples rivaux en commerce, et parcourant sans cesse les mêmes mers.

Nous venons d'enlever à nos ennemis domestiques, cette même place où les triomphes

C 4

de Ruyter sur la Tamise, forcèrent les anglais de signer la paix. C'est à Bréda que nous
signerons la liberté de la Hollande et celle du
commerce du monde. La jalousie du commerce
est un des fléaux qui affligent le globe : nous
la détruirons.

Ecoutez vos ancêtres qui vous crient du fond
de leurs tombeaux..... « S'il vous reste quel-
» qu'étincelle de cette vertu généreuse qui
» vous délivra du joug espagnol, et qui posa
» des barrières à l'Océan, cessez de vous
» courber devant un maître, montez sur vos
» flottes, descendans de Ruyter ; cessez de
» fléchir sous le joug d'une domination étran-
» gère, ou sous le poids d'une oppression
» domestique. La haine de l'esclavage doit
» fermenter dans le cœur de tout Batave. »

Ce conseil de vos pères ne sera pas perdu
pour vous. Ce n'est pas assez de jouir de quelques avantages de la liberté civile; elle n'est
pas assurée sans la liberté politique. Emparez-
vous de cette époque où un grand peuple proclame les droits de l'homme et des nations,
et sachez vous unir à vos frères, pour vous
ressaisir de vos droits. La servitude a des siècles
de durée; la liberté n'a que des instans qu'il
faut saisir pour en assurer la conquête. Rompez
enfin cette alliance impie, formée avec deux
familles de tyrans. Le cri de la liberté a glacé
leurs satellites.

Aux armes, généreux Bataves. Ce sont ceux
qui répandront leur sang et qui prodigueront
leurs trésors pour la patrie, qui seront parmi
vous les véritables créateurs de son indépen-

dance. Unissez-vous aux français pour combattre le despotisme : leur république défendra votre liberté comme la sienne, et ne posera les armes que quand elle sera affermie. Il est une alliance naturelle, il est une coalition sainte entre tous les peuples dignes de la liberté, jusqu'à ce que toutes les espèces de royautés soient abolies par le consentement unanime de l'espèce humaine.

Décret qui déclare que la république française est en guerre avec l'Espagne.

Du 7 mars 1792. = 11 *du même mois.*

Rapport sur les hostilités du gouvernement espagnol, et sur la nécessité de déclarer que la république française est en guerre avec le roi d'Espagne.

CITOYENS,

Un ennemi de plus pour la France, n'est qu'un triomphe de plus pour la liberté. Voilà les paroles qu'il faut adresser à ces froids amis de la république, qui se laissent abattre par la nouvelle de la retraite d'un avant-poste, ou plutôt par le retard d'une victoire. Ont-ils donc oublié que les français donnoient l'ordre d'occuper Nice et la Savoie, lorsque l'armée des Prussiens étoit campée sur notre territoire ? Le voile dont s'est enveloppé depuis longtemps le gouvernement Espagnol, vient enfin de se déchirer ; sa politique obscure et incertaine est connue : les intrigues de la cour de Saint-James ont triomphé à Madrid, et le nonce du pape a

aiguisé les poignards du fanatisme dans les
états du roi catholique.

Pressé par les demandes réitérées de notre
ambassadeur, il feignoit de garder une indif-
férence éloignée de son caractère, et propo-
soit une neutralité contre une ligue dont il goû-
toit secrètement les principes; il parloit de paix
et de médiation dans le cabinet de Madrid,
tandis qu'il multiplioit au loin des agressions
politiques, et qu'il faisoit sous nos yeux des
armemens de terre et de mer.

La cour d'Espagne veut la guerre; la cour
d'Espagne n'a pas cessé de la vouloir. Nous
avions pensé que cette puissance à qui la nature avoit commandé le bon voisinage, en res-
pecteroit les droits; nous avions le droit d'attendre que l'habitude des liaisons commerciales, un ancien traité d'alliance, des relations d'utilité réciproque, la remèneroient à
des principes de justice ou à des mesures de
prudence. Nous espérions que n'étant plus au
siecle du Philippe II, ce gouvernement re-
connoîtroit l'injustice de ses procédés et de
ses vexations envers les français, et que le
roi de l'Espagne fanatisée, ou le dominateur
des péruviens, ami secret de l'indépendance,
auroit la sagesse de ne pas se mêler aux révolutions de la liberté.

Aussi il n'est pas de moyen compatible avec
la dignité nationale, qui n'ait été employé auprès de cet ancien allié, avant d'ouvrir le tribunal de la guerre. Il falloit sans doute, avant
de planter l'étendard terrible sur le sommet
glacé des Pyrénées, épuiser tous les procédés

conciliateurs et pacifiques. Ce n'est pas qu'il soit plus malheureux pour la France de compter un ennemi de plus ; la république naissante triomphera du despotisme de l'Europe ; mais une nation doit à une autre d'attendre que son gouvernement s'éclaire, ou que l'opinion lui fasse connoître une cause qui lui est étrangère ou dangereuse.

Cette espérance qu'avoit conçue notre ambassadeur, n'existe plus. Votre courageux décret sur l'affaire de Louis, a fait disparoître le voile de neutralité perfide qu'affectoit la cour de Charles ; vous devez enfin lui déclarer la guerre. C'est cette cour qui l'a déjà commencée en Amérique et en Europe. Différer cette déclaration, seroit méconnoître les injures faites à la France ; ce seroit donner à l'Espagne l'avantage de déterminer le moment des agressions hostiles.

Les griefs de la république contre le gouvernement Espagnol ont pour théâtre les deux hémisphères ; pour cause, la haine de notre révolution ; pour but, l'anéantissement de notre liberté et l'affermissement du royalisme.

C'est ce gouvernement qui a sourdement préparé et fomenté la révolte des noirs de Saint-Domingue, en trafiquant avec les nègres du Nord, en échangeant des armes, des canons, des munitions de guerre et de bouche, contre l'or et l'argent, les meubles précieux et les denrées que les nègres avoient pillés dans les habitations qu'ils avoient jusqu'alors fertilisées.

C'est par les instigations de ce gouverne-

ment, c'est par la collusion des gouverneurs
que les espagnols ont traité à Laxavon, avec
une barbarie dont on ne retrouve les traces
qu'au Mexique, des français malheureux qui
demandoient un asyle; qu'ils les ont chassés
de leur territoire, et qu'ils ont vendus aux nègres des blancs qui s'étoient mis sous leur protection, et qui ont été ensuite massacrés avec
impunité sous leurs yeux.

C'est par les suggestions barbares de ce gouvernement que les espagnols de Saint-Domingue ont refusé constamment aux français poursuivis les secours qu'ils leur demandoient avec
instance, secours que les espagnols s'empres-
soient d'accorder aux révoltés.

En Europe, nos griefs contre ce gouvernement sont plus connus et plus multipliés. Je n'ai
pas besoin de vous raconter les vexations
éprouvées en Espagne par les citoyens français,
voyageurs, domiciliés ou commerçans; de vous
rappeler les longues discussions élevées relativement aux limites des deux états; il nous suffit
de présenter les griefs pris des offenses multipliées faites à la souveraineté nationale, le refus de reconnoître la liberté du ci-devant roi,
dans l'acceptation de la royauté constitutionnelle; le cordon de troupes déployé le long
des Pyrénées, quand nous ne pensions pas même
à nous défier de cet allié; l'audace du gouvernement espagnol d'entretenir auprès des
émigrés, l'ambassadeur Fernand Nunès; la
protection et les secours ouvertement donnés
à nos rebelles et aux prêtres fanatiques; le
refus de retirer des frontières les forces dont

le séjour porte atteinte aux anciens traités, et à la confiance qui doit regner entre les deux peuples.

Qu'avoit fait la nation française à ce gouvernement ingrat, devenu aujourd'hui son plus cruel ennemi? Elle lui avoit prodigué ses trésors et ses flottes, lorsqu'une mésintelligence qui pouvoit devenir funeste au commerce espagnol, éclata entre les gouvernemens de Londres et de Madrid. L'intervention de la France présenta à ses anciens alliés un secours de quarante-cinq vaisseaux armés, tout-à-coup dans nos ports, au milieu des dépenses et des orages de notre révolution; tout rentra dans l'ordre des négociations paisibles, et l'Angleterre dut céder, alors que l'Espagne acceptoit l'intervention armée de la nation et les secours de l'assemblée nationale constituante qui, à cette époque, fixoit les regards et les respects de l'Europe.

L'Espagne dut à la France la conservation de ses riches colonies, que la perfidie du cabinet Anglais cherchoit à lui ravir sous de misérables prétextes, à une époque où l'on ne croyoit pas à la possibilité de l'intervention française; et cependant l'Espagne est aujourd'hui l'alliée de son ennemi naturel.

Ici la fuite de Varennes jette un voile sur nos relations diplomatiques, et déja, avant l'acceptation de la constitution royale, l'indignation des français avait dénoncé une cédule du 20 juillet 1791; cédule humiliante et vexatoire, qui fit maltraiter, jeter dans les cachots et chasser arbitrairement de l'Espagne un grand nombre de français, tandis qu'un serment impie effrayoit les cœurs soupçonnés de combattre en secret pour leur patrie, exigeoit d'eux une abjuration sacrilège, et ne laissoit sur ce territoire inquisitorial, que les français qui renonçoient à l'être.

A la vue de cette injure grave, la France auroit dû sans doute punir le gouvernement Espagnol de tant de malveillance et d'injustice. Cependant, nos autorités constituées respectoient le traité que les agens de l'Espagne violoient sans cesse ; la municipalité de Perpignan refusoit de protéger la désertion des troupes espagnoles, tandis que l'Espagne accueilloit nos déserteurs ; la municipalité de Collioure rendoit, de son propre mouvement, un vaisseau qu'elle avoit droit de retenir, tandis qu'à Saint-Sébastien et à Saint-Salvador, les loix de la navigation étoient violées à l'égard des français ; enfin, un décret restituoit aux agens espagnols les recrues que le zèle des administrateurs de deux départemens avoit retenus dans la citadelle du Saint-Esprit, tandis que la cour espagnole vexoit les français, et inquiétoit nos commerçans et nos consuls.

Telle a été la conduite conciliante, franche et loyale de la république française ; cependant, on ne peut se dissimuler les intentions hostiles de l'Espagne, malgré les protestations contraires. La libre acceptation de la royauté constitutionnelle est-elle formellement et itérativement méconnue dans les réponses de la cour d'Espagne ? cette cour annonce qu'elle veut conserver religieusement ses traités avec

nous. Lui oppose-t-on une négociation séparée
avec les cantons Suisses, pour les aliéner de la
France ? La cour nous destine une note officielle pour calmer nos inquiétudes sur l'envoi
d'un ambassadeur en Suisse. Se plaint-on d'un
cordon de troupes déployé inutilement le long
de nos frontières ? elle explique avec empressement le cantonnement de ces troupes espagnoles ; notre agent est traité convenablement
à Madrid, et le ministre d'alors l'assure que sa
cour étoit bien éloignée de songer à armer
contre la France, si la France ne l'attaquoit
pas. Se plaint-on de la cédule du 20 juillet
1791 ? la cour d'Espagne invoque la lettre des
traités, et feint d'opposer à tous les étrangers
sans distinction, une rigueur qui ne frappe
réellement dans l'exécution que sur les Français. Invoque-t-on les traités ? la cour d'Espagne ne peut pas consentir à donner à ce qu'on
appeloit *le pacte de famille*, la forme d'un traité
national ; ou plutôt complice de notre cour, elle
hésite sans cesse de devenir l'alliée de la nation.
C'étoit l'influence du génie malveillant de *Flo-*
rida Blanca.

La France a-t-elle montrée assez de patience
et de modération ? Au lieu de témoigner son
mécontentement, elle garde encore le silence ;
elle veut maintenir la paix avec une puissance
qu'elle croyoit ne pouvoir pas se laisser entraîner à une ligue aussi dangereuse à son existence qu'à sa tranquillité.

Mais la conjuration contre notre liberté étoit
ourdie depuis long-temps dans toutes les cours
de l'Europe.

Voilà le véritable motif de tant de mensonges diplomatiques, de tant de perfidies ministérielles. La cour de Madrid prenoit part, depuis le mois de juin 1791, à toutes les dispositions hostiles dont la France étoit l'objet : elle méditoit secrètement la ruine de notre indépendance, et se coalisoit obscurément avec les puissances despotiques comme elle.

A peine la liberté française est-elle en danger, au milieu des conspirations du trône et de l'invasion concertée de nos frontières, le cabinet de Madrid ne reconnoît plus de caractère à l'envoyé de France. Ébloui par la coupable gloire de servir la cause des tyrans, il paroît se rattacher à leur ligue sacrilège ; ses préparatifs militaires menacent nos frontières des Pyrénées ; ses vœux ardens suivent la marche insolente et rapide de Brunswick : mais les succès inouïs de la république naissante la ramènent bientôt à des idées plus modérées ; secondée par sa lenteur ordinaire, elle transforme son impuissance réelle en bon voisinage, et présente ses premiers préparatifs comme une mesure purement défensive. Un ministre conduit par l'expérience et la sagesse est appelé ; il a senti le besoin d'une alliance sincère avec la France, et se défiant des intentions perfides de l'Angleterre, il répond ou il allègue pour la neutralité, aux autres puissances, que sa cour, *par son éloignement*, *est dispensée de prendre part à cette grande querelle*.

Cependant le principal ministre est renvoyé ; les intrigues de tous les cabinets de l'Europe redoublent aussitôt d'activité, en voyant la nul-
lité

lité d'un jeune ministre succéder à l'expérience
d'Aranda ; le cabinet de Saint-James y joint son
astucieuse influence, et l'on voit tout-à-coup de
grands préparatifs se former dans les ports de
l'Espagne, comme aux pieds des Pyrénées.
L'envoyé de France exige, si l'on veut renouer
les négociations, que les corps de troupes qui
n'étoient pas encore rendus à leur destination,
s'arrêtent ; cette promesse est faite, mais élu-
dée, quant à plusieurs de ces corps militaires.
L'envoyé se plaint de cette inexécution avec
ce ton ferme qui convient au représentant de
la république ; de nouveaux ordres sont donnés, mais leur tardive arrivée n'a pu arrêter
l'embarquement des milices provinciales destinées pour la Catalogne. Est-ce négligence ou
lenteur, est-ce probité diplomatique ? le dé-
nouement va le prouver.

Notre envoyé se plaint de tous ces armemens
et de l'activité donnée à tous les ports ; il s'en
plaint comme de moyens précurseurs de la
guerre, et non pas cautions de la neutralité
tant vantée. Le cabinet de Madrid répond sans
cesse que ce n'est-là qu'un état de défense et
de sûreté pour son territoire ; il va même jusqu'à annoncer que c'est à cause des défiances
qu'il a des préparatifs maritimes de l'Angleterre, qu'il fait à son tour armer dans ses
ports.

Ce n'étoit-là qu'un jeu de la politique : ce
fut alors qu'on vit un jeune ministre qu'on ne
croyoit pas encore façonné à la honteuse dissimulation des cabinets, le disputer en ma-
chiavélisme au cabinet de l'Angleterre, se jouer

de ce qu'il y a de plus sacré, promettre, s'engager même, *au nom de son maître*, à la neutralité ; au désarmement et à l'envoi de commissaires, fausser ensuite sa parole, et se déshonorer par de vains subterfuges. Il faut citer un exemple de cette infâme politique : deux notes officielles sont notifiées au ministre espagnol ; le conseil exécutif demandoit énergiquement *la retraite des troupes et la neutralité.* Le ministre paroît d'abord y accéder ; il se plaint seulement de ce que les notes ne sont pas signées, et il semble ne faire dépendre son accession que de la signature : la correspondance officielle qui les accompagnoit en garantissoit bien l'authenticité ; cependant l'envoyé français veut encore détruire ce mauvais prétexte. Les notes reviennent signées du conseil exécutif, et la mauvaise foi diplomatique cherche de nouveaux subterfuges. Ici se présente une scène qu'il est utile aux nations d'entendre ; afin qu'elles jugent une fois leurs gouvernemens, et que l'Espagne s'éclaire enfin sur ses chefs.

Le ministre espagnol se récrie d'abord sur l'affectation du conseil exécutif *à parler de la nation espagnole* dans les deux notes officielles, *comme si l'Espagne*, ajoute-t-il, *avoit adopté vos principes : cette expression de nation, est incompatible avec la souveraineté du roi d'Espagne.* Tel est donc l'état d'avilissement et d'humiliation où un des plus grands peuples de l'Europe se trouve réduit par ses rois, puisqu'ils ne lui permettent pas même de soupçonner son existence. *Le gouvernement fran-*

çais, répond l'ambassadeur, *ne pouvoit qu'em-*
ployer un langage conforme à ses principes.
　Il est étrange, continue le ministre espagnol, *que les notes officielles parlent de la*
république française, comme si déjà elle
avoit été reconnue par la cour d'Espagne,
au lieu de se borner à l'expression du gou-
vernement français. — *Cette expression,* re-
prend notre envoyé, *comprend implicitement*
celle de la république française, puisque notre
gouvernement actuel est républicain, et que
le conseil exécutif, qui n'est que son organe,
ne peut se dispenser de parler au nom du gou-
vernement, dont il tient ses pouvoirs. Il auroit
dû lui rappeler aussi que le gouvernement espagnol fut le premier à reconnoître la république anglaise, et à envoyer un ambassadeur
auprès de Cromwel.

　L'ambassadeur de France insiste; il observe
que la république française est reconnue par
le roi de Naples, par un autre Bourbon. *L'exem-*
ple du roi de Naples, émané d'un roi d'un
ordre inférieur, répond le jeune ministre, *ne*
suffit pas à un monarque comme celui d'Es-
pagne : dès que vous aurez obtenu la recon-
noissance de quelque puissance du premier
ordre, sa majesté catholique ne refusera pas
la sienne.......

　Le voilà donc avéré, cet orgueil insolent
du despotisme, qui ne reconnoît pas même l'é-
galité entre les rois! Les mots *nation, répu-*
blique, blessent leur oreille superbe, et ils
prétendent ne les laisser exister que quand ils
les auront reconnus.

Citoyens, si les rois pouvoient être reconnus par des hommes libres, ce seroit à nous à reconnoître les rois; ce seroit à la république française à sanctionner ou à rejetter leur existence.

La république française n'est pas reconnue! Mais, ne diroit-on pas que les pays gouvernés par le rois sont leur patrimoine, qu'ils parlent seuls au nom des peuples, et décident de leurs destinées! Ne diroit-on pas que la liberté et l'égalité avoient besoin d'être reconnues autrement que par les triomphes et par l'assentiment de tous les hommes?...... Tel est le vœu insensé de tous les rois, tel est le véritable sens des diverses objections faites par le gouvernement espagnol, aux diverses propositions de neutralité sincère et de désarmement respectif.

S'il ne vous a pas plutôt déclaré la guerre, c'est qu'il a des troupes moins actives que ses vengeances, et qu'il est forcé à une lenteur inséparable des armemens maritimes. S'il ne vous a pas attaqué plutôt, c'est que l'invitation du roi catholique *à ses sujets de bonne volonté* est de nul effet; c'est que le déficit de ses finances en 1792, est de vingt millions; c'est que le credit du gouvernement chancelle; c'est que cinquante mille esclaves enrégimentés ne sont pas dangereux pour les français libres; c'est que le rassemblement des matelots se fait avec lenteur, sur-tout vers les côtes de la Méditerranée. *Toutes mes voitures sont prêtes,* disoit, ces jours derniers le ministre de la marine espagnole; *il ne me manque que*

des hommes pour les mener. Si le gouvernement n'a fait que répondre à votre envoyé qu'il
ne s'occuperoit plus de ses notes officielles,
c'est qu'il a cherché à éviter l'apparence d'une
agression dès long-temps préparée ; c'est qu'il
voudroit pouvoir vous accuser auprès du peuple
espagnol, pour nationaliser la guerre, s'il le pouvoit, comme les Pitt, les Grenville l'ont prati-
qué à Londres.

Déjà le gouvernement de Madrid a associé
à ses projets de vengeance royale tous les corps
ecclésiastiques. Les prêtres excitent publique-
ment dans les temples la crédulité du peuple
à renouveler le crime des vêpres siciliennes ;
les inquisiteurs vont se transformer en militaires, et les couvens offrent de faire marcher
des milliers de moines pour cette croisade impie contre la liberté. Déjà le fanatisme religieux
prépare pour les armées ses prières ferventes,
ses pieuses largesses et cette population mo-
nacale, aussi lâche qu'inutile ; il va renouveler aux yeux de l'Europe le ridicule exemple
de cette guerre de moines que virent vos ancêtres, et de ces processions qu'ils prenoient
pour des armées. C'est ainsi que tout se prépare pour la révolution monastique, qui doit
être le premier pas vers l'affranchissement de
l'Espagne. C'est ainsi qu'une guerre royale et
sacerdotale aura fondé la souveraineté de ce
peuple qui chassera un jour les prêtres et les
rois, comme jadis il chassa les Maures.

Que le gouvernement de Madrid s'éclaire
donc sur le génie des peuples qu'il gouverne
avec des moyens aussi artificieux qu'extraor-

dinaires. Les lumières répandues dans plusieurs
classes de citoyens, y ont déjà étouffé l'igno-
rance et une foule de préjugés. L'Arragon se
souvient de son antique liberté. La Catalogne
a des droits à réclamer, et la Navarre se souvient qu'elle ne fut pas toujours sous la domination du maître de Madrid. Le peuple, com-
primé dans les lisières de la superstition et du
royalisme, a conservé son caractère primitif;
il a toujours ce même penchant démesuré pour
tout ce qui tient au courage et à l'élévation
de l'âme. Que la liberté lui apparoisse, et il
s'élancera vers elle avec cette énergie qui lui
est si naturelle. Il faut à la nation espagnole de
grandes entreprises et une immense prospec-
tive de gloire; il la verra dans la conquête
de son indépendance et de ses droits, comme
ses rois l'ont vue dans la conquête des trésors du Mexique. L'habitude qu'il a de ne plus
relever que du trône depuis l'abaissement des
grands, sera bientôt remplacée dans son esprit par la conquête de la liberté. Qu'il tremble
ce gouvernement astucieux et versatile, qui
a trompé les alliés de l'Espagne par de fausses
espérances de neutralité, et qu'il apprenne des
français libres, que c'est du sein de l'Andalou-
sie que viennent de sortir récemment les expres-
sions énergique du mécontentement espagnol,
précurseur des révolutions. « Quand ce seroit
» les Maures qui nous gouverneroient une autre
» fois, s'écrient-ils, nous ne pourrions pas
» être plus malheureux qu'avec cette maison
» de Bourbon ».

Citoyens, que la guerre soit donc déclarée

à l'Espagne. Si l'agent de la république française n'a pas été outrageusement chassé de son
territoire, comme un autre l'a été de l'île anglaise, n'oublions pas qu'on a refusé haute-
ment de l'entendre et de répondre aux notes
officielles. Le ministère de la raison rendu inutile, nécessite celui des armes; elles seront
victorieuses le long de l'Ebre et du Mançana-
rès, comme elles le sont sur les bords de la
Meuse et du Rhin. Si nous avions eu l'armée que
vous aviez décrétée en novembre contre l'Espagne; si ceux qui étoient chargés de l'organiser et de l'approvisionner, n'avoient pas fait
tout ce qu'il falloit pour l'anéantir dès son
origine; si nous n'avions pas donné au gouvernement espagnol une trop longue et trop
grande confiance dont il n'étoit pas digne,
nous aurions eu le long des Pyrénées une force
disponible qui, par sa seule présence sur les
frontières, auroit assuré la neutralité de la
cour de Madrid, arrêté l'Angleterre dans ses
projets hostiles, et défendu à l'Espagne de se
constituer en puissance navale; car l'Angleterre n'a eu l'audace de l'agression, qu'en s'ap-
puyant sur les galions de l'Espagne et les florins
de la Hollande.

Il est donc indispensable que vous ordon-
niez sur-le-champ que le conseil exécutif fasse
passer dans les Pyrénées, le matériel nécessaire à une armée qui nous donne tous les
moyens d'agression; il faut que les Bourbons
disparoissent d'un trône qu'ils ont usurpé avec
les bras et les trésors de nos pères, et il faut
qu'un des peuples le plus magnanime de l'Eu-

rope, reçoive enfin la liberté, qui, placée sur une terre vierge, fécondée par un soleil bienfaisant et entourée de mers et de montagnes, peut la conserver intacte au milieu des révolutions du globe.

Et vous, citoyens libres de la France méridionale, que vos alarmes cessent, que votre courage s'enflamme : l'armée des Pyrénées s'organise sur un pied formidable ; unissez-vous à vos légions patriotiques, vous apprendrez au gouvernement espagnol que la république française n'est pas un ennemi à dédaigner, et qu'elle ira porter dans son sein tous les germes de la liberté, de l'égalité et de la tolérance, qu'ils n'ont jamais connues. Le despotisme vous insulte et vous menace ; mais le despotisme est vieux en Europe, et il fut lâche dans toutes les contrées. Le souverain de l'Espagne sommeille ; allez le réveiller, et aussitôt le fanatisme qui soutient les prêtres et les rois sera détruit ; le colosse du gouvernement espagnol sera abattu, et de nouvelles sources d'industrie et de commerce vous dédommageront des sacrifices que vous aurez faits à la liberté.

Le nord est défendu par des armées victorieuses contre les tyrans de Vienne et de Berlin. Que vos braves légions nous défendent des fanatiques et des esclaves d'Aranjues. Descendez de ces rochers qui produisant du fer et des soldats, furent toujours les boulevards de la liberté du genre humain. La gloire vous attend au-delà des monts. Allez faire trembler à Madrid le despote coalisé avec les ennemis de la république ; les Pyrénées ne peuvent être une barrière que pour des esclaves ou des moines.

En allant venger vos frères, rappelez-vous que lorsqu'un des despotes de la France eut placé un de ses petits-fils sur le trône espagnol, il s'écria dans son orgueil : *Il n'y a plus de Pyrénées.* Portons l'égalité et la liberté en Espagne, par nos victoires ; et nous dirons alors avec plus de vérité : *Il n'y a plus de Pyrénées*, nous le dirons pour le bonheur du monde.

Décret de la convention nationale.

Du 7 mars 1793, l'an 2e. de la république française.

La convention nationale, après avoir entendu le rapport de son comité de défense générale, sur la conduite du gouvernement espagnol envers la France ;

Considérant que depuis le 14 juillet 1789, le roi d'Espagne a constamment outragé la souveraineté du peuple français dans les diverses communications avec son gouvernement, et qu'il a toujours persisté à considérer *Louis Capet* comme souverain de la nation ;

Que par une cédule du 20 juillet 1791, il a exposé les français à des vexations multipliées ; qu'il les a condamnés à des emprisonnemens arbitraires, à des bannissemens injustes ; qu'il leur a fait éprouver des pertes et des persécutions dont la réparation a été réclamée inutilement ; que par cette cédule il les a forcés au serment de renoncer à leur patrie ;

Que ses gouverneurs et ses troupes n'ont

cessé de favoriser la révolte des nègres à Saint-
Domingue, par des approvisionnemens et des
échanges de vivres, de munitions, d'armes et
de canons, ont refusé un asyle aux français
poursuivis, et même rendu aux nègres plusieurs français qui y avoient réclamé l'hospi-
talité, et qui ont été ensuite massacrés;

Qu'à l'époque du 10 août 1792, il a ordonné à son ambassadeur à Paris de se retirer, ne voulant pas reconnoître le conseil exécutif provisoire, élu par l'assemblée législative;

Que depuis l'ouverture de la session de la
convention nationale, il n'a pas voulu reprendre
la correspondance accoutumée entre les deux
états;

Qu'il a refusé de reconnoître l'ambassadeur
de la république française, quoique muni de
lettres de créance en son nom;

Qu'au lieu de donner à la France le contingent de secours stipulé par les traités d'alliance, il a fait faire des armemens sur terre
et sur mer, qui ne peuvent avoir d'autre destination que de combattre l'indépendance de
cette nation, et de se coaliser contre elle avec
les puissances ennemies;

Que tandis qu'il faisoit avec activité l'armement maritime, il le présentoit hypocritement
comme une précaution de sûreté contre l'Angleterre dont il disoit connoître les intentions
perfides, et négocioit cependant une alliance
avec elle, au mépris des traités;

Que dans le même temps qu'il armoit ses
frontières, il accordoit une protection ouverte

et des secours d'argent aux émigrés et aux
chefs des rebelles armés contre la France ;

Que malgré la persévérance la plus cons-
tante du conseil exécutif provisoire de France,
à employer tous les moyens qui pouvoient conserver la paix et la fraternité avec la nation
espagnole, et qui étoient compatibles avec la
dignité de républicains, le ministère espagnol
a persévéré dans son système de dissimulation,
de malveillance et d'hostilité ; qu'il a continué les armemens de terre et de mer, et envoyé une artillerie nombreuse aux deux extré-
mités des frontières de France ;

Que sur la demande qui lui a été faite de
s'expliquer sur l'objet précis de ces armemens, il n'a donné que des réponses évasives
et dilatoires ;

Que le roi d'Espagne a manifesté son attachement à la cause de *Louis*, et son dessein
de le soutenir si l'on n'obtempéroit pas à son
intervention ;

Qu'à la nouvelle de l'exécution de *Louis*,
il a outragé la république française, en pré-
venant l'ambassadeur de la république qu'il ne
lui seroit plus donné de réponse ; et en inter-
rompant avec lui toute communication ; qu'il
a positivement refusé l'admission de deux notes
officielles du conseil exécutif, du 4 janvier,
en réponse aux siennes, du 17 décembre ; et
en conséquence, qu'il a refusé de s'engager
à observer une stricte neutralité envers la France, à désarmer et à nommer des commissaires
pour opérer les désarmemens respectifs ;

Que depuis le refus, il a accueilli le chef

des émigrés, s'est lié plus fortement que jamais avec la cour d'Angleterre, quoiqu'elle soit en guerre avec la république française; qu'il a toléré et qu'il tolère les prédications publiques et les persécutions faites contre les français dans ses états:

Considérant enfin que toutes ces circonstances réunies ne laissent plus à la république française l'espoir d'obtenir, par la voie des négociations amicales, le redressement de ces griefs, et que tous les actes de la cour de Madrid sont de véritables actes d'hostilité et de coalition avec les puissances belligérantes, et équivalent ainsi à une déclaration de guerre;

La convention nationale décrète ce qui suit:

ART. Ier. La convention nationale déclare au nom de la nation française, qu'attendu les actes multipliés d'hostilité et d'agression ci-dessus désignés,

La république française est en guerre avec l'Espagne.

II. La convention nationale charge le conseil exécutif provisoire de déployer les forces qui lui paroîtront nécessaires pour repousser son agression, et pour soutenir l'indépendance, la dignité et les intérêts de la république française; et en conséquence, il sera tenu de prendre, dès-à-présent, les mesures les plus promptes pour faire passer dans les départemens des Pyrénées, le matériel nécessaire pour une armée de cent mille hommes.

III. La convention nationale autorise le con-

seil exécutif provisoire à disposer, tant des
forces navales, que de celles de terre, ainsi
que le salut de la république lui paroîtra,
l'exiger.

IV. Il sera pris dans le sein de la convention
nationale six commissaires pour aller dans les
départemens méridionaux de la république, et
dans l'armée des Pyrénées, accélérer le recrutement, surveiller les approvisionnemens, et
encourager tous les français à se réunir pour
venger les injures faites par un tyran à la nation Française.

Décret concernant une adresse de la con-
vention à l'armée de la Belgique.

Du 5 avril 1793. = *même jour.*

La convention nationale à l'armée de la
Belgique.

BRAVES GUERRIERS,

Dumouriez a trahi sa patrie. Ce conspirateur
sous lequel votre valeur obtint jadis des triomphes dont il s'attribuoit la gloire, ne cherche
plus qu'à vous faire essuyer des défaites pour
vous en attribuer la honte.

Il tente de tourner contre la liberté, les armes
que vous n'aviez prises que contre la tyrannie.

Vous, français, menacer votre patrie !....
Vous, marcher contre vos amis, vos frères,
vos femmes, vos enfans !.... Non, vous n'êtes
pas coupables du plus atroce des crimes, vous
ne le serez jamais : les soldats de la liberté
ne sont pas devenus tout-à-coup les mépri-
sables satellites d'un scélérat ambitieux.

Eh ! n'est-ce pas à la voix de la patrie en

péril que vous avez marché et vaincu ? n'est-
ce pas elle qui vous demande encore vos bras
et vos armes ?

Sa voix sacrée retentira au fond de vos
cœurs ; vous vous souviendrez de vos triomphes , et vous brûlerez d'en obtenir de nouveaux.

Ainsi vous jugent les représentans de la nation
dont vous avez la confiance et l'estime ; ils
vous connoissent mieux que le chef perfide
qui vous trompe pour vous avilir et vous
perdre.

Sa main audacieuse a violé la souveraineté
du peuple , en saisissant ceux de ses représentans que la convention nationale avoit envoyés
vers vous. Son crime est connu , il veut vous
donner un roi. Son nom est voué à l'infamie ,
sa tête à l'échaffaud. Vengez votre gloire et la
patrie ; livrez le traître , une couronne civique est le prix qui vous attend.

Soldats français , s'il pouvoit y avoir parmi
vous des hommes qui ne restassent pas fidèles
par l'horreur de la trahison , qu'ils appren-
nent du moins à l'être par la terreur du châti-
ment.

Vous n'êtes que l'avant-garde de la nation ,
elle est toute entière derrière vous , prête à
protéger de sa puissance ceux qui sauront la
servir , à écraser de sa foudre ceux qui ose-
roient être rebelles.

Le traître Dumouriez a calomnié Paris pour
vous irriter contre cette ville , qui fut le ber-
ceau de la liberté , qui doit en être le soutien.
Paris est calme , il veille à la sûreté des re-

présentans du peuple, respecte les loix, est prêt à faire marcher ses phalanges républicaines.

Il vous a présenté la convention nationale, comme divisée en deux factions; il s'est prévalu de quelques débats que l'amour brûlant de la liberté, toujours ombrageux, sur-tout dans des temps révolutionnaires, a dû exciter parmi des hommes chargés des intérêts d'un grand peuple.

Soldats républicains, c'est de sa part une perfidie pour vous rendre les instrumens aveugles, et de l'anéantissement de la convention, et du rétablissement de la royauté.

La convention nationale est une comme la nation, elle maintiendra l'indivisibilité de la république, elle est ralliée autour de l'oriflamme de la liberté; elle la portera, s'il le faut, dans vos rangs; elle fait unanimement le serment de mourir avec vous, ou d'exterminer les conspirateurs, les tyrans et leurs satellites.

La convention nationale adopte à l'unanimité la proclamation ci-dessus qui lui a été présentée par le comité de défense générale, pour éclairer l'armée de la Belgique sur la trahison de Dumouriez, et prévenir l'égarement dans lequel ce conspirateur cherche à l'entrainer.

*Décret qui déclare que le peuple français ne
s'immiscera en aucune manière dans le
gouvernement des autres puissances, mais
qu'il ne souffrira qu'aucune puissance s'immisce dans le régime intérieur de la république, et prononce la peine de mort contre
quiconque proposeroit de négocier ou de
traiter avec les puissances ennemies, qui
n'auroient pas reconnu solennellement
l'indépendance et la souveraineté de la
république française.*

Du 13 avril 1793. = même jour.

La convention nationale déclare, au nom
du peuple français, qu'elle ne s'immiscera en
aucune manière dans le gouvernement des
autres puissances; mais elle déclare en même
temps qu'elle s'ensevelira plutôt sous ses propres ruines, que de souffrir qu'aucune puissance s'immisce dans le régime intérieur de
la république, et influence la création de la
constitution qu'elle veut se donner.

La convention décrète la peine de mort
contre quiconque proposeroit de négocier ou
traiter avec des puissances ennemies, qui
n'auroient pas préalablement reconnu solennellement l'indépendance de la nation française, sa souveraineté, l'indivisibilité et l'unité
de la république, fondée sur la liberté et
l'égalité.

Décret

Décret concernant un manifeste de la convention nationale de France, à tous les peuples et à tous les gouvernemens.

Du 16 avril 1793. = 21 *du même mois.*

Ce n'est pas seulement aux peuples qui prononcent le nom de liberté, ce n'est pas seulement aux hommes dont le fanatisme n'a point égaré la raison, et dont l'ame n'est point abrutie par la servitude, que la nation française dénonce l'atroce violation du droit des gens, dont les généraux autrichiens viennent de se rendre coupables ; c'est à tous les peuples, c'est à tous les hommes.

Un français parjure, abusant contre la convention nationale d'une autorité, qu'il n'avoit pu recevoir que d'elle, a fait arrêter quatre de ses membres. Ce n'est point un citoyen qui méconnoît dans un ennemi privé, dans un homme d'un parti contraire, le caractère auguste de représentant du peuple ; c'est un général qui exerce une violence contre ce caractère même qu'il étoit obligé de défendre.

Trop sûr que la présence des représentans du peuple français, rendroit bientôt l'armée toute entière à la république, *Dumouriez* a porté sa lâche perfidie jusqu'à les livrer à l'ennemi ; il a osé en faire le prix d'une honteuse protection ; il les a vendus dans l'espérance qu'on le laisseroit jouir en paix de l'or acquis par ses forfaits ; et les généraux autrichiens n'ont pas rougi de se rendre ses complices, de participer à son opprobre comme à son crime.

Tome III.   E

Jamais, chez les peuples civilisés, le droit de la guerre n'a autorisé à retenir comme prisonniers, et bien moins encore comme ôtages, ceux qu'une basse trahison a livrés. Ce n'est point sur le territoire autrichien, c'est sur une terre française qu'ils ont été arrêté; ce n'est pas là force ou la ruse militaire, c'est le crime seul qui les a mis entre les mains de *Cobourg*. Se croire en droit de les retenir, c'est vouloir légitimer la conduite de ceux qui les ont livrés, c'est dire que les généraux ont le droit de vendre aux ennemis de leur pays, ses ministres, ses magistrats, ses représentans.

Diront ils qu'ils ne reconnoissent pas la république ? Qu'ils nient donc l'existence de la nation française, qu'ils nient donc l'existence du territoire sur lequel vingt-cinq millions d'hommes ont proclamé la liberté républicaine. Ils ne la reconnoissent pas, et ils ont reconnu *Dumouriez* ! La trève convenue avec lui n'a-t-elle pas été présentée à l'armée comme accordée aux troupes de la république ? L'armée l'auroit elle acceptée, si elle n'avoit été trompée, si elle avoit pu la regarder comme le prix d'une trahison qu'elle déteste ? Et quand ils rompent cette trève au moment où les trames de *Dumouriez* sont découvertes, n'est-ce pas avouer qu'ils ont voulu tromper et l'armée et la France ? n'est-ce pas annoncer qu'ils ne veulent traiter qu'avec des conspirateurs et des traîtres?

Hommes libres de tous les pays, élevez vous contre la conduite lâche et perfide des généraux de l'Autriche, ou bientôt vous n'aurez plus d'autres loix que celles des sauvages.

Que deviendront vos droits, s'il suffit, pour

vous en arracher les plus zélés défenseurs, d'un
traitre qui veuille les vendre, et d'un despote
qui ose les acheter?

Rois, songez qu'un conspirateur peut aussi
vous livrer à des ennemis, et que l'exemple
donné par *Cobourg* peut un jour tomber sur
vos têtes. Plus le pouvoir que les peuples vous
abandonnent est grand, illimité, plus votre sûreté
exige que les liens qui unissent les hommes
ou les peuples soient religieusement respectés.
Et vos agens, vos hérauts d'armes, ne les
mettez-vous pas en sûreté jusques dans les
camps de vos ennemis, par la seule impression du caractère dont ils sont revêtus? Vos
négociations, vos guerres (ces guerres que du
fond de vos palais, vous ne dirigez trop souvent que pour le seul orgueil de la victoire),
ne les faites-vous pas à la faveur du droit des
gens? Prenez garde : l'attentat commis sur
les présentans d'une grande nation, outrage la
première des loix, efface la tradition du respect que les peuples civilisés étoient convenus
de lui porter, et ne laisse plus apercevoir que
ce droit terrible, réservé jusques alors aux
hordes barbares, le droit de poursuivre ses
ennemis comme on poursuit les bêtes féroces.

Le voile qui cachoit si foiblement les intentions des ennemis de la France est déchiré.

Brunswick nous déclaroit en leur nom, qu'il
venoit détruire une constitution où le pouvoir
royal étoit avili. Aujourd'hui ils viennent rétablir cette constitution, parce que du moins
le nom de roi y étoit conservé.

Peuples, entendez-vous ce langage? Ce n'est

E 2

pas pour vos intérêts que coule votre sang et le nôtre, c'est pour l'orgueil et la tyrannie des rois ; c'est à l'indépendance des nations et non à la France, qu'ils ont déclaré la guerre.

Peuples qui vous croyez républicains, ils ne veulent pas souffrir qu'une grande nation n'ait pas un roi : ils savent que l'existence de la république française seroit un obstacle éternel au projet qu'ils ont formé de vous donner aussi des maîtres.

Peuples qui vivez sous des rois, ils ne veulent pas qu'une nation puissante donne à l'Europe l'exemple d'une constitution libre, fondée sur les droits sacrés de l'homme ; ils craignent que le spectacle de cette liberté ne vous apprenne à connoître, à chérir vos droits. Il seroit perdu pour eux l'espoir coupable de vous retenir dans ce sommeil, dont ils profitent pour saper les fondemens de la liberté qui vous reste, pour forger ces chaînes auxquelles, dans le délire de leur orgueil, ils ont osé condamner l'espèce humaine.

Peuples de tous les gouvernemens, c'est sous la sauve-garde de votre générosité, de vos droits les plus sacrés, que la nation française met ses représentans que la trahison a livrés à la tyrannie. Vous êtes plus intéressés que nous à ce qu'ils soient bientôt libres. Vous partageriez la honte d'un crime que vous auriez souffert, et votre foiblesse donneroit aux tyrans la mesure de ce qu'ils peuvent contre vous.

La convention nationale décrète l'impression de son manifeste, la traduction dans toutes

les langues, et charge le conseil exécutif provisoire de le faire parvenir sans délai à tous les
gouvernemens.

*Décret contenant une adresse de la convention
nationale aux armées de la république.*

Du 26 avril 1793. = 28 *du même mois.*

*La convention nationale aux armées de la
république française.*

SOLDATS DE LA LIBERTÉ,

Vous n'avez pas été vaincus dans la Belgique,
vous n'avez été que trahis. Le nation avoit mul-
tiplié à côté de vous des approvisonnemens de
tout genre; la perfidie d'un infâme général
les a livrés à l'Autrichien. Il a épuisé de numéraire le trésor public, pour en couvrir un
pays qu'il devoit lâchement abandonner.

Rassurez-vous; la France a les plus grands
moyens de faire la guerre pendant plusieurs
campagnes, si la victoire marchant avec des
républicains, n'assuroit la défaite prochaine des
hordes étrangères. La France a pour elle le génie de la liberté, sa population nombreuse, son
beau territoire et le soleil qui le fertilise. Elle
a des domaines immenses sur lesquels repose la
fortune publique, et le bien seul des traîtres
peut alimenter long-temps la guerre contre toute
l'Europe.

Des subsistances, des habits, des armes s'a-
moncèlent, et les citoyens accourent de toutes

parts dans nos armées, tandis que nos ennemis ont épuisé leurs trésors et dépeuplé leurs états.

Nos ennemis combattent à trois cents lieues du sol, dont le despotisme les a arrachés pour les traîner sur nos frontières ; vous combattez sur vos foyers.

Nos ennemis se livrent aux hasards de la guerre pour une solde journalière ; vous êtes armés pour vos familles, vos propriétés et vos droits.

Nos ennemis sont des esclaves, des mercenaires ; vous êtes des hommes libres, des républicains.

Nos ennemis font une guerre d'armée ; vous faites une guerre de peuple.

C'est un vil intérêt qui forma la ligue des tyrans, dont les haines et les rivalités réciproques préparent sourdement la ruine ; c'est l'égalité et la liberté qui ont formé notre sainte coalition.

Connoissez tous les avantages que votre position vous donne, et que votre courage vous assure. Les autrichiens cherchent à vous tromper par des paroles de conciliation et des espérances de paix : la paix est dans leur bouche ; mais la guerre est dans leur cœur.

C'est avec ces paroles de paix qu'ils tentent d'énerver votre courage, d'éteindre votre ardeur, et de flétrir vos lauriers. C'est avec ces propositions astucieuses que nos ennemis, ruinés par leurs dépenses, fatigués par leur marche et divisés par leur ambition, veulent détruire l'esprit public de l'armée, diviser les citoyens et nous ramener au royalisme. C'est la paix des tombeaux qu'ils vous offrent; c'est la vie de la liberté qu'il vous faut.

Les représentans du peuple sauront bien saisir le moment d'une paix honorable et digne de la république ; mais c'est votre constance, c'est votre indignation contre les traîtres, ce sont vos triomphes qui nous donneront la paix. Pour y parvenir il faut combattre; et bientôt nos ennemis épuisés devant nos places fortes, s'estimeront heureux de l'obtenir.

Ils vous parlent de paix, et ils font une guerre atroce; ils prennent le rôle de pacificateurs, et ils agissent comme des cannibales; ils vous parlent de l'honneur national, et ils violent tous les droits des nations. Les perfides ! il vous parloient aussi de paix, lorsque le 13 avril, dans la forêt de Saint-Amand, leurs soldats vous embrassoient pour massacrer ensuite votre avant-garde !

Leur cri est *la paix et la royauté* ; le votre doit être *la république ou la guerre.*

La convention décrète que cette adresse sera envoyée sur-le-champ aux armées, et traduite dans plusieurs langues.

CHAPITRE XXII.

TROUPES ÉTRANGÈRES.

SECTION PREMIÈRE.

Décrets généraux sur les troupes étrangères.

Décret concernant le passage des troupes étrangères sur le territoire de France; et contenant diverses dispositions relatives à la police des frontières, aux demandes d'armes faites par les municipalités, à la fabrication de ces armes et à leur distribution.

Du 28 juillet 1790. = 1er. août suivant.

L'ASSEMBLÉE NATIONALE déclare, que conformément au décret du 28 février, accepté par le roi, le passage d'aucune troupe étrangère sur le territoire de France ne doit être accordé qu'en vertu d'un décret du corps législatif, sanctionné par sa majesté.

Qu'en conséquence, les ordres émanés du secrétariat de la guerre, et adressés aux commandans des frontières du royaume, seront réputés non avenus; et cependant l'assemblée nationale se réserve de statuer sur le passage demandé par l'ambassadeur du roi de Hongrie, lorsqu'elle aura connoissance du nombre de troupes, des différentes espèces d'armes et attirails de guerre, de l'ordre de leur marche et de l'objet de leur destination.

L'assemblée nationale, instruite des plaintes portées par ledit ambassadeur du roi de Hongrie, et voulant maintenir les principes de justice qu'elle a annoncés prendre pour base de ses décrets et pour unique motif des armemens qu'elle ordonnera, charge son président de se retirer par devers le roi, pour prier sa majesté de donner des ordres précis à l'effet d'entretenir la police la plus sévère, et de prévenir toute infraction au droit des gens.

Décrète, en outre, que le roi sera prié de prendre vis-à-vis les puissances actuellement en guerre, les précautions nécessaires pour assurer la liberté du commerce français, et notamment sur la Meuse.

Et attendu les réclamations de plusieurs municipalités des frontières, à l'effet d'être armées pour soutenir la constitution qu'elles ont jurée, et assurer la tranquillité publique, d'assemblée nationale décrète que les ministres du roi seront tenus de donner au comité militaire connoissance des demandes d'armes et munitions qui seront faites par les municipalités des frontières, de l'avis des directoires de département, et d'y joindre l'état des armes et munitions distribuées à ces municipalités.

Décrète, en outre, que le roi sera supplié de donner les ordres les plus prompts pour la fabrication des canons, fusils et autres armes, et des munitions nécessaires, le tout suivant les prix et conditions qui auront été communiqués au comité militaire; que le roi sera prié de faire distribuer des armes aux citoyens, par tout où la défense du royaume rendra cette précaution nécessaire, et ce sur la demande des directoires.

Décret pour prévenir les désordres que pourroient commettre les ci-devant soldats des troupes belgiques, qui se trouvent actuellement, ou pourroient s'introduire par la suite dans les départemens voisins des pays-bas autrichiens et du Luxembourg.

Du 12 décembre 1790. = même jour.

L'assemblée nationale décrète ce qui suit:

Art. Ier. Le roi sera prié de donner les ordres les plus prompts, tant aux commandans des troupes de ligne, qu'à ceux des maréchaussées, dans les départemens du Nord, du Pas-de-Calais, et dans tous les départemens limitrophes et voisins des pays-bas autrichiens et du Luxembourg, pour qu'ils prennent toutes les mesures, et fassent toutes les dispositions nécessaires, même en requérant au besoin l'assistance des gardes nationales, à l'effet d'arrêter les désordres ultérieurs que pourroient commettre les ci-devant soldats des troupes belgiques qui se trouvent actuellement, ou pourroient s'introduire par la suite dans lesdits départemens.

II. Le roi sera également prié de donner des ordres pour que, sur la réquisition des corps administratifs, desdits départemens ou leurs directoires, et d'après les états qui seront par eux fournis aux commandans ou directeurs des arsenaux, il soit délivré par ceux-ci aux municipalités, sur leur récépissé, les armes nécessaires pour mettre leurs gardes nationales en état de concourir efficacement et selon les formes établies par la constitution, à la défense des propriétés et au maintien du bon ordre.

III. Tous les ci-devant soldats des troupes belgiques ou autres étrangers étant actuellement en France, seront tenus dans les vingt-quatre heures du présent décret, dans chacune des municipalités où ils se trouveront, de porter leurs armes au greffe des officiers municipaux de la ville la plus voisine, qui en feront l'estimation et leur en payeront la valeur, de laquelle il sera tenu compte par le receveur du district dans l'arrondissement duquel cette ville sera placée, en rapportant par eux lesdites armes au secrétariat de ce district, si mieux ils n'aiment les retenir pour l'usage de leurs gardes nationales, ou les faire vendre au profit de leurs communes, à des citoyens actifs.

IV. Passé ce délai de vingt-quatre heures, tout soldat des troupes belgiques, ou autres étrangers actuellement en France, qui sera trouvé avec des armes, sera arrêté et conduit devant la municipalité de la ville la plus voisine, qui déclarera les armes confisquées, et pourra, s'il y a lieu, le condamner à un ou plusieurs jours de prison.

V. Les mêmes mesures seront prises, et les mêmes peines seront prononcées contre ceux desdits soldats qui, parvenant à s'introduire en France, postérieurement à la publication du présent décret, ne porteroient pas sur le champ leurs armes au greffe municipal de la ville la plus voisine du lieu de leur arrivée.

VI. Si parmi lesdits soldats, ils'en trouve qui soient français, il leur sera fourni par la municipalité de la ville où ils déposeront leurs armes, un mandat de trois sous par lieue, lequel étant visé par le directoire du district dont cette ville dépend, sera acquitté de dix lieues en dix lieues, sur les caisses de district, jusqu'à leur arrivée dans leurs domiciles.

VII. Aucun desdits soldats ne pourra dans sa marche, même depuis son désarmement, s'écarter des grandes routes conduisant à sa destination; et ceux qui s'en écarteront, seront arrêtés et conduits en prison.

VIII. A l'égard de ceux desdits soldats qui ne sont pas regnicoles, ils seront conduits sous bonne et sûre garde, hors du royaume, à la plus prochaine frontière; et il sera employé tous les moyens nécessaires pour empêcher qu'ils n'y rentrent, ou que d'autres ne s'y introduisent à l'avenir.

IX. Quant à ceux desdits soldats français ou étrangers qui se seroient rendus ou se rendroient par la suite coupables d'excès, violences ou voies de fait, le procès leur sera fait en dernier ressort par le tribunal du district du lieu où ils auront commis aucun de ces délits, ou même par celui du lieu où ils seront arrêtés.

X. Il sera accordé aux gardes nationales

qui, en étant requis, se transporteront à plus de trois lieues de leur domicile, pour l'exécution du présent décret, une indemnité dont le mode sera incessamment présenté par les comités de constitution et militaire.

Décret relatif aux régimens d'infanterie allemande, irlandaise et Liégeoise.

Du 21 juillet 1791. = 29 *du même mois.*

L'assemblée nationale décrète que le quatre-vingt-seizième régiment d'infanterie, ci-devant Nassau, et tous ceux ci-devant désignés sous le nom de régimens d'infanterie *allemande, irlandaise* et *liégeoise*, font partie de l'infanterie française; qu'en conséquence ils ne font avec elle qu'une seule et même arme; qu'ils prendront l'uniforme français, suivront la même discipline que les troupes françaises; et qu'à compter du premier de ce mois, ils seront traités de la même manière relativement à la solde, aux appointemens et à la fixation des différentes masses.

Décret relatif aux officiers étrangers qui désirent consacrer leur expérience et leurs armes au service de la liberté française.

Du 29 mai 1792. = 6 *juin suivant.*

L'Assemblée nationale, après avoir entendu le rapport de son comité militaire sur la lettre du ministre de la guerre, considérant que la guerre que fait la nation française intéresse tous les peuples, et qu'il peut être intéressant d'attacher à son service quelques officiers étrangers qui désirent combattre pour la liberté, décrète qu'il y a urgence.

L'assemblée nationale, après avoir décrété l'urgence, décrète qu'au-delà du nombre fixé par les précédens décrets, le pouvoir exécutif sera autorisé à employer dans nos armées, dans les mêmes grades qu'ils occupoient dans le service auquel ils étoient attachés, quatre officiers-généraux qui voudroient consacrer leur expérience et leurs armes au service de notre liberté.

Décret relatif aux sous-officiers et soldats des armées ennemies qui abandonneroient leurs drapeaux pour venir se ranger sous ceux des français.

Du 2 août 1792. = 3 *du même mois.*

L'Assemblée nationale considérant que tout ce qui tend au succès des armes de la nation française et au triomphe de la cause de la liberté, ne peut souffrir aucun retardement, décrète qu'il y a urgence.

L'assemblée nationale considérant que les hommes libres ont seuls une patrie; que celui qui abandonne une terre asservie pour se réfugier sur celle de la liberté, ne fait qu'user d'un droit légitime, et qu'il ne peut exister aucune obligation entre l'homme privé de ses droits naturels, et celui qui les lui a ravis;

Considérant qu'elle ne doit négliger aucun moyen de terminer une guerre que la nation française n'a entreprise que pour défendre sa constitution et son indépendance; et que parmi ces moyens elle doit sur-tout préférer ceux qui, par cela seul qu'ils épargnent le sang des hommes, s'accordent le plus avec ces principes;

Considérant enfin que si la cause de la liberté appartient à tous les hommes, et s'il est de leur devoir et de leur intérêt à tous de se dévouer à sa défense, la nation française n'en doit pas moins, ne fût-ce qu'à titre d'indemnité, des marques de sa reconnoissance et de son intérêt aux guerriers étrangers qui viennent se ranger sous ses drapeaux, ou qui abandonnent ceux de ses ennemis pour n'être pas forcés à tourner leurs armes contre un peuple dont tous les vœux et tous les principes appellent la paix universelle et le bonheur de tous les hommes;

Voulant d'ailleurs faire connoître aux nations étrangères les principes de justice qui dirigeront toujours sa conduite, décrète ce qui suit :

Art. Ier. Les sous-officiers et soldats des armées ennemies qui, jaloux de vivre sur la terre de la liberté et de l'égalité, abandonneront les drapeaux d'une puissance en guerre avec la France, et se présenteront soit à un poste militaire, soit à une des autorités constituées, soit à un citoyen français, seront accueillis avec amitié et fraternité, et recevront d'abord comme signe d'adoption une cocarde aux trois couleurs.

II. Ces sous-officiers et soldats, après avoir fait la déclaration de vouloir embrasser la cause de la liberté, recevront à titre d'indemnité des sacrifices qu'ils auront pu faire, un brevet de pension viagère de la somme de cent livres, laquelle leur sera annuellement payée de trois mois en trois mois et d'avance, et pendant tout le temps qu'ils résideront en France, par le receveur de district dans lequel ils résideront; ils seront en outre admis à prêter le serment civique, et il leur sera délivré une expédition du procès-verbal de la prestation de leur serment.

III. Lesdits sous-officiers et soldats recevront en outre une gratification de cinquante livres, qui leur sera payée sur les ordres du chef militaire ou de l'officier civil en présence duquel ils auront fait la déclaration prescrite par l'article II.

IV. Lesdits sous-officiers et soldats ne seront point forcés de contracter un engagement militaire ; ceux qui voudront contracter un tel engagement seront indifféremment admis, à leur volonté, soit dans les bataillons de volontaires nationaux, soit dans les différens corps de troupes de ligne, soit dans les légions, soit dans les compagnies franches.

V. Ceux desdits sous officiers et soldats qui contracteront un engagement militaire, recevront au moment de leur engagement, en sus de la gratification et de la pension viagère ci-dessus énoncées, le prix fixé par les loix antérieures pour les différentes armes.

VI. Il sera formé un tableau général des sous-officiers et soldats étrangers qui auront embrassé la cause de la liberté et de l'égalité, et une masse générale des sommes qui leur auront

auront été accordées en vertu de l'article II du présent décret. Les pensions seront reversées à mesure de leur extinction, sur les survivans, et ce jusqu'au moment où ils jouiront tous de cinq cents livres de pension viagère.

VII. La pension viagère de cent livres sera réversible sur la tête de la veuve du sous-officier ou soldat qui se sera marié en France; mais la veuve ne concourra point à l'accroissement progressif porté par l'article VI.

VIII. Pendant la durée de la guerre actuelle, les sous-officiers et soldats étrangers qui ne voudront point contracter d'engagement militaire, se retireront dans l'intérieur du royaume: ils pourront choisir le lieu où ils voudront fixer leur résidence; mais il leur sera indiqué des villes où ils trouveront des interprètes.

IX. Ceux desdits sous-officiers ou soldats qui contracteront un engagement militaire, seront, par les soins des généraux et des chefs des corps, répartis avec égalité dans les différentes compagnies du corps dans lequel ils seront entrés, afin qu'ils puissent plus aisément former des liaisons d'amitié et de fraternité avec les défenseurs de la constitution et de la liberté française.

X. Ceux desdits sous-officiers et soldats qui auront contracté un engagement militaire, obtiendront pour leurs services, leurs actions d'éclat ou leurs blessures, les récompenses et les retraites accordées aux citoyens français dont ils seront dès ce moment censés faire partie.

XI. L'assemblée nationale recommande à la sollicitude de tous les fonctionnaires publics et à la fraternité des officiers et soldats des armées françaises, les sous-officiers et soldats étrangers qui se réuniront à eux pour servir et défendre la cause des peuples et de la liberté.

XII. Les sous-officiers et soldats étrangers qui sont entrés en France depuis la déclaration de guerre, recevront immédiatement après la publication du présent décret, les indemnités prescrites par l'article II; en conséquence il sera par la trésorerie nationale mis pour cet objet, deux millions à la disposition du ministre de la guerre.

XIII. La pension viagère de cent livres et son accroissement progressif auront lieu même pour ceux des sous-officiers et soldats étrangers qui refuseront de contracter un engagement militaire, et qui préféreront se retirer dans l'intérieur du royaume; l'assemblée nationale regardant comme indigne de la générosité d'un peuple libre de n'offrir qu'à ce prix, une indemnité aux étrangers qui auroient refusé de combattre contre lui.

XIV. L'assemblée nationale hypothèque le produit des biens des émigrés dont la vente est décrétée, et subsidiairement les revenus de l'Etat, au payement des pensions viagères ci-dessus promises et accordées.

XV. Dans le cas où contre son vœu et ses espérances, la France se trouveroit engagée dans une guerre contre une nation libre et exerçant les droits de sa souveraineté, les citoyens de cette nation ne seront point admis à jouir des avantages accordés par le présent décret.

Décret qui étend aux officiers, les avantages accordés aux sous-officiers et soldats des troupes étrangères, qui embrasseront la la cause de la liberté.

Du 27 août 1792. = 7 *septembre suivant.*

L'Assemblée nationale décrete ce qui suit :

Les officiers qui ont abandonné depuis l'époque de la guerre, ou qui abandonneront les drapeaux des puissances étrangeres en guerre avec la France, pour embrasser la cause de la liberté, jouiront des mêmes avantages qui ont été accordés aux sous-officiers et soldats étrangers, par son décret du 2 août, et que les dispositions de ce décret leur seront communes.

Décret concernant les corps de cavalerie ci-devant étrangére.

Du 23 février 1793. = 25 *du même mois.*

La convention nationale, sur la proposition d'un membre, décrete que la loi du 27 juillet 1791, est applicable à tous les corps de cavalerie ci-devant étrangére, faisant partie de l'armée française.

Décret relatif au payement des pensions accordées aux officiers et soldats des armées ennemies qui ont abandonné leurs drapeaux.

Du 1er mars 1793. = 4 *du même mois.*

La convention nationale, après avoir entendu le rapport de son comité des finances, décrète ce qui suit :

Art. Ier. A compter du 1er juillet 1793, les pensions accordées en vertu des décrets des 3, 27 et 29 août 1792, aux officiers, sous-officiers et soldats des armées ennemies qui abandonneroient leurs drapeaux, seront payées, tant à Paris que dans les départemens, par l'administration de l'hôtel national des militaires invalides, par les mêmes agens que les traitemens des militaires invalides, d'après les principes et le mode fixés par la loi du 16 mai 1792.

II. Jusqu'à l'époque du 1er juillet, lesdites pensions seront payées par la trésorerie nationale et ses agens, tant auprès des armées que dans les départemens, sur les états de distribution qui lui seront fournis par le ministre de la guerre, appuyés des revues des commissaires des guerres du lieu de la résidence de chaque individu.

Décret qui approuve l'arrêté du conseil exécutif, relatif aux déserteurs allemands.

Du 19 mai 1793. = 20 *du même mois.*

La convention nationale approuve l'arrêté

du conseil exécutif, relatif aux déserteurs
allemands, qui pourront être répartis dans les
armées des frontières opposées, particulièrement celles d'Espagne, servir sur les côtes ou
être embarqués sur les vaisseaux de la république, et même sur des corsaires.

SECTION DEUXIÈME.

TROUPES ÉTRANGÈRES.

*Suisses, et régimens de Lauzun, de Royal-
Liégeois, d'Alsace, de Foix, Belges et
Liégeois.*

Décret concernant la solde des suisses.

Du 1er. octobre 1790. = 5 *du même mois.*

L'Assemblée nationale, d'après le rapport
de son comité militaire, décrète ce qui suit:

Art. Ier. Les soldats et sous officiers suisses
recevront la même solde que les soldats et sous-
officiers français ou étrangers. En conséquence,
la solde des régimens suisses sera augmentée
de dix-huit deniers, dont quatre deniers donnés à l'ordinaire, six deniers en poche, et huit
deniers à la masse d'entretien. Cette augmentation aura lieu à partir du premier octobre
1790.

II. Les officiers, sous-officiers et soldats suisses
continueront à l'avenir, ainsi qu'il avoit été décrété provisoirement le 15 avril dernier, de
jouir des pensions, traitemens et émolumens
qui leur ont été accordés jusqu'à l'époque du
1er. mai 1789.

Décret sur les désordres et excès commis dans la ville de Beffort par les régimens de royal-Liégeois, et des hussards de Lauzun.

Du 30 octobre 1790. = même jour.

L'assemblée nationale, après avoir entendu ses comités militaire et des rapports, décrète ce qui suit :

ART. Ier. Que les sieurs de la Tour, représentant de ci-devant colonel-propriétaire du régiment Royal-Liégeois, Greinstein, major du même régiment, et Châlons, aide-major de place à Beffort, se trouvant désignés dans l'information faite devant la municipalité de cette ville, comme les principaux auteurs des crimes qui ont été commis à Beffort, dans la journée du 21 octobre, attendu la gravité et le genre de ces crimes, sa majesté sera priée de donner ses ordres pour s'assurer de leurs personnes, et les faire conduire sous bonne et sûre garde dans les prisons de l'abbaye Saint-Germain de Paris, et d'ordonner au sieur de Ternan, colonel de Royal-Liégeois, de se rendre incessamment à son corps.

II. Que l'information des crimes commis à Beffort le 21, sera faite par-devant les juges de cette ville, pour les pièces, ainsi que les accusés, être renvoyés, et le procès leur être fait et parfait par-devant les juges auxquels sera attribuée la connoissance des crimes de lèse nation.

III. Que sa majesté sera également priée de faire remplacer à Beffort les régimens Royal-Liégeois et Lauzun qui y étoient en garnison,

et de les placer dans des départemens de l'intérieur.

IV. L'assemblée nationale décrète en outre
que les informations qui seront prises sur les
crimes commis à Beffort, lui seront présentées,
pour, après les avoir examinées, et s'être assurée des crimes et des circonstances qui les
accompagnent, statuer sur le sort des régimens
de Lauzun et Liégeois.

Ordonne que son président se retirera par-
devers le roi, pour le prier de donner des ordres pour l'exécution du présent décret.

Décret relatif à la solde et aux appointemens
des soldats, sous-officiers et officiers des
corps suisses.

Du 5 novembre 1790. = 10 *du même mois.*

L'Assemblée nationale, pour faire cesser les
difficultés qui se sont élevées sur l'exécution
du décret en date de 1er octobre, relatif à la
solde et aux appointemens des soldats, sous-
officiers et officiers des corps suisses, rappelant ses précédentes délibérations, décrète :
Que les soldats, sous-officiers, officiers suisses, généraux et autres officiers de cette nation, tant ceux retirés en suisse avec pension,
que ceux qui résident en France, en activité
de service, en réforme ou en retraite, continueront de jouir et d'être payés comme par
le passé, des pensions, traitemens et émolumens dont ils ont joui jusqu'au 1er mai 1789,
et qu'ils avoient obtenus en conformité des
capitulations, sans être assujettis aux disposi-

F 4

tions générales des décrets sur les pensions, et cela jusqu'au changement qui pourra être fait dans la capitulation, lorsque le traité en sera renouvelé entre la nation française, et la Suisse.

Décret relatif aux caporaux et tambours des régimens suisses.

Du 5 novembre 1790. = 10 *du même mois.*

L'Assemblée nationale, conformément au décret du 1er. octobre 1790, qui fixe le traitement des caporaux et tambours des régimens suisses, qu'elle a voulu assimiler à ceux de ce grade des régimens français et étrangers, décrète qu'à compter du 1er. octobre 1790.

Les caporaux et tambours suisses jouiront par jour, indépendamment du supplément de solde de dix-huit deniers qui leur a été accordé :

SAVOIR;

Chaque caporal de grenadiers suisses, d'un supplément de haute paye de dix-huit deniers.

Chaque caporal de fusiliers de première classe, d'un supplément de haute paye de dix-huit deniers.

Chaque caporal de fusiliers de deuxième classe, d'un supplément de haute paye de vingt-quatre deniers.

Chaque tambour de grenadiers, d'un supplément de haute paye de vingt-quatre deniers.

Et chaque tambour de fusiliers, d'un supplément de haute paye de douze deniers.

Décret relatif aux régimens de Royal-Liégeois et de Lauzun.

Du 20 janvier 1791. = 23 *du même mois.*

L'Assemblée nationale, après avoir ouï son son comité des rapports ;

Considérant que, d'après l'information faite par les juges de Belfort, ensuite de son décret du 30 octobre dernier, on ne peut imputer les délits qui ont été commis le 21 octobre dans cette ville qu'à quelques individus, et non aux régimens de Royal-Liégeois et de Lauzun, décrète que les deux régimens ci-dessus dénommés pourront, comme tous les autres corps de l'armée, être placés par-tout où le le service public l'exigera, sans aucune distinction de départemens frontières de ceux de l'intérieur, et que son président se retirera devers le roi pour lui présenter le présent décret.

Décret relatif au cinquante-troisième régiment ci-devant Alsace, et au quatre-vingt-cinquième ci-devant de Foix.

Du 12 juillet 1791. = 20 *du même mois.*

L'Assemblée nationale informée par le rapport de son comité militaire, du dévouement civique que le cinquante-troisième régiment d'infanterie, ci-devant *Alsace*, et le quatre-vingt-cinquième régiment d'infanterie, ci-devant *Foix*, ont manisté à Givet, non-seulement en se livrant aux travaux nécessaires à la défense de la place, mais encore en avançant l'argent de leur masse, et en offrant jusqu'à leur prêt pour les accélérer, décrète ce qui suit :

ART. Ire. Le président sera chargé d'écrire au nom de l'assemblée nationale, une lettre de satisfaction aux cinquante-troisième et quatre-vingt-cinquième régimens d'infanterie.

II. Le cinquante-troisième régiment d'infanterie, ci-devant *Alsace*, cessera dès ce moment d'être compris sur l'état de l'infanterie allemande ; il prendra l'uniforme de l'infanterie française, y occupera, dans la ligne, le rang que son ancienneté lui assigne.

III. Le ministre de la guerre donnera sur le champ les ordres nécessaires pour que les avances faites pour le service de l'état, sur les masses des cinquante-troisième et quatre-vingt-cinquième régimens d'infanterie, leur soient remboursées sans délai, au nom de la patrie.

Décret relatif aux soldats suisses condamnés pour faits relatifs à la révolution.

Du 15 septembre 1791. = 23 *du même mois.*

L'Assemblée nationale décrète que le roi sera prié d'interposer ses bons offices près des cantons Suisses, afin que ceux qui ont été condamnés pour faits relatifs à la révolution française, par les loix suisses, participent aux bienfaits de l'amnistie accordée à tous les citoyens français.

Décret relatif au régiment des gardes-suisses.

Du 16 septembre 1791. = 13 novembre suivant.

L'Assemblée nationale décrète que le roi sera prié de faire présenter incessamment au corps législatif une nouvelle formation du ci-devant régiment des gardes-suisses, d'après les conventions et capitulations qui auront été agréées par le corps Helvétique.

Et cependant l'assemblée nationale considérant que ce régiment s'est comporté de la manière la plus satisfaisante, et a bien mérité de la nation par sa conduite, décrète qu'il sera entretenu sur l'ancien pied, jusqu'à ce qu'il ait été statué autrement sur sa destination et sur le mode de son service.

Décret relatif aux soldats du régiment de Châteauvieux, détenus aux galères de Brest.

Du 31 décembre 1791. = 12 *février* 1792.

L'Assemblée nationale, après avoir entendu le rapport de son comité diplomatique sur la continuité de la détention de quarante soldats du régiment suisse de Châteauvieux, aux galères de Brest, pour faits relatifs à la révolution française ;

Considérant que rien n'est plus urgent qu'un acte d'humanité,

Décrète qu'il y a urgence.

L'assemblée nationale, après avoir déclaré l'urgence,

Déclare que les quarante soldats de Châteauvieux, détenus aux galères de Brest, sont compris dans l'amnistie prononcée par le décret du 14 septembre dernier ; décrète en conséquence qu'ils seront mis en liberté.

Décret relatif au remplacement des grades d'officiers ou état - major vacans dans le régiment de Salis, grisons.

Du 24 juin 1792. = 1er. juillet suivant.

L'Assemblée nationale, considérant qu'il importe au bien du service de procéder au remplacement des grades d'officiers ou état-major vacans dans le régiment de Salis, grisons ;

Que la confédération des trois ligues grises a constamment exprimé son vœu pour que le remplacement fût fait d'après l'ancienneté des services ;

Que cette demande se trouve conforme à la justice, aux principes constitutionnels des deux états, et aux promesses faites par le gouvernement français à la république des grisons ;

Que cette mesure ne peut contribuer qu'à rendre encore plus sensible les avantages que la nation grisonne et le régiment de son nom doivent attendre de la révolution française, décrète qu'il y a urgence.

L'assemblée nationale, après avoir décrété l'urgence, décrète ce qui suit :

Art. Ier. L'assemblée nationale décrète qu'il

sera procédé, sans délai, au remplacement de tous les grades d'officiers ou état-major vacant dans le régiment de Salis-Marcheline, Grison.

II. Le remplacement aura lieu par ancienneté de services, et conformément aux règles établies à cet égard pour tous les autres régimens de l'armée française.

Décret relatif au régiment des gardes-suisses.

Du 17 juillet 1792. = 18 *du même mois.*

L'assemblée nationale considérant qu'il importe de développer toutes les forces nationales pour la défense des frontières, décrète qu'il y a urgence.

L'assemblée nationale, après avoir décrété l'urgence, décrète que le pouvoir exécutif est tenu, en exécution du décret du 15 de ce mois, de faire passer pour la défense des frontières, au delà de 30,000 toises de la résidence du corps législatif, les deux tiers formant deux bataillons du régiment des Gardes-suisses.

Décret relatif aux citoyens belges et liégeois qui se sont réunis ou se réuniront pour combattre sous les drapeaux français.

Du 28 juillet 1792. = 29 *du même mois.*

L'assemblée nationale considérant qu'il est de sa justice de ne pas laisser dans le dénuement des hommes qui sont venus combattre sous les drapeaux de la nation française, et voulant donner à tous les peuples une preuve de l'accueil qu'elle fera à ceux qui se dévoueront à sa cause, décrète qu'il y a urgence.

L'assemblée nationale, après avoir décrété l'urgence, décrète provisoirement, que sur les six millions affectés aux dépenses secrètes de son département, le ministre des affaires étrangères emploira, sous sa responsabilité, la somme de cinq cent mille livres à l'entre-tien, armement et équipement de ceux des citoyens belges et liégeois qui se sont déjà réunis ou pourront se réunir à l'avenir pour combattre sous les drapeaux de la liberté, et qu'ils continueront de servir en corps, comme ils l'ont fait jusqu'à présent, sous les ordres des généraux français, auxquels ils seront tenus de se conformer, tant sur le territoire fran-çais, qu'en pays étrangers.

Approuve et confirme le don qu'a fait le maréchal Luckner auxdits belges et liégeois, du canon par eux enlevé à l'ennemi, dans la journée du 18 juin dernier, à la prise de Courtray.

Déclare que la France s'honorera toujours de recevoir dans son sein et sous ses drapeaux les soldats de la liberté, qui viendront s'y ranger pour la défendre; et quelle que soit leur patrie, ils ne seront jamais étrangers pour elle.

Décret qui ordonne la translation à Paris des suisses détenus à Ruelle.

Du 14 août 1792. = *même jour.*

L'assemblée nationale décrète que les suisses

qui se trouvent actuellement en état d'arrestation par les ordres de la munipalité de Ruelle, seront transférés sans délai, sous bonne et sûre garde, au palais Bourbon, à l'exception des malades qui continueront d'être soignés et gardés sous la surveillance de la municipalité laquelle sera remboursée de ses dépenses sur les fonds de la guerre. A mesure que les malades se trouveront en état d'être transférés à la prison du palais Bourbon, la municipalité de Ruelle les y fera conduire.

Art. Ier. La munipalité est tenue d'apposer les scellés sur tous les meubles et effets qui se trouvent aux casernes de Courbevoie, et de veiller avec soin à leur conservation.

II. L'assemblée nationale approuve la conduite de la municipalité et de la garde nationale de Ruelle.

Décret concernant le citoyen Bursbrobst, suisse.

Du 16 août 1792. = *même jour.*

L'assemblée nationale considérant que le sieur *Bursbrobst* caporal du régiment des gardes suisses, est muni de congé et passeport qui prouvent qu'il n'étoit pas à Paris le 10 du présent mois; considérant que la municipalité de Ris atteste qu'il étoit employé à cette époque dans son territoire à la conservation des récoltes, décrète que ledit *Bursbrobst* n'est pas compris au nombre des suisses détenus ou qui doivent l'être, pour être incessamment jugés sur les évènemens du 10 août.

Décret relatif aux régimens Suisses.

Du 20 août 1792. = 22 *du même mois.*

L'Assemblée nationale, après avoir entendu sa commission extraordinaire et ses comités diplomatique et militaire, considérant qu'il importe dans les circonstances actuelles de fixer promptement le sort des régimens suisses au service de France, et que les capitulations de la plus part d'entre eux sont expirées, décrète qu'il y a urgence.

L'assemblée nationale, après avoir décrété l'urgence, décrète ce qui suit :

ART. Ier. L'assemblée nationale fidèle aux principes de la liberté française, qui ne lui permettent pas de tenir au service de la France, des troupes étrangères sous un régime particulier et différent de celui des troupes françaises, et vu d'ailleurs l'expiration du terme des capitulations, décrète que les régimens suisses, ou de pays alliés de la Suisse, cessent d'être comme tels au service de la France.

II. Le pouvoir exécutif est chargé de témoigner aux cantons Helvétiques, au nom de la nation française, sa reconnoissance pour les services rendus à la France par les suisses, dans les armées françaises.

III. Tout officier, sous-officier ou soldat servant actuellement dans les régimens Suisses pourra, s'il le préfère, rester au service de France ; et dans ce cas, il y sera employé dans le grade qu'il occupe maintenant, suivant le mode qui sera incessamment décrété. Jusqu'à
leur

leur remplacement, ils recevront la paye de
leurs grades.

IV. Tout officier, sous - officier ou soldat
suisse qui voudra rester au service de la nation, sera tenu de faire sa déclaration à la municipalité du lieu de la résidence du régiment
ou du poste où il se trouvera, immédiatement
après la publication du présent décret, et d'y
prêter le serment du 10 août; il sera ensuite
accordé à chaque sergent, à titre de gratification et d'engagement, une somme de trois
cents livres; à chaque caporal, une de deux
cents livres; à chaque soldat, une de cent
cinquante livres, dont la moitié sera payée à
l'instant même de la prestation du serment,
et l'autre moitié après l'incorporation avec les
troupes françaises.

V. Le comité militaire présentera dans la
séance de demain, un mode d'incorporation des
individus, ou de formation des corps qui pourront recevoir cette incorporation, tel que les
sous-officiers et soldats Suisses puissent y conserver leurs grades et leurs droits à l'avancement, sans que les corps où ils seroient incorporés perdent rien des mêmes avantages.

VI. Les retraites, pensions des officiers, et
indemnités pour les capitaines propriétaires des
compagnies, les pensions pour les sous-officiers et soldats suisses qui voudront se retirer,
seront fixées conformément à l'esprit des capitulations et à la générosité qui caractérise
la nation française, et qu'elle doit témoigner
à de fidèles alliés. Ces retraites, pensions et
indemnités seront payées en argent comme par

le passé, ainsi que celles arrêtées dans les états des Suisses retirés et pensionnés jusqu'à ce jour.

VII. Le pouvoir exécutif est chargé de pourvoir à la sûreté de tous les officiers et soldats suisses qui voudront se retirer, et de veiller à ce qu'ils soient traités comme d'anciens alliés; mais ils ne pourront se rendre aux frontières que par détachemens, qui n'excéderont pas vingt hommes, et ils seront sans armes. Le prix des armes sera remboursé par le pouvoir exécutif à qui de droit.

VIII. Le pouvoir exécutif nommera des commissaires pour veiller dans chaque régiment à la prompte exécution de la présente loi, qui sera lue à la tête de chaque compagnie par la municipalité du lieu, pour y recevoir, concurremment avec les municipalités des lieux où se trouveront les régimens suisses, les déclarations de ceux qui voudront se retirer ou prendre du service, dresser le tableau des indemnités et pensions de ceux qui voudront se retirer, et quant aux autres, veiller à leur incorporation ou formation en corps, sauf à rendre compte à l'assemblée nationale des difficultés que pourra faire naître la fixation des indemnités et retraites.

IX. L'assemblée nationale charge le pouvoir exécutif de faire déclarer aux cantons Helvétiques, par l'ambassadeur de France, les intentions de la nation française d'entretenir avec eux toutes les relations d'amitié, de fraternité, de commerce et de bon voisinage, conformément au traité d'alliance du 28 mai 1777.

X. Le pouvoir exécutif est chargé de faire traduire en allemand et en italien le présent décret, et de le faire distribuer immédiatement dans les régimens suisses.

Décret qui fixe le mode d'incorporation pour les officiers, sous- officiers et soldats suisses.

Du 24 août 1792. = 26 *du même mois.*

L'Assemblée nationale voulant, conformément au décret du 22 de ce mois, fixer un mode d'incorporation pour les officiers, sous-officiers et soldats suisses qui voudroient rester au service de la nation française ;

Considérant qu'il est juste que ce mode soit tel que les suisses, chacun dans leur grade, ne perdent aucun des avantages de leur position actuelle, mais profitent au contraire de ceux que les nouvelles loix sur l'avancement militaire assurent également à tous les français, sans cependant que cette incorporation puisse nuire aux individus des corps qui la recevroient, après avoir décrété l'urgence, décrète ce qui suit :

Art. Ier. Les quatorze bataillons d'infanterie légère sont tous également destinés à recevoir l'incorporation des officiers, sous officiers et soldats suisses, qui préférant de rester au service de France, auront rempli les formalités prescrites par les décret du 22 de ce mois.

II. Tout bataillon d'infanterie légère, qui sera désigné par le pouvoir exécutif pour recevoir l'incorporation des suisses, sera formé en

régiment d'une manière entièrement semblable
à tous les autres régimens de ligne. Ces nouveaux régimens conserveront cependant la dénomination et l'uniforme de l'infanterie légère.

III. Il sera fait dans chaque régiment suisse,
au moment du licenciement, un tableau des
individus qui auront préféré de rester au service de France; et quel qu'en soit le nombre
dans chacun des régimens suisses, ils seront
destinés à être incorporés dans un même bataillon, ou dans plusieurs d'infanterie légère,
suivant la convenance.

IV. Les officiers supérieurs de ces nouveaux
régimens ne pourront, au moment de la première formation, être pris que parmi les officiers français.

V. Pour parvenir à la première formation de
chacun de ces nouveaux régimens, il sera
dressé une liste commune et par grade, des
officiers, sous-officiers et soldats formant actuellement le bataillon d'infanterie légère, et
des officiers, sous-officiers et soldats suisses
qui devront y être incorporés : de manière que
chacun se trouvant placé suivant son ancienneté de service dans la colonne de son grade,
la nouvelle formation et le nouvel ordre des
compagnies mêlent tellement les individus,
qu'aucune subdivision du régiment ne se trouve
différenciée par la distinction de *nation*, mais
qu'au contraire elles soient toutes également
composées de français et de suisses incorporés.

VI. Le pouvoir exécutif est autorisé à presser
ou à suspendre l'incorporation et la formation de
chacun de ces régimens, suivant l'emplacement

et l'emploi actuel de chacun des bataillons d'infanterie légère, par rapport au régiment suisse dont les individus qui voudront rester au service de France, devront être incorporés.

VII. En attendant l'époque de l'incorporation, et conformément au décret du 22 de ce mois, les officiers, sous-officiers et soldats suisses destinés à être incorporés, recevront la paye de leur grade respectif sur le pied de la solde de l'infanterie française.

VIII. Soit que ces officiers, sous-officiers et soldats suisses doivent se rendre immédiatement au lieu où devra se faire l'incorporation, soit que l'éloignement et l'emploi actuel des troupes s'opposent à cette célérité, les suisses destinés à l'incorporation seront immédiatement après la publication du présent décret, formés provisoirement en compagnies qui prendront sur-le-champ l'uniforme et la dénomination de compagnies détachées d'un tel régiment d'infanterie légère.

IX. Le ministre de la guerre est autorisé, en attendant l'opportunité de l'incorporation, à employer provisoirement ces compagnies partout où il le jugera convenable.

X. Nonobstant les dispositions ci-dessus, tout soldat suisse sera libre de s'engager dans les régimens de ligne de toute arme, et y sera admis comme citoyen français.

Décret relatif au licenciement du cent-unième
régiment d'infanterie, ci-devant Royal-
Liégeois.

Du 10 septembre 1792. == *même jour.*

Il a été fait lecture d'une lettre du ministre
de la guerre, en date de ce jour, et de la
copie d'une lettre du général Montesquiou,
datée du camp de Cessieux le 4 du présent,
qui y étoit jointe, par laquelle ce général pro-
pose le licenciement du cent-unième régiment
d'infanterie, ci-devant Royal-Liégeois, en cantonnement dans le district de Trévoux.

Un membre a rappelé à l'assemblée que
déjà, à la séance du sept du présent, il avoit lu
une lettre des administrateurs du district de
Trévoux, en date du mois, et un procès-verbal de la municipalité de Saint-Trivier, du premier de ce mois, qui constatent l'incivisme et
la mauvaise conduite de la majeure partie des
officiers et soldats de ce régiment, et qui constatent également que M. de Nusse, officier
patriote, nommé provisoirement par les commissaires de l'assemblée nationale, à l'armée
du Midi, pour remplacer le colonel de ce régiment destitué, a couru les risques de perdre
la vie dans une insurrection de trois compagnies de ce corps.

Ce membre a ajouté que toutes ces pièces
avoient été renvoyées au comité militaire pour
en faire son rapport séance tenante;

Que le comité étant en retard d'exécuter le
décret de l'assemblée, et n'y ayant rien de si
pressant que de statuer sur les propositions du

général Montesquiou, il les convertissoit en motion.

L'assemblée nationale considérant qu'il est très-instant de statuer sur le champ sur cet objet, décrète qu'il y a urgence.

L'assemblée nationale, après avoir décrété l'urgence, décrète que le cent-unième régiment, ci-devant Royal-Liégeois, en cantonnement dans le district de Trévoux, est licencié; renvoie au pouvoir exécutif pour prendre toutes les mesures nécessaires pour opérer ce licenciement, placer les officiers patriotes, et pour incorporer ou former tel corps qu'il trouvera convenable au bien du service, des soldats qui auront donné des preuves de civisme, et qu'il croira devoir conserver.

Décret relatif aux indemnités qui peuvent résulter du licenciement et du désarmement des régimens Suisses.

Du 17 septembre 1792. = *même jour.*

L'Asssemblée nationale, considérant que la satisfaction qu'elle a déjà témoignée, et qu'elle réitère au nom de la nation, des services des régimens Suisses; et l'intention qu'elle a notifiée de continuer à vivre avec la nation suisse en bonne intelligence et en bon voisinage, ne peut faire regarder le licenciement et le désarmement de ces régimens, que comme une mesure nécessitée par les circonstances du nouvel ordre de choses établi en France, et par la pénurie trop certaine d'armes, renvoie les réclamations des régimens Suisses au pou-

G 4

voir exécutif, à l'effet de négocier avec la dignité et la générosité convenables, soit les indemnités qui peuvent résulter du licenciement soit pour le prix des armes, sauf la ratification du corps législatif.

Décret relatif aux citoyens qui ont été employés dans les troupes de la Belgique ou du pays de Liège.

Du 7 mars 1793. = 11 *du même mois.*

La convention nationale décrete :

Art. Ier. Les citoyens qui ont été employés dans les troupes de la Belgique, ou du pays de Liège, conserveront le grade dont ils étoient revêtus au moment de la réunion des légions Belge et Liégeoise, aux armées de la république.

II. Le conseil exécutif provisoire est autorisé à délivrer à chacun de ces officiers, les commissions correspondantes aux grades dont ils étoient pourvus.

III. Les officiers employés dans les troupes Belges ou Liégeoises, justifieront de leurs grades par la remise de leurs brevets ou autres pièces constatant leur nomination, qui devra être antérieure au décret de réunion des troupes de la Belgique et du pays de Liège aux armées de la république française.

Décret en faveur des sous-officiers et soldats Suisses licenciés,

Du 6 mars 1793. — 15 du même mois.

La convention nationale, après avoir entendu le rapport de son comité de la guerre, décrète ce qui suit :

Art. I. Le ministre de la guerre est autorisé à accorder aux sous-officiers et soldats Suisses licenciés, susceptibles d'une retraite, la même subsistance qu'aux soldats français, jusqu'à ce qu'ils ayent obtenu les pensions de retraite qui peuvent leur être dues, à raison de l'ancienneté de leurs services.

II. Sur les sommes, tant en numéraire qu'en assignat et autres valeurs, trouvées dans les caisses du citoyen *Forestier,* quartier maître-trésorier du ci-devant régiment des gardes suisses, et déposées dans une des caisses de la trésorerie nationale, les commissaires de la trésorerie sont autorisés à retirer la valeur du débet du citoyen *Forestier,* et à lui faire raison des sommes excédant ladite valeur, à la charge, par le citoyen *Forestier,* de justifier de la validité des réclamations qu'il pourra faire pour parvenir au recouvrement des sommes qu'il prétendra lui être dues. Il sera aussi remis au citoyen *Forestier,* le montant des sommes en numéraire qu'il justifiera lui appartenir.

III. Le ministre de la guerre est encore autorisé à délivrer des ordonnances sur la tré-

sorerie nationale, pour le payement des diverses sommes qui peuvent être dues aux citoyens isolés, qui composoient le ci-devant régiment des gardes Suisses, soit à raison des
prêts qui n'ont pu leur être comptés par leurs
fourriers, soit à raison des indemnités relatives
à la perte de leurs effets, lors de la défec-
tion de ce régiment, jusqu'à la concurrence
de la somme qui restera après la liquidation
et l'acquittement du compte général et définitif qu'a produit le citoyen *Forestier*, quartier-maître trésorier, du ci-devant régiment des
gardes Suisses.

CHAPITRE XXIII.

PRISONNIERS DE GUERRE

Décret relatif aux prisonniers de guerre.

Du 4 mai 1792.

L'Assemblée Nationale voulant, au commencement d'une guerre entreprise pour la défense de la liberté, régler d'après les principes de la justice et de l'humanité, le traitement des militaires ennemis que le sort des combats mettroit au pouvoir de la nation française;

Considérant qu'aux termes de la déclaration des droits, lorsque la société est forcée de priver un homme de sa liberté, toute rigueur qui ne seroit pas nécessaire pour s'assurer de sa personne, doit être sévèrement réprimée par la loi;

Reconnoissant que ce principe s'applique plus particulièrement encore aux prisonniers de guerre, qui ne s'étant pas rangés volontairement sous la puissance civile de la nation, demeurent sous la sauvegarde plus spéciale du droit naturel des hommes et des peuples;

Décrète qu'il y a urgence.

L'assemblée nationale, après avoir décrété l'urgence, déclare et décrète ce qui suit;

Art. Ier. Les prisonniers de guerre sont sous

la sauve-garde de la nation et la protection spéciale de la loi.

II. Toute rigueur, violence ou insulte, commises envers un prisonnier de guerre, seront punies comme si ces excès avoient été commis contre un citoyen français.

III. Les prisonniers de guerre seront transportés sur les derrières des armées, dans les dépôts que les généraux auront désignés.

IV. Ils seront ensuite répartis dans l'intérieur du royaume, à la distance de vingt lieues au moins des frontières, et placés principalement dans les chefs-lieux de districts et les villes fermées.

V. Il leur sera alloué provisoirement pour leur entretien, sur les fonds extraordinaires de la guerre, la totalité de la solde et des appointemens de paix dont jouissent les grades correspondans de l'infanterie française.

VI. Les prisonniers de guerre seront admis à prendre, en présence des officiers municipaux, l'engagement d'honneur de ne point s'écarter du lieu qui leur aura été désigné pour demeure, et dans ce cas ils auront la ville pour prison, et ne seront soumis qu'aux appels qui seront fixés par un règlement particulier.

VII. Ceux qui, outre l'engagement d'honneur, fourniront une caution, ne seront tenus de se représenter qu'à un appel par jour, sans pouvoir néanmoins s'écarter de la ville de plus de deux lieues.

VIII. Les uns et les autres seront tenus d'être vêtus de leur uniforme, et ne pourront, en aucun cas, avoir ni porter des armes.

IX. Ceux qui ne fourniront point de caution, et refuseroient l'engagement d'honneur mentionné en l'article VII, seront détenus dans des édifices nationaux fermés.

X. Ceux qui ayant pris l'engagement d'honneur ou fourni caution, manqueroient aux obligations qui leur sont imposées par les articles VII, VIII et IX, seront traduits devant le tribunal de police correctionnelle et condamnés à garder prison pendant un temps plus ou moins long, selon la gravité des circonstances, et qui pourra être indéfini si le projet d'évasion est prouvé.

XI. Les prisonniers de guerre jouiront au surplus du droit commun des français. Ils pourront se livrer à toute espèce de profession, en remplissant les conditions prescrites par les loix. Ils seront traduits devant les tribunaux ordinaires en cas de délit, y seront poursuivis pour révolte, et y recevront la réparation des injures ou dommages dont ils auroient à se plaindre.

XII. Le pouvoir exécutif présentera, dans le plus court délai, un projet de règlement, sur les lieux où les prisonniers de guerre seront transférés, sur le mode de leur translation, sur le nombre qui en pourra être réuni dans le même lieu, sur la manière dont ils y seront surveillés et gardés, sur les appels auxquels seront soumis ceux qui jouiront de la faveur des articles VII et VIII, sur la police des maisons où seront renfermés ceux qui ne jouiront pas de cette faveur, sur la correspondance des uns et des autres avec l'étranger, en un mot, sur tous les moyens d'exécution du présent décret.

XIII. Le présent décret sera porté dans le jour à la sanction.

Décret relatif aux prisonniers de guerre.

Du 1er août 1792. — 2 *du même mois.*

L'Assemblée nationale considérant que les officiers et soldats des gardes nationales volontaires, et les gardes nationaux sédentaires des différentes communes, sont comme les officiers et les soldats des troupes de ligne, nommés en vertu de la loi pour la défense de la liberté ; considérant qu'ils doivent en conséquence, dans le cas où ils seroient pris les armes à la main, être traités suivant les règles établies entre les nations policées, à l'égard des prisonniers de guerre ; et voulant à la fois veiller à la sûreté des citoyens français, maintenir l'égalité des droits entre les hommes, et ne pas s'écarter des loix sacrées de l'humanité, décrete qu'il y a urgence.

L'assemblée nationale, après avoir décrété l'urgence, décrète ce qui suit :

Art. Ier. On suivra envers tous les étrangers pris les armes à la main, les règles établies par le décret du 4 mai 1792.

II. Dans le cas où les loix ordinaires de la guerre seroient violées par les puissances ennemies, tout noble étranger, tout officier, tout général, quels que soient sa dignité et son titre, qui sera pris les armes à la main contre la nation française, sera traité de la même manière que l'auront été les citoyens français, les officiers ou soldats des bataillons volontaires, les gardes nationales sédentaires, les officiers ou soldats des troupes de ligne pris les armes à la main.

III. Dans tous les cas on suivra à l'égard des soldats des troupes ennemies, les règles ordinaires de la guerre.

Décret qui approuve un réglement relatif aux prisonniers de guerre.

Du 3 août 1792. = 7 *du même mois.*

L'Assemblée nationale s'étant fait rendre compte par son comité militaire, du projet de règlement en date du 20 juin, relatif aux prisonniers de guerre, d'après la loi du 5 mai dernier, présenté par le pouvoir exécutif en conformité de l'article XII de ladite loi, déclare que ledit règlement ne contient rien qui ne soit conforme à la loi, et qu'il sera, avec le présent décret, annexé à celui du 4 mai dernier.

Réglment relatif aux prisonniers de guerre, en vertu de la loi du 5 mai 1792.

AU NOM DE LA LOI.

Du 20 juin 1792, l'an 4e de la liberté.

Art. Ier. Les prisonniers de guerre sont sous la sauve-garde de la nation et la protection spéciale de la loi.

II. Toute rigueur, violence ou insultes commises envers un prisonnier de guerre, seront punies comme si ces excès avoient été commis contre un citoyen français.

III. Les prisonniers de guerre seront d'abord transportés sur les derrières des armées, dans les dépôts que les généraux auront désignés.

IV. ils seront ensuite répartis dans les villes d'Amiens, Châlons-sur-Marne, Langres, Mâcon, Romans, le Pont-Saint-Esprit, Toulouse, Angoulême, Angers et Evreux.

V. Il ne pourra y avoir plus de deux cents prisonniers dans chacune des villes ci-dessus désignées; et dans le cas où le nombre des prisonniers de guerre deviendroit trop considérable, ils seroient répartis dans les chefs-lieux de district qui seront alors désignés par le ministre de la guerre.

VI. Les prisonniers de guerre seront casernés, autant que faire se pourra, dans les villes qui leur sont désignées; en conséquence, les commissaires ordinaires des guerres commis pour cet objet par sa majesté, disposeront dans les bâtimens militaires existant dans lesdites villes, et qui ne seront pas jugés nécessaires aux troupes, le logement pour deux cents prisonniers.

A défaut de bâtimens militaires, les commissaires ordinaires des guerres se concerteront avec les officiers municipaux des villes, pour établir le logement des prisonniers, soit dans des bâtimens nationaux dont on pourroit encore disposer, soit dans des maisons louées à cet effet, et où il n'y auroit point de locataires.

VII. Les sergens, maréchaux-des-logis, caporaux,

caporaux, brigadiers et les soldats de toutes les armes, seront établis dans ces logemens par chambrée, et coucheront deux à deux.

VIII. Les adjudans et officiers de tous grades, auront des logemens suivant leurs grades; mais les adjudans, sous-lieutenans et lieutenans seront logés de deux en deux.

IX. Les prisonniers de guerre seront admis à prendre, en présence des officiers municipaux des villes où ils seront transférés, l'engagement d'honneur, de ne point s'écarter du lieu qui leur aura été désigné pour demeure; et dans ce cas, ils auront la ville pour prison, et seront seulement soumis aux appels déterminés dans l'article suivant.

X. Il sera fait tous les jours un premier appel des prisonniers de guerre, à sept heures du matin, un second à midi, et le troisième à l'heure qui aura été fixée, par le commandant militaire dans sa place, pour la retraite.

XI. Les prisonniers de guerre qui, outre l'engagement d'honneur prescrit par l'article VII de la loi du 5 mai 1792, et IX du présent réglement, fourniront une caution, ne seront tenus de se présenter qu'à l'appel de la retraite, sans pouvoir néanmoins s'écarter de la ville de plus de deux lieues.

XII. Les prisonniers de guerre, quels qu'ils soient, seront tenus d'être vêtus de leur uniforme, et ne pourront, en aucun cas, avoir ni porter des armes.

XIII. Ceux qui ne fourniront point de caution, et qui refuseront l'engagement d'honneur mentionné en l'article VII de la loi du 5 mai

1792, et IX du présent règlement, seront détenus dans les édifices nationaux, et ils seront soumis, dans ces lieux de détention, aux mêmes appels prescrits par l'article X.

XIV. Ceux qui ayant pris l'engagement d'honneur, ou fourni caution, manqueroient aux obligations qui leur sont imposées par les articles VII, VIII et IX de la loi du 5 mai, et IX, X et XI du présent règlement, seront traduits devant le tribunal de police correctionnelle, et condamnés à garder prison pendant un temps plus ou moins long, selon la gravité des circonstances, et qui pourra être indéfini, si le projet d'évasion est prouvé.

XV. Il sera alloué provisoirement aux prisonniers de guerre, pour leur entretien, sur les fonds extraordinaires de la guerre, la totalité de la solde et des appointemens de paix, dont jouissent les grades correspondans de l'infanterie française.

XVI. Les prisonniers de guerre casernés et ceux détenus dans les édifices nationaux, vivront en commun par chambrée.

XVII. Les casernes ou maisons destinées au logement des prisonniers de guerre, et les lieux de détention seront garnis des fournitures habituelles au casernement des troupes.

XVIII. Pour la surveillance particulière des prisonniers de guerre dans les différentes villes qui leur sont assignées, il sera nommé par le roi, un officier pour veiller à ce qu'ils vivent en bonne intelligence, discipline et police dans les casernes ou maisons où ils seront établis.

XIX. Il sera établi par le commandant militaire dans lesdites villes, une garde de police dans les casernes ou maisons où seront réunis les prisonniers de guerre ; la force en sera déterminée suivant leur nombre.

XX. Pour pourvoir à la garde des prisonniers de guerre, sa majesté fera rendre momentanément dans les villes qui leur sont assignées, où il n'y aura point de garnison, des compagnies de vétérans.

XXI. Les prisonniers de guerre, quels qu'ils soient, ne pourront entretenir de correspondance avec l'étranger, que par des lettres ouvertes et qui seront remises au commissaire des guerres chargé de leur police, ou à son défaut au maire ou autre officier municipal, pour les faire parvenir à leur destination.

XXII. Les prisonniers de guerre jouiront, au surplus, du droit commun à tous les français ; ils pourront se livrer à toute espèce de profession, en remplissant les conditions prescrites par les loix ; ils seront traduits devant les tribunaux ordinaires en cas de délit, y seront poursuivis pour révolte, et y recevront la réparation des injures ou dommages dont ils auroient à se plaindre.

XXIII. Les prisonniers de guerre seront transférés des lieux de dépôt désignés par les généraux d'armées, dans les villes indiquées par l'article IV du présent règlement, sous l'escorte de la gendarmerie nationale.

XXIV. Les prisonniers de guerre seront logés, autant qu'il se pourra, pendant leur

H 2

translation dans un même lieu, afin d'en assurer la surveillance.

Les officiers municipaux des lieux de leur passage pourvoiront, en conséquence de cette disposition, au logement desdits prisonniers.

Ils vivront pendant leur route au moyen de l'étape.

XXV. Le commissaire - ordonnateur des guerres du département dans lequel il sera établi des prisonniers de guerre, chargera un commissaire ordinaire des guerres de leur police.

XXVI. Ce commissaire ordinaire des guerres sera chargé de recevoir les états de translation qui lui seront remis par les commandans d'escorte de la gendarmerie nationale, et de leur donner un reçu de la quantité et de la qualité des prisonniers qui auront été amenés par lesdites escortes.

Il fera payer, sur des extraits de revue, la solde et les appointemens aux prisonniers, ainsi qu'il est prescrit par l'article XV ci-dessus ; il visitera souvent les casernes ou maisons qui en tiendront lieu, où seront établis les prisonniers de guerre, ainsi que les lieux où seront renfermés ceux qui n'auront pas joui de la faveur accordée par les articles VII, VIII et IX de la loi du 5 mai 1792, afin de s'assurer de la salubrité desdits lieux, y maintenir la propreté, et de veiller à la sûreté des bâtimens.

Il fera visiter journellement les prisonniers dans lesdits lieux, par le chirurgien-major de l'hôpital, et y fera entrer ceux qui se trou-

veront malades et qui ne pourront être traités
dans la chambre.

Il prétera enfin la surveillance la plus ac-
tive sur les établissemens des prisonniers de
guerre.

Décret concernant l'échange des prisonniers de guerre.

Du 19 septembre 1792. = *même jour.*

L'assemblée nationale considérant la nécessité de pourvoir le plus promptement possible
à l'échange des prisonniers de guerre, et de
répondre au juste empressement de ceux de
nos frères d'armes qui, en combattant pour la
patrie, sont tombés dans les mains de l'ennemi; considérant que les bases sur lesquelles le
pouvoir exécutif ou les généraux d'armée con-
cluront des traités, conventions ou cartels,
doivent être fondées sur les principes de la liberté et de l'égalité, décrète comme principes
pour les échanges de prisonniers :

Art. Ier. Il n'y aura aucun tarif pécuniaire
pour l'échange selon les différens grades, que
dans des termes relatifs aux grades correspondans dans les armées ennemies.

II. Il n'y aura pas de tarif d'échange, tel
qu'un officier ou sous-officier, de quelque
grade qu'il soit, puisse être échangé contre
un plus grand nombre d'individus de grade inférieur.

III. La base commune des échanges, qu'aucune modification ne pourra altérer, sera
d'échanger homme pour homme, grade pour
grade.

H 3.

Décret concernant la répartition des prison-
niers de guerre, qui ont été mis en dépôt
à Langres.

Du 24 octobre 1792. ⇒ *même jour.*

La convention nationale, instruite qu'il a
été mis en dépôt dans la ville de Langres un
nombre trop considérable de prisonniers de
guerre qu'il est urgent de diviser dans d'autres villes, et voulant lever les difficultés qui
en ont retardé la répartition, décrète ce qui
suit:

Le ministre de la guerre est autorisé à répartir dans les villes de Langres, Auxerre,
Bourges, Nevers, Sémur, Autun, Moulins,
Dijon, Châlons-sur-Saône et Mâcon, les
2,546 prisonniers de guerre qui ont été mis en
dépôt à Langres, les 14 et 15 octobre présent
mois, même d'en placer jusqu'à quatre cents
dans celles qu'il jugera en état de les conte-
nir sans inconvénient.

Pour escorter et conduire lesdits prisonniers
aux lieux qu'il aura indiqués, il pourra, à défaut de la gendarmerie nationale, employer
les troupes à cheval disponibles, qui sont le
plus à la proximité de Langres.

Décret concernant le traitement des officiers
français prisonniers de guerre.

Du 6 décembre 1792. ⇒ *même jour.*

La convention nationale, après avoir entendu le rapport de ses comités de la guerre et
des finances, décrète ce qui suit:

Art. Iᵉʳ. Les officiers des armées de la république, prisonniers de guerre avec la faculté de rester en France sur leur parole, conserveront leurs appointemens sur le pied de guerre.

II. Le ministre de la guerre est autorisé à prélever les fonds nécessaires à cette dépense, sur ceux mis à sa disposition pour les dépenses extraordinaires de la guerre.

Décret qui désigne les personnes qui serviront d'ôtages à la nation française, jusqu'à ce que la liberté ait été rendue aux commissaires de la convention et au ministre Beurnonville, *détenus dans l'armée du prince de* Cobourg.

Du 5 avril 1793. = même jour.

La convention nationale considérant que tous les principes du droit des gens sont violés par la détention dans l'armée du prince de *Cobourg*, des quatre commissaires envoyés à l'armée du Nord et du ministre de la guerre;

Considérant que ces commissaires, ainsi que le ministre *Beurnonville*, n'ont pu, sous aucun rapport, être regardés comme prisonniers de guerre, et que si les généraux de l'armée autrichienne eussent respecté les principes qui lient encore les nations, alors même qu'elles se font la guerre, ils auroient rendu à ces cinq citoyens fonctionnaires publics, la liberté dont un général rebelle les avoit lâchement et traîtreusement privés;

Considérant que le prince de *Cobourg* ne peut avoir aucun prétexte pour excuser une

H 4

conduite aussi révoltante, puisque tous les prisonniers faits sur les armées ennemies ont été traités avec tous les égards que l'humanité commande, et que d'ailleurs ce ne seroit jamais sur des citoyens représentans du peuple ou fonctionnaires publics, et livrés par la trahison la plus infâme, que devoit tomber la représaille;

Considérant enfin que la justice et l'humanité même exigent que la convention nationale use de tous les moyens qui sont en son pouvoir, pour prévenir les derniers excès auxquels pourroient se livrer ceux qui ont maintenant ces commissaires en leur puissance, décrète ce qui suit:

Art. Ier. *François Xavier*, comté *Avesperg*, et *Auguste*, comte de *Linange*, tous les deux de la famille du prince de *Cobourg*, et ayant voix ès séances à la diète de Ratisbonne, actuellement prisonniers de guerre, et détenus dans la ville de Reims; les deux *Labare* frères, neveux du général *Canfait*, actuellement détenus à Valenciennes; *Charles Woldemar*, comte regnant de Linange Westerbourg; *Ferdinand Charles* son fils, comte héréditaire, et *Frédéric*, comte de Linange, ayant tous les trois voix ès séances à la diète de Ratisbonne, et actuellement détenus à Landau, seront transférés à Paris, pour y servir d'otages à la nation française, jusqu'à ce que la liberté ait été rendue aux quatre commissaires de la convention nationale et au ministre *Beurnonville*.

II. Seront transférés dans la même ville, et pour y servir également d'otages, tous ceux

qui ayant voix ès séances, à la diète de Ratisbonne, pourroient se trouver actuellement
en France : seront néanmoins exceptés tous
ceux qui sont maintenant en activité de service dans les armées de la république.

III. Il en sera usé à l'égard de ces ôtages,
de la même manière qu'il en sera usé à l'égard
des commissaires de la convention nationale
et du ministre *Beurnonville.*

IV. Le conseil exécutif est chargé de faire
mettre sur-le-champ le présent décret à exécution, en ce qui concerne la translation des
ôtages et leur emprisonnement. Il sera également chargé de veiller à ce que tous les prisonniers de guerre continuent à jouir du traitement que les loix et les capitulations leur assurent.

Décret qui charge les généraux d'armées
d'ouvrir, sans délai, un cartel d'échange
pour tous les prisonniers.

Du 16 mai 1793 = 24 *du même mois.*

La convention nationale décrète que les
généraux des armées de la république ouvri-
ront, sans délai, un cartel d'échange pour
tous les prisonniers faits de part et d'autre,
en se concertant avec les représentans du
peuple qui sont auprès des différentes armées,
lesquels communiqueront au comité de salut
public les mesures qui seront prises pour
l'exécution du présent décret.

Sont exceptés des échanges les prisonniers
désignés par différens décrets, pour servir

comme d'ôtages à la république, qui lui répondent de la sûreté des personnes des commissaires de la convention nationale et du ministre de la guerre, traîtreusement livrés au général ennemi, enlevés et détenus au mépris du droit des gens.

Le comité de la guerre fera samedi prochain un rapport sur le mode d'exécution du présent décret, et sur les moyens d'obtenir la réciprocité des bons traitemens envers les prisonniers de guerre.

Décret qui prescrit un mode uniforme pour l'échange des prisonniers de guerre.

Du 25 juin 1793. = 30 *du même mois.*

La convention nationale voulant établir pour toutes les armées de la république, un mode uniforme pour l'échange des prisonniers de guerre; convaincue d'ailleurs que l'intérêt respectif des nations belligérantes veut qu'elles se rendent sans retard ceux de leurs défenseurs que le sort des armes a mis au pouvoir des unes ou des autres, et qu'elles concilient dans ces sortes de calamités tout ce que la justice, l'humanité et la loyauté réclament d'elles;

Ouï le rapport de son comité de la guerre, décrète ce qui suit:

Décret sur le cartel d'échange pour les prisonniers de guerre, au nom de de la république française.

Art. Ier. Il n'y aura aucun tarif pécuniaire pour l'échange des prisonniers de guerre.

II. Il n'y aura pas de tarif d'échange, tel qu'un officier ou sous-officier de tel grade que ce soit, puisse être échangé contre un plus grand nombre d'individus de grade inférieur.

III. Ne seront point compris dans les échanges, les individus désignés par différens décrets pour servir d'ôtages à la république, et lui répondre de la sûreté des commissaires de la convention nationale, livrés à l'ennemi par la plus infâme trahison.

IV. Nul émigré, nul déserteur à l'ennemi en temps de guerre ne pourra être échangé.

V. La base commune des échanges, qu'aucunes modifications ne peuvent altérer sans le consentement exprès de la convention nationale, sera d'échanger homme pour homme et grade pour grade.

VI. Aucun échange ne sera fait que d'après un état nominatif contenant les noms et grades des prisonniers échangés.

VII. Ne seront réputés prisonniers de guerre tous les individus attachés simplement au service des armées, et qui ne sont pas du nombre des combattans. Ainsi la restitution en sera faite aussitôt qu'ils seront réclamés et suffisamment reconnus; bien entendu que cette disposition sera réciproque entre les nations belligérantes.

VIII. Les généraux en chef des armées de la république sont autorisés à traiter, en conséquence de ces principes, avec les généraux des armées ennemies.

IX. Il sera nommé par le général en chef de chaque armée, un officier de grade supé-

rieur, et un commissaire-ordonnateur des
guerres pour déterminer par un cartel, avec
les officiers nommés par le général ennemi,
chaque échange de prisonniers, le nombre de
ceux qui devront y être compris, ainsi que le
temps et le lieu où il devra s'effectuer.

X. Les prisonniers de guerre qui n'auront
pas été compris dans un cartel d'échange,
parce qu'ils se trouveront excéder le nombre
de ceux au pouvoir de l'ennemi, pourront être
renvoyés sur leur parole d'honneur, de ne faire
aucun service qu'ils n'ayent été échangés. Ils
seront en conséquence compris les premiers
dans le prochain cartel, et il en sera formé
deux états nominatifs, dont l'un sera remis au
général ennemi, et l'autre au général de l'armée
française, afin que de part et d'autre il soit tenu
la main à l'exécution de cette disposition.

XI. Nul cartel d'échange ne pourra être
arrêté qu'au nom de la république française.

XII. Aussitôt qu'un cartel d'échange aura
été convenu et arrêté dans les formes et suivant les règles ci-dessus établies, et adressé au
général en chef, il en ordonnera l'exécution,
laquelle aura lieu dans le délai déterminé par
le cartel, sans que sous aucun prétexte elle
puisse être différée.

XIII. Pour prévenir toute lenteur à cet
égard, les prisonniers de guerre faits sur l'ennemi seront à la disposition du général de chaque armée, qui, du consentement des représentans du peuple présens aux armées, fixera
les lieux de leur résidence, soit dans les villes
de son commandement, soit dans toute autre

et il en préviendra les corps administratifs, qui ne pourront, pour quelque motif que ce puisse être, changer, sans son ordre exprès, la destination de ces prisonniers.

XIV. Le général en chef rendra compte au ministre de la guerre de toutes les mesures qu'il aura prises relativement au transport, à la résidence et à la sûreté des prisonniers, ainsi qu'à leur échange, et à toutes les mutations qu'ils pourront éprouver.

XV. Lorsque les prisonniers de guerre seront arrivés au lieu que le général aura fixé pour leur résidence, il sera fait choix par les corps administratifs ou municipaux, d'un officier de confiance, soit de la gendarmerie nationale, soit de la garde citoyenne, et d'un nombre de sous-officiers suffisant pour prendre la police du dépôt, et y maintenir l'ordre et la discipline; ces officiers et sous-officiers jouiront à cet égard d'un traitement extraordinaire qui sera fixé incessamment par la convention nationale.

XVI. Les corps administratifs ou municipaux informeront sur-le-champ le général en chef du choix de l'officier chargé du dépôt, afin que le général puisse lui transmettre les ordres qu'il jugera convenables.

XVII. Aucun prisonnier fait sur l'ennemi ne pourra être forcé à servir dans des troupes de la république, et les généraux en chef de ses armées exigeront la même réciprocité des généraux des armées ennemies.

XVIII. La république fera payer à titre de subsistances aux officiers, sous-officiers et sol-

dats faits prisonniers sur l'ennemi, le montant
des appointemens et solde affectés en temps
de paix aux grades correspondant aux leurs
dans l'armée française; et lorsqu'il leur sera
délivré des rations de pain, la retenue leur
en sera faite sur le même pied qu'aux troupes
de la république.

XIX. Ce traitement leur sera payé par les
caisses municipales ou de district, sur les états
de prêt qui seront arrêtés par l'officier chargé
de la police, et visés du commissaire des
guerres employé dans la place, ou en son absence, d'un officier municipal.

XX. Le remboursement de ces avances sera
fait tous les mois aux caisses municipales ou de
district, sur les revues qui seront passées par un
commissaire des guerres, dont une expédition
sera envoyée par lui au ministre de la guerre, une
au général en chef, et une au payeur général
de l'armée, qui sera chargé d'acquitter ces
dépenses.

XXI. L'officier chargé de la police de chaque dépôt de prisonniers de guerre, enverra
tous les mois au général en chef, ou plus souvent s'il le juge nécessaire, l'état de situation
des prisonniers de son dépôt, afin que le général soit continuellement en état de rendre
compte au ministre, et celui-ci à la convention, du nombre et de la situation des prisonniers ennemis.

XXII. Les généraux en chef auront soin d'a-
dresser pareillement au ministre de la guerre,
les états les plus exacts des français faits prisonniers, et ils prendront des mesures pour être

instruits non-seulement de leur nombre, mais encore de leur situation, de la manière dont il est pourvu à leur subsistance, et du traitement qu'ils éprouvent en pays étranger, afin d'être en état de leur porter secours et protection auprès du général ennemi, et d'obtenir qu'il soit fait droit sur leurs plaintes, lorsqu'elles seront fondées.

XXIII. L'intention de la république étant que les officiers et soldats français, que le sort de la guerre a fait ou fera tomber au pouvoir de l'ennemi, jouissent également jusqu'à l'époque de leur échange, des appointemens et solde attribués à leur grade; les généraux en chef des armées donneront connoissance de cette disposition aux généraux des armées ennemies, ainsi que du tarif des appointemens et solde, sur le pied de paix, réglés pour les différens grades, afin que les prisonniers français soient traités chez l'ennemi comme les prisonniers ennemis le sont dans les terres de la république.

XXIV. Il sera fait mention expresse de ces avances réciproques, dans les cartels d'échange, auxquels il sera joint des états duement certifiés, et il sera donné des ordres par le général, pour que le remboursement en soit fait respectivement, pour tous les prisonniers compris dans chaque échange, aussitôt qu'il s'exécutera.

XXV. Les prisonniers français qui, en vertu de l'article VIII du présent décret, seront renvoyés sur leur parole, jouiront de leurs appointemens et solde de paix, jusqu'au moment où, rendus au service de la république par la voie de l'échange, ils pourront rentrer dans leurs corps respectifs.

XXVL Les prisonniers ennemis qui seront malades ou blessés, seront traités dans les hôpitaux militaires de la république, soit ambulans, soit sédentaires, avec le même soin que les soldats français; et alors leurs appointemens et solde seront sujets aux mêmes retenues qui s'exercent en pareil cas sur les officiers et soldats de la république; bien entendu que cette disposition dictée par la justice et l'humanité, sera réciproquement observée par l'ennemi, envers les français prisonniers.

XXVII. La convention approuve et ratifie en tout leur contenu les cartels d'échange des 26 septembre 1792 et 17 février 1793, et ordonne en conséquence au ministre de la guerre et aux généraux en chef des armées de la république, de terminer promptement les échanges résultant de ces traités, après avoir constaté l'exactitude des réclamations faites à cet égard par l'ennemi.

XXVIII. La convention nationale maintient les dispositions de l'article premier de la loi du 2 avril dernier, concernant les princes allemands détenus à l'abbaye.

XXIX. La convention nationale charge le ministre de la guerre de l'exécution du présent décret, et lui enjoint de communiquer exactement à son comité de la guerre, chaque cartel d'échange immédiatement après sa conclusion.

Décret

Décret relatif au traitement des citoyens chargés de la surveillance des prisonniers faits sur l'ennemi, et payement des appointemens des prisonniers français.

Du 25 mai 1793. = 30 *du même mois.*

La convention nationale, après avoir entendu le rapport de son comité de la guerre, décrète ce qui suit :

Art. Ier. Ceux des citoyens qui auront été nommés par les corps administratifs pour la surveillance des prisonniers faits sur l'ennemi, auront pour traitement 100 livres par mois, qui ne seront payées qu'autant qu'ils seront en exercice.

II. Les officiers des troupes de la république, chargés de ce genre de service, ne pourront cumuler deux traitemens ; et dans le cas où leurs appointemens seront au-dessous de *douze cents livres*, il leur sera payé par mois un supplément de traitement jusqu'à concurrence de cette somme.

III. Les sous-sous-officiers des troupes de la république qu'on emploira à ce genre de service, recevront *quinze sous* de haute-paye par jour, qui cesseront de leur être comptés aussitôt que les prisonniers confiés à leur surveillance auront été échangés.

Tome III. I

Ces sous-officiers seront sous les ordres de l'officier chargé en chef de cette partie.

IV. Le ministre de la guerre est autorisé à faire payer les appointemens de tous les employés à l'armée, et qui sont à la solde de la république, lorsqu'ils auront été faits prisonniers, et ce, du jour qu'ils seront tombés au pouvoir des ennemis.

CHAPITRE XXIV.

FÊTES NATIONALES ET FÉDÉRATION

*Décret relatif à la fédération générale
des Gardes nationales et des troupes du
royaume.*

Des 8 et 9 juin 9 = 9 *du même mois.*

L'ASSEMBLÉE NATIONALE a décrété et décrète
ce qui suit :

ART. 1er. Le directoire de chaque district du
royaume, et dans le cas où le directoire ne
seroit pas encore en activité, le corps municipal du chef-lieu de chaque district, est commis par l'assemblée nationale à l'effet de requérir les commandans de toutes les gardes nationales du district, d'assembler lesdites gardes
chacune dans son ressort. Lesdites gardes ainsi
assemblées, choisiront six hommes sur cent,
pour se réunir au jour fixé par le directoire,
ou par le corps municipal requérant, dans la
ville chef-lieu de district. Cette réunion de députés choisira, en présence du directoire ou
du corps municipal, dans la totalité des gardes nationales du district, un homme par deux
cents, qu'elle chargera de se rendre à Paris.

I 2

à la fédération de toutes les gardes nationales du royaume, qui aura lieu le 14 juillet. Les districts éloignés de la capitale de plus de cents lieues, auront la liberté de n'envoyer qu'un député par quatre cents.

II. Le directoire de chaque district, ou à son défaut, la municipalité du chef-lieu de district, fixeront de la manière la plus économique, la dépense à allouer aux députés, pour le voyage et le retour, et cette dépense sera supportée par chaque district.

Des 8 et 9 juin 1790.

L'assemblée nationale a décrété et décrète que tous les corps militaires, soit de terre, soit de mer, nationaux ou étrangers, députeront à la fédération patriotique, conformément à ce qui sera réglé ci-après.

Chaque régiment d'infanterie ou d'artillerie députera l'officier le plus ancien de service, les années de soldat comptées, parmi ceux qui seront présens au corps, le bas-officier le plus ancien de service, parmi ceux qui sont présens au corps, et les quatre soldats les plus anciens de service, présens au corps et pris indistinctement parmi les caporaux, appointés, grenadiers, chasseurs, fusiliers, tambours et musiciens du régiment.

Le régiment du roi et celui des gardes suisses, à raison de leur nombre, enverront une députation double de celle fixée pour les régimens ordinaires.

Les bataillons de chasseurs à pied députeront un officier, un bas-officier et deux chasseurs, conformément aux règles prescrites pour les régimens d'infanterie.

Le corps des ouvriers de l'artillerie et celui des mineurs députeront chacun un officier, un bas-officier et deux soldats, comme pour les bataillons de chasseurs à pied.

Les mêmes règles désignées ci-dessus, seront observées pour tous les régimens de cavalerie, dragons, chasseurs et hussards, avec cette différence qu'ils ne députeront qu'un officier, un bas-officier et deux cavaliers seulement. Le seul régiment des carabiniers, double en nombre des régimens de cavalerie ordinaire, aura une députation double de ces derniers.

Le corps royal du génie députera le plus ancien officier de chaque grade et à égalité d'ancienneté, le rang de promotion décidera.

La maréchaussée sera représentée par les quatre plus anciens officiers, les quatre plus anciens bas-officiers, et les douze plus anciens cavaliers du royaume.

La compagnie de la connétablie sera représentée par le plus ancien individu de chaque grade, d'officier, bas officier et cavalier.

Par égard pour de vieux militaires qui ont bien mérité de la patrie, et qui ont acquis le droit de se livrer au repos, le corps des invalides sera représenté par les quatre plus an-

ciens officiers, les quatre plus anciens bas-officiers, et les douze plus anciens soldats retirés à l'hôtel royal des invalides.

Les commissaires des guerres seront représentés par un commissaire - ordonnateur, un
commissaire ordinaire et un commissaire élève,
le plus ancien de chacun de ces grades.

Le corps des lieutenans des maréchaux de
France, sera représenté par le plus ancien
d'entr'eux.

Quant aux compagnies de la maison militaire
du roi, de celle des frères de sa majesté et tous
autres corps militaires non-réunis, ils seront
représentés chacun par le plus ancien de chaque grade.

En cas d'égalité de service, le plus ancien
d'âge aura la préférence.

Les maréchaux de France, les lieutenans-
généraux, les maréchaux de-camp et les grades
correspondans de la marine, députeront les
deux plus anciens officiers de chacun de ces
différens grades.

L'assemblée nationale déclare qu'elle n'en-
tend rien préjuger sur l'existence ou le rang
des corps militaires ci-dessus dénommés, et
même de ceux qui ne le sont pas.

Dudit jour.

L'assemblée nationale a décrété et décrète

sur les articles à elle proposés par son comité de marine, que le plus ancien des vice-amiraux, et les deux plus anciens officiers de chaque grade, actuellement en service dans chacun des ports de Brest, Toulon et Rochefort, seront députés au nom du corps de la marine, à la confédération générale indiquée pour le 14 juillet.

Chacune des divisions du corps royal des canonniers-matelots, actuellement en service dans les ports de Brest, Toulon et Rochefort, députera le plus ancien des officiers-majors et sous-lieutenans de la division, le plus ancien des bas-officiers, et les quatre plus anciens canonniers-matelots.

Les ingénieurs-constructeurs de la marine, servant dans chaque port, députeront le plus ancien d'entr'eux.

Les maîtres de toute espèce et officiers mariniers entretenus dans chaque port, députeront le plus ancien de service d'entr'eux, et l'ancienneté sera comptée par les services de mer.

Les deux plus anciens élèves et les deux plus anciens volontaires de la marine seront députés par le commandant dans chacun des ports de Brest, Toulon et Rochefort.

Les commissaires généraux et ordinaires des ports et arsenaux, et autres corps servant dans

I 4

chacun des ports de Brest, Toulon et Rochefort, députeront le plus ancien d'entr'eux.

Dans tous les ports de mer, les capitaines
de marine marchande pourront députer à la
fédération générale, le plus ancien d'entr'eux.

*Proclamation concernant l'ordre à observer
le 14 juillet, jour de la Fédération générale.*

Du 11 juillet 1790.

La nation s'étant fait rendre compte des mesures prises, tant par le maire de Paris, que
par le comité de la municipalité et de l'assemblée fédérative de ladite ville, pour régler
les travaux préparatoires de la cérémonie qui
doit avoir lieu le 14 de ce mois; et voulant
prévenir toutes les difficultés qui pourroient
apporter quelque trouble ou empêchement, a
jugé nécessaire de manifester par la présente
proclamation, l'ordre qui a paru devoir être
observé, tant pour le logement des membres
de la fédération que pour leur marche jusqu'au
lieu de la cérémonie, afin qu'aucun obstacle
ne puisse en troubler l'ordre ou en affoiblir la
majesté.

Le rendez-vous général des différens corps
qui composent la fédération, aura lieu sur le
boulevart du temple, à six heures du matin.

Ils se mettront en marche et se rendront au
champ de Mars dans l'ordre indiqué par le

tableau annexé à la présente proclamation, et que sa majesté a approuvé.

Il n'y aura de troupes armées de fusils, que celles qui seront de service.

Nulles voitures ne pourront se placer à la suite de celles qui conduiront sa majesté, la famille royale et leur cortège. Si quelque député de la fédération ou autre personne invitée, se trouvoit hors d'état de se rendre à pied au champ de Mars, il leur seroit donné, par le maire de Paris, un billet de permission de voiture, et un cavalier d'ordonnance pour escorte jusqu'à l'école militaire.

Le sieur de la Fayette, commandant général de la garde nationale parisienne, déjà chargé par un décret de l'assemblée nationale, sanctionné par sa majesté, de veiller à la sûreté et à la tranquillité publique, remplira sous les ordres du roi, les fonctions de major-général de la confédération; et en cette qualité, les ordres qu'il donnera seront exécutés comme émanés de sa majesté elle-même.

Le roi a pareillement nommé major-général en second de la fédération, pour le jour de cette cérémonie, le sieur Gouvion, major-général de la garde nationale parisienne.

Lorsque tous les assistans seront en place, il sera procédé à la bénédiction des drapeaux et enseignes, et la messe sera célébrée.

Le roi commet ledit sieur de la Fayette pour

prononcer le serment de la fédération, au nom
de tous les députés des gardes nationales, et
de ceux des troupes de ligne et de la marine,
d'après la formule décrétée par l'assemblée nationale et acceptée par sa majesté, et tous les
députés de la fédération lèveront la main.

Ensuite, le président de l'assemblée nationale prononcera le serment civique pour les
membres de l'assemblée nationale, et le roi
prononcera également le serment, dont la formule a été décrétée par l'assemblée nationale,
et acceptée par sa majesté.

Le *Te Deum* sera chanté, et terminera la
cérémonie ; après laquelle on sortira du champ
de mars, dans le même ordre qu'on y sera
entré.

Ordre de marche pour la confédération du 14 juillet 1790.

Le rendez-vous général sera sur le boulevart
du Temple, à six heures du matin : la marche
commencera par le boulevart, suivra la rue
Saint Denis, la rue de la Ferronnerie, la rue
Saint-Honoré, la rue Royale, la place Louis XV,
du côté du pont tournant, où se joindra l'assemblée nationale ; ensuite le quai jusqu'à
Chaillot, le pont, le champ de Mars. Le cortège marchera dans l'ordre suivant :

Un détachement de cavalerie nationale ayant
sa musique à sa tête.

Un détachement de grenadiers.

Mrs. les électeurs.

Un détachement de fusiliers.

Mrs. de la commune.

Mrs. du comité militaire.

Un détachement de chasseurs.

Mrs. les présidens de districts.

Mrs. de l'assemblée fédérative.

La musique de la ville.

Mrs. de la municipalité, M. le maire marchant le dernier.

Un corps de musique.

L'assemblée nationale, précédée de ses huissiers, escortée des deux côtés par la garde nationale, portant ses soixante drapeaux.

Un bataillon des enfans, portant un drapeau sur lequel seront écrits ces mots : *L'espérance de la patrie.*

Un bataillon des vétérans.

Musique et tambours.

Quarante-deux départemens, avec deux tambours pour chacun.

Le porte-oriflâme.

Les députés des troupes de ligne, de la marine, et autres dépendans de l'armée française.

Musique et tambours.

Quarante-un départemens.

Détachement des gardes nationales à pied.

Détachement de cavalerie.

Le cortège arrive au champ de Mars, chaque

corps y sera placé suivant qu'il lui sera indiqué par le major ou aide - major général.

Et attendu qu'un grand nombre de volontaires de différens départemens se sont rendus à Paris pour assister à la confédération, les deux rangées inférieures de banquettes au pourtour du champ de Mars, seront réservées pour les gardes nationaux des départemens et pour ceux de Paris qui ne seront pas de service. En conséquence messieurs les volontaires seront invités à se réunir par département, pour arriver et se placer ensemble.

On entrera librement, sauf les places réservées pour l'assemblée nationale, les suppléans, les ambassadeurs et les étrangers invités, les corps ci-dessus dénommés, les députés des communes de France, et les volontaires des gardes nationales.

La cérémonie finie, les différens corps qui composent la fédération, se rendront au château de la Muette, où ils trouveront les rafraîchissemens qui leur auront été préparés.

Décret relatif à la fédération du 14, au rang qu'y occupera l'assemblée nationale, et à la formule du serment du roi.

Du 9 juillet 1790.

L'Assemblée nationale, après avoir entendu

» son comité de constitution, a décrété et décrète
» ce qui suit :

ART. Ier. Le roi sera prié de prendre le commandement des gardes nationales et des troupes envoyées à la fédération générale du 14 juillet, et de nommer les officiers qui exerceront le commandement, en son nom et sous ses ordres.

II. À la fédération du 14 juillet, le président de l'assemblée nationale sera placé à la droite du roi, et sans intermédiaire entre le roi et lui.

Les députés seront placés immédiatement tant à la gauche du roi, qu'à la droite du président.

Le roi sera prié de donner ses ordres pour que sa famille soit convenablement placée.

III. Après le serment, qui sera prêté par les gardes nationales, et autres troupes du royaume, le président de l'assemblée nationale répétera le serment prêté le 4 février dernier, après quoi les membres de l'assemblée, debout et la main levée, prononceront ces mots : JE LE JURE.

IV. Le serment que le roi prononcera ensuite, sera conçu en ces termes : « Moi, ROI DES
» FRANÇAIS, je jure à la Nation d'employer
» tout le pouvoir qui m'est délégué par la Loi
» constitutionnelle de l'État, à maintenir la
» Constitution décrétée par l'Assemblée na-

« tionale, et acceptée par moi, et de faire exé-
» cuter les Loix ».

Proclamation

Du 13 juillet 1790.

Sa majesté désirant connoître plus particulièrement et faire la revue des différentes gardes
nationales et volontaires, qui se sont rassemblées à Paris pour la confédération générale
du 14 juillet, ordonne que les différentes troupes se rassemblent aujourd'hui, mardi à trois
heures de l'après-midi, dans la place de Louis
XV et dans les champs-élysées. Les troupes se
rangeront sous leurs chefs respectifs, suivant
les différentes divisions dont elles sont composées. Elles entreront dans le jardin des Tuileries, les unes après les autres, sans prétendre
à aucune primauté les unes sur les autres,
dans l'ordre de marche.

Celles qui arriveront les premières, seront
placées les plus près du Pont tournant, et ainsi
de suite. Elles prendront par la grande allée
des Tuileries, passeront sous le vestibule du
château, sortiront par la cour royale et le Car-
rousel, où elles se sépareront pour retourner
chacune dans leurs quartiers respectifs. Les
commandans marcheront à la tête de leurs
troupes, et présenteront, en passant, à sa
majesté un état des officiers, gardes nationaux
et volontaires qui sont sous leurs ordres, avec

la désignation des départemens, districts et cantons auxquels ils appartiennent.

Mande et ordonne sa majesté au sieur la Fayette, lieutenant général de la garde nationale parisienne, et major général de la confédération, et au sieur Gouvion, major général de la garde nationale parisienne, et major en second de confédération, de prendre les précautions nécessaires pour maintenir le bon ordre dans la marche et le rassemblement des différentes troupes, et la facilité de l'abord et de la sortie des tuileries.

Le roi se placera sous les arbres, à l'entrée de la grande allée des tuileries, du côté du château; et s'il faisoit trop mauvais temps, sous le vestibule du château.

Décret portant qu'il sera célébré une fête civique, en mémoire du succès des armes françaises en Savoie.

Du 28 septembre 1792. = 30 *du même mois.*

La convention nationale décrète que pour célébrer les succès qui ont suivi les armes françaises en Savoie, une fête sera célébrée dans toute la république; que l'hymne des Marseillais sera solennellement chantée dans la place de la révolution.

———————

Décret portant qu'il sera célébré une fête
nationale pour honorer les succès des armées
de la république.

Du 9 novembre 1792. = 11 *du même mois.*

La convention nationale décrète qu'il sera
célébré une fête nationale pour honorer les
succès des armées de la république ; renvoie
au comité d'instruction pour lui présenter un
mode d'exécution.

CHAPITRE

CHAPITRE XXV.

GENDARMERIE NATIONALE.

SECTION PREMIÈRE.

*Organisation de la gendarmerie nationale
à pied et à cheval.*

---

*Décret qui déclare libres de toute imposition,
les appointemens et soldes de la maréchaussée.*

Du 22 septembre 1790. = 5 octobre suivant.

L'ASSEMBLÉE NATIONALE décrète que provisoirement, et pour l'année 1790 seulement, les
appointemens et soldes des officiers et cavaliers
de maréchaussée ne seront assujétis à aucune
imposition.

*Décret relatif à l'organisation de la gen-
darmerie nationale.*

Des 22, 23 et 24 décembre 1790, et 16 janvier 1791. = 16
février suivant.

L'assemblée nationale décrète ce qui suit :

Tome III.   K

PARAGRAPHE PREMIER.

TITRE PREMIER.

Composition du corps.

Art. Ier. La maréchaussée portera désormais le nom de *gendarmerie nationale*.

II. Elle fera son service, partie à pied, partie à cheval, selon les localités, et comme il sera réglé par les administrations et directoires de départemens, après avoir pris l'avis des colonels qui seront établis; et néanmoins les gendarmes nationaux à cheval, feront le service à pied quand il leur sera ordonné.

III. Cette troupe sera portée jusqu'au nombre de sept mille quatre cent cinquante-cinq hommes, y compris les compagnies de la ci-devant robe-courte, et l'augmentation énoncée ci-après pour les trois départemens de Paris, Seine et Oise, et Seine et Marne, et les greffiers.

IV. La gendarmerie nationale sera organisée par division; chaque division comprendra trois départemens, une seule de ces divisions comprendra quatre départemens,

V. Le service de la Corse sera fait par une division particulière de vingt-quatre brigades.

VI. Le nombre moyen des brigades de gendarmerie nationale sera de quinze par chaque département.

VII. Et néanmoins il y aura des départemens réduits à douze brigades, et d'autres qui en auront dix-huit, selon les localités et les besoins du service.

VIII. Il y aura deux compagnies par département, et les distributions des brigades seront déterminées par le corps législatif, sur la proposition des directoires des départemens qui prendront l'avis des colonels.

IX. Il y aura à la tête de chaque division un colonel, et dans chaque département sous ses ordres, un lieutenant-colonel, qui aura sous les siens deux compagnies commandées chacune par un capitaine et trois lieutenans.

X. Un secrétaire-greffier sera attaché à chaque département, et servira près du lieutenant-colonel, sous l'autorité du colonel.

XI. Chacun des lieutenans aura sous ses ordres un maréchal-des-logis et un ou deux brigadiers.

XII. Chaque maréchal-des-logis sera à la tête d'une des brigades, et sera en même-temps chef d'une ou deux autres brigades, selon les distributions mentionnées dans les articles VI, VII et VIII précédens.

XIII. Les autres brigades subordonnées à chaque maréchal-des-logis, auront chacune un chef particulier, lequel portera le nom de brigadier.

XIV. Chaque brigade sera composée de cinq hommes, y compris le maréchal-des-logis ou le brigadier.

XV. Chacun des trois lieutenans attachés à chaque compagnie, pourra commander toutes les brigades, et en cas de concours, le commandement appartiendra au plus ancien des lieutenans.

XVI. Les résidences des lieutenans-colonels,

capitaines et lieutenans , seront disposées de
manière qu'ils soient à portée de chacun des districts, et que leur service puisse être uniforme,
prompt et également réparti ; cette disposition
sera faite définitivement par le corps législatif,
d'après l'avis des directoires de département,
qui sera provisoirement exécuté.

TITRE II.

Formation et avancement.

ART. 1er. Il ne sera reçu aucun gendarme national qui n'ait vingt-cinq ans accomplis, qui
ne sache lire et écrire, et qui n'ait fait au moins
un engagement sans reproche dans les troupes
de ligne, sans qu'il puisse y avoir plus de trois
ans d'intervalle depuis la date de son congé.

II. Ceux qui voudront devenir gendarmes
nationaux, se feront inscrire sur un registre
qui sera ouvert à cet effet dans chaque directoire de département, lequel examinera si les
sujets remplissent les conditions requises.

Le directoire en composera librement une
liste, dans laquelle le colonel choisira cinq
sujets ; il les présentera au directoire, qui en
nommera un, lequel sera pourvu par le roi.

III. Pour remplir une place vacante de brigadier, chacun des dix-huit maréchaux-des-logis
de la division se réunira avec le brigadier ou
les brigadiers qui lui sont subordonnés, pour
choisir de concert un gendarme.

La liste des dix-huit gendarmes ainsi choisis,
sera adressée au capitaine, dans la compagnie
duquel l'emploi sera vacant. Le capitaine ré-

duira la liste à deux, dont les noms seront présentés au colonel, qui en nommera un.

IV. Pour remplir une place de maréchal-des-logis, les trois maréchaux-des-logis de chacune des six compagnies de la division, nommeront ensemble un brigadier. Les noms de ces six brigadiers seront adressés au capitaine de la compagnie où l'emploi sera vacant ; celui-ci réduira les noms à deux, lesquels seront présentés au colonel, qui en nommera un.

V. La moitié des places vacantes de lieutenans, sera remplie par les maréchaux-des-logis de la division, ayant au moins deux ans de service en cette qualité.

VI. L'autre moitié des places vacantes de lieutenans, sera remplie par des sous-lieutenans des troupes de ligne, âgés de vingt-cinq ans au moins, et n'ayant pas plus de quarante-cinq ans, qui auront servi sans reproche, et qui auront au moins six années de service, en qualité d'officiers.

VII. Lorsqu'il s'agira de donner une place de lieutenant en tour d'être remplie par un maréchal-des-logis de la division, les trois lieutenans de chacune des six compagnies nommeront ensemble un maréchal-des-logis ; le lieutenant-colonel du département où l'emploi sera vacant, réduira les six noms à deux, et le colonel en choisira un.

VIII. Les sous-lieutenans et autres officiers des troupes de ligne, qui aspireront aux places de gendarmerie nationale, se présenteront pour être inscrits sur le registre ouvert à cet effet par le directoire du département.

Le directoire en composera librement une liste, dans laquelle le colonel choisira trois sujets, sur lesquels le directoire en nommera un qui sera pourvu par le roi.

IX. A l'égard de la division de gendarmerie nationale pour la Corse, où il n'y aura que douze maréchaux-des-logis, et de celle qui, comprenant quatre départemens, aura vingt-quatre maréchaux-des-logis, les choix et nominations se feront de la même manière, à la seule différence du nombre des gendarmes et sous-officiers qui seront présentés pour chaque place vacante.

X. Les lieutenans parviendront, à tour d'ancienneté, au grade de capitaine.

XI. Les capitaines parviendront, à tour d'ancienneté, au grade de lieutenant-colonel.

XII. Le roi fera délivrer une commission à ceux qui, de la manière qui vient d'être expliquée, auront été nommés aux places de brigadiers, maréchaux-des-logis, lieutenans, capitaines et lieutenans-colonels.

XIII. Quant aux colonels, ils seront âgés au moins de trente ans accomplis, et ils parviendront à ce grade alternativement, savoir, dans une vacance, par tour d'ancienneté, et dans une autre vacance, par le choix du roi, sur les deux plus anciens lieutenans-colonels. Ils seront pourvus par le roi.

XIV. Il y aura une place d'officier général attachée au corps de la gendarmerie nationale, et qui sera comprise dans le nombre des quatre-vingt-quatorze officiers généraux, décrété par l'assemblée nationale : les colonels de la gendarmerie nationale y parviendront à tour d'ancienneté de leur commission de colonels. Il sera délivré en conséquence par le roi, une commission de maréchal-de-camp au plus ancien des prévôts généraux, lequel pourra néanmoins continuer son service à la tête d'une division.

XV. Les secrétaires-greffiers seront nommés par les directoires de département, et attachés par eux à chaque lieutenant-colonel.

XVI. Tout privilége de présentation et nomination aux places dans la gendarmerie nationale, est aboli.

XVII. Les gendarmes seront assimilés aux brigadiers de la cavalerie ; les brigadiers, aux maréchaux-des-logis ordinaires, et les maréchaux-des-logis, aux maréchaux-des-logis en chef de la cavalerie.

TITRE III.

Ordre intérieur.

ART. Iᵉʳ. Les officiers, sous-officiers et gendarmes de la gendarmerie nationale conserveront l'uniforme dont ils ont fait usage jusqu'à présent : ils ajouteront néanmoins un passe-poil blanc au collet, au revers et au parement, et porteront à leurs chapeaux la cocarde nationale. Ils porteront le manteau bleu ; l'aiguillette est supprimée : le bouton portera ces mots : *force à la loi.*

II. La gendarmerie nationale continuera de faire partie de l'armée ; elle y conservera le rang que la maréchaussée y avoit eu jusqu'ici, et pourra parvenir aux grades militaires de la

manière qu'il est prescrit par le présent décret,
ainsi qu'aux distinctions et récompenses.

III. Les commissions seront scellées sans frais.

IV. Celles des colonels seront adressées tant
au directoire du département dans lequel leur
résidence sera fixée, qu'à l'officier général qui
commandera dans le département.

V. Les colonels prêteront serment, devant
le directoire, de s'employer, suivant la loi,
en bons citoyens et braves militaires, à tout
ce qui peut intéresser la sûreté et la tranquillité publique.

VI. Ensuite l'officier-général commandant
dans le département, les fera reconnoître à la
tête des compagnies.

VII. Les commissions des lieutenans-colonels, capitaines et lieutenans, seront adressées
au directoire du département dans lequel ils
résideront, pour y prêter le serment prescrit;
pareillement adressées aux colonels, qui feront reconnoître ces officiers dans leurs corps
et compagnies respectifs.

VIII. Les colonels, ou en cas d'empêchement, les lieutenans-colonels, recevront le
même serment des maréchaux-des-logis, brigadiers et gendarmes. Leurs commissions seront adressées aux colonels.

IX. Les commissions seront conçues dans
les termes qui seront déterminés séparément.

X. Les sermens seront prêtés sans aucuns frais.

XI. Toutes les commissions et actes de prestation de serment, seront enregistrés, aussi
sans frais, dans les directoires de département,
dans les tribunaux de district du département,

ainsi qu'au secrétariat de la gendarmerie nationale du département auquel l'emploi sera attaché.

XII. Les inspecteurs généraux et particuliers du service de la maréchaussée sont supprimés ; et néanmoins les inspecteurs généraux rentreront dans la ligne, avec le titre de colonels, pour être placés à la tête d'une division, ainsi qu'il sera prescrit au titre VII.

XIII. Le roi donnera tous les ans telles commissions qu'il jugera à propos, à l'un des officiers généraux employés dans l'étendue des départemens, pour inspecter seulement la tenue, la discipline et le service des divisions de gendarmerie nationale.

XIV. L'inspection des écuries et entretien des chevaux sont confiés spécialement aux différens lieutenans sous l'autorité du colonel et des autres officiers à qui ils sont subordonnés.

XV. Les directoires de département pourront faire parvenir au corps législatif et au roi, leurs observations sur les besoins et la convenance du service.

XVI. Il y aura par chaque division un conseil d'administration composé du colonel, du plus ancien des lieutenans-colonels, du plus ancien des capitaines, du plus ancien des lieutenans, du plus ancien des maréchaux-des-logis, du plus ancien des brigadiers et des deux plus anciens gendarmes. Il sera chargé de régler les retenues à faire sur les sous-officiers et gendarmes, l'emploi de la masse dont il sera parlé au paragraphe IV, et tout ce qui concerne l'intérêt commun de la division.

XVII. Aucune destitution ne pourra être prononcée que selon la forme et de la manière établie pour l'armée. Les règles de la discipline seront les mêmes.

TITRE IV.

Traitemens.

ART. Iᵉʳ. Tous bénéfices d'amende, taxe exécutoire, ci-devant attribués sur le domaine public et des particuliers, récompense et gratification, pour services rendus dans leurs fonctions à des citoyens, sont supprimés; il est défendu aux officiers, sous-officiers et gendarmes d'en recevoir, à peine de restitution et d'être destitués de leurs emplois.

II. Les administrations de département pourront disposer chaque année, sur la proposition qui leur en sera faite par les directoires de département, d'une somme de quinze cents livres en gratifications pour les officiers, sous-officiers et gendarmes qui auront fait le meilleur service.

III. Les traitemens et appointemens de la gendarmerie nationale, seront fixés et payés, mois par mois, dans chaque département, sur les fonds publics, d'après les mandats qui seront donnés par les directoires de département, en conséquence des états qu'ils recevront aussi mois par mois, du ministre ayant la correspondance des départemens.

IV. A compter du premier janvier 1791, les traitemens et appointemens de la gendarmerie nationale demeureront fixés de la manière suivante;

SAVOIR:

A chaque colonel.......................... 6000 liv.
A chaque lieutenant-colonel.......... 3600.
A chaque capitaine...................... 2600.
A chaque lieutenant..................... 1800.
A chaque maréchal-des-logis......... 1100.
A chaque brigadier monté............. 1000.
A chaque gendarme monté............ 900.
A chaque brigadier non monté....... 600.
A chaque gendarme non monté...... 500.
A chaque secrétaire-greffier.......... 600.

V. Sont compris dans ces appointemens le logement des officiers, leurs courses et voyages dans les départemens où ils seront employés, et les places de fourrages. Les officiers, sous-officiers et gendarmes demeureront chargés de se monter, de s'habiller et équiper, ainsi que de la nourriture et entretien de leurs chevaux, sans qu'il puisse être fait d'autres retenues que celles arrêtées par les conseils d'administration.

VI. L'armement sera fourni et entretenu des magasins nationaux, pour le service, soit à pied, soit à cheval.

VII. Le casernement des sous-officiers et gendarmes sera fourni en nature par les départemens, et déterminé par les directoires de département, sur l'avis des colonels et lieutenans-colonels.

VIII. Il sera accordé annuellement une somme de deux cents livres au secrétaire-greffier, pour les menus frais et dépenses du secrétariat.

IX. Il sera fourni annuellement, par la caisse publique, une masse de trois cent soixante liv. pour chaque brigade. Cette masse sera destinée, par forme de supplément, à l'entretien de l'habillement, remonte et équipement des chevaux.

Il sera déduit sur cette masse quarante liv. par homme, dans les lieux où les brigades ne serviront pas montées.

X. Le traitement de chaque division sera toujours fourni au complet; les revues de subsistances seront faites de la manière qui sera incessamment déterminée.

XI. Le conseil d'administration réglera tous les ans le compte qui sera rendu par le colonel:

1°. Des avances que les circonstances auront pu rendre nécessaires, et qui devront être remboursées par retenue sur la solde.

2°. De l'emploi du bénéfice obtenu sur le paiement au complet, lequel tournera en gratification, à la décharge des quinze cents liv. à ce destinées par l'article II du présent titre.

3°. Du fonds de masse, établi par l'article IX du présent titre, duquel fonds les maréchaux-des-logis, brigadiers et gendarmes ne pourront demander séparément aucun compte particulier.

XII. Le compte réglé par le conseil d'administration, sera présenté, chaque année, à la révision du directoire de chaque département; et si une compagnie demandoit la révision, cette révision ne pourra être faite qu'en présence du directoire du département.

XIII. Les retraites et pensions seront réglées sur les mêmes principes que celles de l'armée : trois ans de service dans le corps de la gendarmerie nationale, seront comptés pour quatre.

TITRE V.

De la division attachée aux départemens de Paris, Seine et Oise, et Seine et Marne.

ART. Ier. La division attachée aux départemens de Paris, Seine et Oise, et Seine et Marne, sera composée d'un colonel, trois lieutenans-colonels, six capitaines, dix-huit lieutenans, dix-huit maréchaux-des-logis, et cinquante quatre brigadiers, chefs de soixante-douze brigades, trois secrétaires-greffiers résidans auprès des trois lieutenans-colonels.

Il sera attaché un commis au secrétariat du département de Paris.

II. Les appointemens des officiers, sous officiers, gendarmes et secrétaires-greffiers, seront plus forts que ceux qui ont été fixés par l'article IV du titre précédent,

Savoir : d'une moitié en sus pour ceux qui résideront dans la ville de Paris, et d'un quart en sus pour ceux qui résideront hors de cette ville, jusqu'à cinq lieues. Le commis du secrétariat de Paris, sera aux appointemens de six cents livres.

III. Le fonds des gratifications à distribuer,

sera de deux mille quatre cents livres pour chacun de ces trois départemens.

TITRE VI.

Suppressions et changemens.

Art. Ier. Les compagnies à la suite des maréchaux de France, et toutes autres ne faisant pas corps avec la ci-devant maréchaussée, sont supprimées.

La compagnie des monnoies, celle de la connétable, celle des voyages et chasses du roi, les compagnies connues sous le nom du *Clermontois* et de l'*Artois*, sont aussi supprimées, mais elles feront partie de la gendarmerie nationale, dans laquelle elles sont et demeureront incorporées, pour les officiers, sous-officiers et cavaliers, être placés chacun dans son grade et suivant son rang.

II. La compagnie connue sous le nom de *Robecourte*, est également supprimée; néanmoins les officiers, sous-officiers et cavaliers de la ci-devant compagnie, feront partie de la gendarmerie nationale, dans laquelle ils restent et demeurent incorporés avec tous les avantages de ladite gendarmerie nationale. Ils continueront leur service à pied près des tribunaux de Paris, et pour la garde des prisons, sous l'autorité du colonel des départemens de Paris, Seine et Oise et Seine-Marne, et seront sous les ordres du lieutenant colonel du département de Paris.

III. Les ci-devant officiers, sous-officiers et cavaliers de robe-courte formeront deux compagnies composées chacune d'un capitaine, cinq lieutenans, cinq maréchaux-des-logis, dix-huit brigadiers, en tout cent et un homme par compagnie. Chacune de ces compagnie sera placée auprès et dans le ressort de trois tribunaux de Paris ; leur emplacement définitif sera tiré au sort.

IV. Le traitement des officiers, sous-officiers et gendarmes des compagnies servant auprès des tribunaux de Paris, sera pareil à celui des autres officiers, sous-officiers et gendarmes de la gendarmerie nationale servant dans Paris, mais il en sera défalqué l'entretien du cheval, l'équipement, les accidens, et frais de remonte, estimés six cents livres par an.

V. Les officiers, sous-officiers et cavaliers des différentes compagnies supprimées, qui possédoient leurs état à titre de charges, sont autorisés à se présenter avec leurs titres, pour être remboursés aux termes des décrets.

TITRE VII.

De la composition actuelle de la gendarmerie nationale.

Art. Ier. Les divisions seront formées ainsi qu'il suit : première division, Paris, Seine et Oise, Seine et Marne.

Deuxième, Seine inférieure, Eure et Oise.

Troisième, Calvados, Orne et Manche.

Quatrième, Finistère, Morbihan et côtes du Nord.

Cinquième, Ille et Vilaine, Mayenne, Mayenne et Loire, Loire inférieure.

Six ième, la Vendée, deux Sèvres, Charente inférieure.

Septième, Lot-et-Garonne, Dordogne et Gironde.

Huitième, Landes, basses Pyrénées, hautes Pyrénées.

Neuvième, haute Garonne, Gers et Tarn.

Dixième, Arriège, Pyrénées orientales, l'Aude.

Onzième, l'Hérault, le Gard et la Lozère.

Douzième, bouches du Rhône, Drôme, Ardèche.

Treizième, basses Alpes, hautes Alpes et Var.

Quatorzième, Isère, Rhône et Loire et l'Ain.

Quinzième, Saone et Loire, Côte-d'or et Jura.

Seizième, Doubs, haute Saone, haut Rhin.

Dix-septième, bas Rhin, Meurthe et Mozelle.

Dix-huitième, Meuse, haute Marne et Vosges.

Dix-neuvième, Aisne, Marne, Ardennes.

Vingtième, Somme, Pas-de-calais, Nord.

Vingt-unième, Sarthe, Eure et Loire, Loir et Cher.

Vingt-deuxième, Indre, Vienne, Indre et Loire.

Vingt-troisième, Charente, haute Vienne et Corrèze.

Vingt-quatrième, Lot, l'Aveiron, le Cantal.

Vingt-cinquième, haute Loire, Puy-de-Dôme et la Creuze.

Vingt

Vingt-sixième, Loiret, l'Yonne et Aube.

Vingt-septième, Cher, Nièvre et Allier.

Vingt-huitième, la Corse.

II. Les officiers, sous-officiers et gendarmes, actuellement pourvus, demeureront provisoirement dans le lieu de leur résidence.

III. Pour parvenir à la composition actuelle de la gendarmerie nationale, il sera formé un état, par ancienneté, des officiers de la ci-devant maréchaussée, et la nomination aux places d'officiers et de sous-officiers, aura lieu suivant ce qui sera fixé ci-après.

IV. Les inspecteurs et prévôts généraux de la ci-devant maréchaussée, remettront l'état de leurs services au directoire du département de leur résidence, qui les adressera au ministre de la guerre, avec ses observations sur lesdits inspecteurs et prévôts généraux ; et d'après ces observations, la retraite sera accordée aux inspecteurs et prévôts généraux, excédant le nombre de vingt-huit places de colonels de division, décrétées pour la formation de la gendarmerie nationale.

V. Ceux desdits inspecteurs et prévôts généraux qui ne seront pas conservés dans les places de colonels de division, recevront leur retraite, conformément à l'article ci-dessus, et d'après les règles fixées par le décret du 3 août dernier ; mais elles ne pourront être, quelles que soient leurs années de service, au dessous des deux tiers des appointemens dont ils jouissent en ce moment.

VI. Les places de lieutenans-colonels seront

données , par ordre d'ancienneté , aux lieutenans de la ci-devant maréchaussée.

VII. Les places de capitaines seront données ,
moitié aux officiers de la ci-devant maréchaussée , ainsi qu'il sera expliqué ci-après , moitié à
des sujets ayant servi au moins dix années en-
qualité d'officiers ; et le choix en sera fait par
les directoires des départemens.

La moitié des places de capitaines , destinées
aux officiers de la ci-devant maréchaussée ,
sera donnée aux lieutenans qui , par leur ancienneté de service , n'auront pas été portés
aux places de lieutenans-colonels , et aux plus
anciens sous-lieutenans de ladite maréchaussée.

VIII. Les places de lieutenans seront données un tiers aux officiers de la ci-devant maréchaussée, ainsi qu'il sera expliqué ci-après ,
deux tiers à des sujets ayant servi au moins six
ans comme officiers , ou huit ans comme maréchaux des-logis ou sergens dans les troupes
réglées , dans la maréchaussée ou dans les
compagnies supprimées de la maréchaussée ,
et le choix en sera fait par les directoires de
départemens. Le tiers des places de lieutenans ,
destiné aux officiers de la ci-devant maréchaussée , sera donné aux sous-lieutenans qui n'auront pas été portés par leur ancienneté à des
places de capitaines.

Quant aux places de lieutenans comprises
dans le tiers assigné à la ci-devant maréchaussée , et auxquelles il ne seroit pas pourvu par
le remplacement des sous-lieutenans , il y sera
nommé des maréchaux-des-logis de ladite maréchaussée, et le choix en sera fait par les direc-

toires de département, sur l'avis qui leur en sera
donné.

IX. Les places des maréchaux-des-logis seront
données moitié à des brigadiers de la ci-devant
maréchaussée, au choix des directoires de département, et l'autre moitié par le même choix,
soit aux brigadiers de la maréchaussée, soit à
des sous-officiers servant maintenant dans la
ligne, ou n'ayant pas quitté le service depuis
plus de trois ans.

X. Les places de brigadiers qui deviendront
vacantes, seront données par les directoires de
département à ceux des cavaliers de la ci-devant maréchaussée qu'ils en jugeront le plus
susceptibles.

XI. La gendarmerie nationale sera formée
provisoirement dans chacun des départemens,
autres que ceux de Paris, Seine et Oise et Seine
et Marne, sur le pied de quinze brigades, sauf
à faire ensuite les distributions définitives,
conformément aux articles VII et VIII du
titre Ier.

XII. Les officiers, sous-officiers et gendarmes, ainsi que les greffiers et le commis attaché au département de Paris, continueront
à être payés suivant l'ancienne division des
compagnies, et ils seront rappelés de leurs
appointemens, traitemens et solde du 1er. janvier 1791, sur le pied fixé par l'article IV du
titre IV.

XIII. Les officiers, sous-officiers, secrétaires
greffiers et gendarmes actuels exerceront les
fonctions de leur état et de leurs grades sans
nouvelle commission, en prêtant seulement

le serment ordonné dans l'article VI du titre III.

Il sera délivré par le roi, aux officiers actuellement pourvus, et qui par l'effet des dispositions du présent décret auront eu un avancement de grade, le brevet de celui qui leur sera échu. Les membres de directoires des départemens ne pourront se choisir pour les places de la gendarmerie nationale qui seroient à remplir.

PARAGRAPHE II.

Des fonctions de la gendarmerie nationale.

Art. Ier. Les fonctions essentielles et ordinaires de la gendarmerie nationale sont,

1°. De faire les marches, tournées, courses et patrouilles dans tous les lieux des arrondissemens respectifs; de les faire constater sur leurs feuilles de service par les maires, et en leur absence, par un autre officier municipal, à peine de suspension de traitemens.

2°. De recueillir et prendre tous les renseignemens possibles sur les crimes et délits publics.

3°. De rechercher et de poursuivre les malfaiteurs.

4°. De saisir toutes personnes surprises en flagrant-délit, ou poursuivies par la clameur publique, quelles qu'elles puissent être, sans aucune distinction.

5°. De saisir tous gens trouvés porteurs d'effets volés, d'armes ensanglantées, faisant présumer le crime.

6°. De saisir les brigands, voleurs et assasins attroupés.

7°. De saisir les dévastateurs de bois et de récoltes, les chasseurs masqués, les contrebandiers armés, lorsque les délinquans de ces trois derniers genres seront pris sur le fait.

8°. De dissiper les révoltes et attroupemens séditieux, à la charge d'en prévenir incessamment les officiers municipaux des lieux les plus voisins.

9°. De saisir tous ceux qui seront trouvés exerçant de voies de fait ou violences contre la sûreté des personnes ou des propriétés, contre la libre circulation des subsistances, contre les porteurs de contrainte pour deniers publics, ou d'ordonnance de justice.

10°. De prendre à l'égard des mendians et vagabonds sans aveu, les simples précautions de sûreté, prescrites par les anciens réglemens, qui seront exécutés jusqu'à ce qu'il en ait été autrement ordonné.

11°. De dresser des procès verbaux de l'état de tous les cadavres trouvés sur les chemins, dans les campagnes, ou retirés de l'eau; à l'effet de quoi l'officier de gendarmerie nationale le plus voisin sera averti et tenu de se transporter en personne sur le lieu, dès qu'il sera averti.

12°. De dresser pareillement des procès-verbaux des incendies, effractions, assassinats, et autres crimes qui laissent des traces après eux.

13°. De dresser de même procès-verbal des déclarations qui leur seront faites par les habitans voisins, et autres qui seront en état de leur fournir des preuves et renseignemens sur les crimes, les auteurs et complices.

14°. De citer les témoins devant les officiers de police.

15°. De se tenir à portée des grands rassemblemens d'hommes, tels que foires, marchés, fêtes et cérémonies.

16°. D'escorter les deniers publics, les convois de poudre de guerre, et faire la conduite des prisonniers ou condamnés, de brigade en brigade.

17°. De faire le service dont la maréchaussée étoit ci-devant chargée en ce qui concerne l'armée, les soldats et toutes les parties militaires, conformément aux réglemens, tant qu'il n'en sera pas autrement ordonné.

18°. De remplir toutes les fonctions qui leur sont attribuées par le décret concernant la procédure par jurés.

19°. Ils sont au surplus autorisés à repousser par la force les violences et voies de fait qui seroient employées contre eux dans l'exercice des fonctions qui leur sont confiées par la loi.

II. Les fonctions mentionnées en l'article précédent, seront habituellement exercées par la gendarmerie nationale, sans qu'il soit besoin d'aucune réquisition particulière.

III. Les signalemens des brigands, voleurs, assassins, perturbateurs du repos public, et ceux des personnes contre lesquelles il sera intervenu mandat d'amener ou mandat d'arrestation, seront délivrés à la gendarmerie nationale, et transmis de brigade en brigade ou autrement.

IV. Hors les cas exprimés dans l'article premier, la gendarmerie nationale ne pourra saisir aucun citoyen domicilié, sans un mandat spécial de justice.

V. Elle ne pourra jamais saisir un citoyen dans sa propre maison, si ce n'est en vertu d'un mandement de justice; auquel cas elle accompagnera si elle en est requise, l'huissier porteur de cette ordonnance, à peine, en cas de contravention au présent article et au précédent, de prison pour la première fois contre le chef de la brigade, et de destitution pour la seconde, sans préjudice des dommages et intérêts.

VI. Il est expressément défendu à tous et en particulier aux dépositaires de la force publique, de faire aux personnes arrêtées aucun mauvais traitement ni outrage, même d'employer contre elles aucune violence, si ce n'est en cas de résistance ou de rébellion; en prenant néanmoins toutes les mesures nécessaires pour s'assurer d'elles; le tout à peine contre les officiers, sous-officiers ou gendarmes qui manqueront à ce devoir, d'être condamnés à la prison pour la première fois, et suspendus de leurs fonctions pour la seconde; même de plus grandes peines, s'il y échet : faute de quoi, les officiers supérieurs demeureront responsables, sans préjudice des dommages-intérêts, et les coupables seront réprimés par les tribunaux de districts.

VII. Tous procès-verbaux de corps de délit, de capture, d'arrestation, seront déposés au greffe du tribunal de district, dans trois jours au plus tard; il en sera envoyé extrait avec

L 4

tous les renseignemens nécessaires, au lieutenant colonel de la gendarmerie nationale, et
l'enregistrement en sera fait à son greffe; celui-ci en rendra compte au colonel de division.

VIII. Le secrétaire greffier de la gendarmerie nationale sera tenu, à peine d'en demeu-
rer responsable, de donner avis des captures
et détentions à la municipalité du lieu du domicile, ou à défaut de domicile, du lieu de la naissance du détenu ou prisonnier; quant aux individus étrangers, ou dont le lieu de naissance
seroit inconnu, il en sera donné avis par le secrétaire-greffier au chef de la justice.

IX. La lettre qui sera écrite à cet effet par
le secrétaire-greffier, sera transcrite sur son
registre, visée par le lieutenant-colonel, et
chargée à la poste, ou transmise de brigade en
brigade : le secrétaire-greffier aura soin de se
procurer la preuve de ces précautions.

X. En toute occasion, les officiers, sous-
officiers et gendarmes de la gendarmerie nationale, prêteront sur-le-champ la main-forte qui
leur sera demandée par réquisition légale. Ils
exécuteront les réquisitions qui leur seront
adressées par les commissaires du roi près des
tribunaux, seulement lorsqu'il s'agira d'exécution des jugemens et ordonnances de justice.

XI. L'extrait des procès-verbaux et les notes
des opérations relatives aux dispositions de l'article précédent, seront pareillement envoyés au
lieutenant-colonel de la gendarmerie nationale,
qui en fera faire l'enregistrement à son secrétariat, et qui en rendra compte au colonel.

XII. Le service de la gendarmerie nationale est essentiellement destiné à la sûreté des campagnes ; et néanmoins la gendarmerie nationale prêtera dans l'intérieur des villes, toute main-forte dont elle sera légalement requise.

XIII. La gendarmerie nationale pourra être chargée de transmettre aux municipalités des campagnes, et aux citoyens qui les composent, les avis et instructions des administrations et directoires de département et de district, ainsi que les instructions décrétées par le corps législatif, ou rédigées par ses ordres.

Formule des commissions pour les gendarmes.

LOUIS, etc.

Sur la présentation qui nous a été faite par le directoire du département de   de la personne du N.   pour remplir une place de gendarme, vacante par dans le département de   Nous avons pourvu ledit   de ladite commission de gendarme, ayant rang en ladite qualité dans les camps et armées, pour, sous notre autorité, celle dudit sieur   colonel de ladite division, et celle des lieutenans-colonels, capitaines, lieutenans, maréchaux-des-logis et brigadiers, faire et exercer conformément à la loi, les fonctions attribuées audit état de gendarme national.

Mandons audit sieur   colonel de la division de gendarmerie nationale des départemens de   de   et de   qu'après avoir

pris et reçu dudit le serment pres-
crit par la loi, il ait à le mettre ou faire mettre et instituer en possession dudit état de
gendarme dans le département de
Donné à, etc.

Pour les sous-officiers.

LOUIS, etc.

Sur la présentation qui nous a été faite par
le directoire du département de
de la personne du N. pour remplir
une place de brigadier (ou de maréchal-des-
logis) vacante par le
dans le département de nous avons
pourvu ledit de ladite commission
de ayant rang en ladite qualité
dans les camps et armées, pour, sous notre
autorité, celle dudit sieur colonel
de ladite division, et celle des lieutenans-colonels, capitaines et lieutenans, (si c'est un
maréchal-des-logis) lieutenans et maréchaux-
des-logis, (si c'est un brigadier) faire et
exercer conformément à la loi, les fonctions
attribuées audit état de
Mandons audit sieur colonel
de la division de la gendarmerie nationale des
départemens de de et de qu'après
avoir pris et reçu dudit le serment
prescrit par la loi, il ait à le mettre ou faire
mettre et instituer en possession dudit état
de dans le département de
comme aussi à le faire reconnoître, entendre
et obéir de tous, et ainsi qu'il appartiendra.
Donné à, etc.

Pour les lieutenans, capitaines et lieutenans-
colonels.

LOUIS, etc.

Sur la présentation qui nous a été faite par
le directoire du département de   de
la personne du sieur   pour remplir
une place de lieutenant, (capitaine ou lieutenant colonel) vacante par la   dans le
département de   Nous avons pourvu
ledit sieur   de ladite commission
de   rang ayant en ladite qualité dans les
camps et armées, pour, sous notre autorité,
celle dudit sieur   colonel de la division, et celle des lieutenans-colonels et capitaines, (si c'est un lieutenant) celle des lieutenans-colonels, (si c'est un capitaine) et enfin
celle de colonel seulement, (si c'est un lieutenant-colonel) faire et exercer, conformément à la loi, les fonctions attribuées audit
état de

Mandons au directoire du département de
            de prendre et recevoir dudit sieur
            le serment prescrit par la loi, et
audit sieur   colonel de la division
de gendarmerie nationale des départemens
de   de   et de   qu'après lui être apparu
dudit serment prêté par ledit sieur
il ait à le mettre ou faire mettre et instituer
en possession dudit état de   dans le
département de   comme aussi à le
faire reconnoître, entendre et obéir de tous,
et ainsi qu'il appartiendra.

Donné à, etc.

Pour les colonels.

LOUIS, etc.

Le sieur   colonel de la division
de   gendarmerie nationale des départemens de   de   et de   (étant
retiré) (ou étant décédé) nous avons nommé
et pourvu le sieur   lieutenant colonel
de la division, aux départemens de   de
        et de   de la commission de
colonel de ladite division, ayant rang en ladite
qualité dans les camps et armées, pour, sous
notre autorité, remplir et exercer, conformément à la loi, les fonctions attribuées
audit état de colonel.

Mandons au directoire du département de
(celui où la résidence du colonel est fixée)
de prendre et recevoir dudit sieur   le
serment prescrit par la loi, et au sieur
commandant dans ledit département, qu'après
lui être apparu dudit serment prêté par ledit
sieur   il ait à le faire reconnoître en
ladite qualité, entendre et obéir de tous, et
ainsi qu'il appartiendra.

Donné à, etc.

Décret relatif à la gendarmerie nationale.

Du 13 février 1791. = 18 du même mois.

L'assemblée nationale décrète que l'article
IV du titre IV, et l'article XII du titre VI des
décrets rendus les 23 décembre et 16 janvier
derniers, par rapport à l'organisation du corps
de la gendarmerie nationale, ne recevront leur

exécution que lorsque les divisions des ci devant compagnies de maréchaussée, même des
compagnies supprimées, seront faites par département; et jusqu'à ce, les officiers-greffiers,
sous-officiers, cavaliers et trompettes seront
payés de mois en mois dans les lieux actuels,
de leurs différentes résidences, de tous leurs
traitemens et gratifications, sous quelque dénomination qu'ils soient affectés à leurs différentes places, par les mêmes mains, et sur
le même pied que par le passé, en observant
les formes qui ont eu lieu jusqu'à présent. Les
loyers de casernement qui ne sont pas fournis
en nature, seront également acquittés comme
par le passé.

Décret interprétatif de l'article VI du titre
II, et des articles VII, VIII et IX du
titre VII du décret concernant l'organisa-
tion de la gendarmerie nationale.

Du 30 mai 1791. = 3 *juin suivant.*

L'assemblée nationale, après avoir entendu
le rapport de ses comités de constitution et
militaire, en interprétation de l'article VI du
titre II, et des articles VII, VIII et IX du
titre VII du décret concernant l'organisation
de la garde nationale.

Déclare que le titre VII ayant pour objet la
composition actuelle de ladite gendarmerie nationale, et le titre II l'avancement futur des
officiers de ce corps, les dispositions relatives
à l'âge des officiers de ligne qui pourront y
être admis, énoncées dans l'article VI du titre

II, ne sont point applicables à la présente composition. En conséquence, l'assemblée nationale décrète que les officiers des troupes de ligne, âgés de plus de quarante-cinq ans, qui ont été élus par les directoires de département pour la présente composition, sont bien et valablement élus, pourvu que les autres dispositions du décret ayent été observées, et qu'il n'y a lieu à empêcher que lesdits officiers élus soient pourvus par le roi.

Décret relatif à la gendarmerie nationale.

Du 30 mai 1791. = 17 *juin suivant.*

L'assemblée nationale, après avoir entendu le rapport de ses comités de constitution et militaire, en interprétation de l'article VI du titre II, et des articles VII, VIII et IX du titre VII du décret concernant l'organisation de la gendarmerie nationale, déclare que le titre VII ayant pour objet la composition actuelle de ladite gendarmerie nationale, et le titre II, l'avancement futur des officiers de ce corps, les dispositions relatives à l'âge des officiers de ligne qui pourront y être admis, énoncées dans l'article VI du titre II, ne sont point applicables à la présente composition; en conséquence, l'assemblée nationale décrète que les officiers des troupes de ligne, âgés de plus de quarante-cinq ans, qui ont été élus par les directoires de département pour la présente composition, sont bien et valablement élus, pourvu que les autres dispositions du décret ayent été observées; et qu'il n'y a lieu à empêcher que lesdits officiers élus soient pourvus par le roi.

Décret relatif à l'expédition des brevets des officiers de la gendarmerie.

Du 22 juin 1791. = *même jour.*

L'assemblée nationale décrète,

Que le ministre de la guerre expédiera, dans la journée, les brevets de tous les officiers, ou sous-officiers de la gendarmerie nationale, dont la nomination est en état.

Qu'il donnera l'ordre à tous les officiers, sous-officiers ou gendarmes de la gendarmerie nationale, de se rendre sur le champ à leurs postes respectifs.

Que les comités de constitution et militaire présenteront dans la journée, ou demain matin, les articles additionnels nécessaires, pour que l'organisation de la gendarmerie nationale soit complettement achevée dans le plus court délai.

Décret additionel relatif à la gendarmerie nationale.

Du 22 juin 1791. = 20 *juillet suivant.*

L'Assemblée nationale, sur la proposition qui lui a été faite par ses comités de constitution et militaire, de quelques articles additionnels, nécessaire à la prompte organisation de la gendarmerie nationale, décrète ce qui suit :

ART. Ier. Les anciens exempts de la ci-devant maréchaussée, qui ont continué leur service en qualité de maréchaux-des-logis, et qui seront appelés à être officiers, reprendront leur ancienneté à la date de leur commission d'exempts, et concourront pour la présente composition, avec les sous-lieutenant de la ci-devant maréchaussée, aux grades supérieurs.

II. Les remplacemens à faire et l'avancement dans le corps de la gendarmerie nationale, qui, selon les articles X et XI du titre II de la loi, doivent avoir lieu par tour d'ancienneté, auront lieu relativement à la totalité des divisions, lesquelles ne font qu'un seul corps.

III. Les colonels de la gendarmerie nationale feront leur résidence dans le chef-lieu du département le plus central de la division, et le ministre de la guerre est autorisé à fixer ces résidences.

IV. Les retraites à accorder à ceux des inspecteurs et prevôts généraux de la gendarmerie nationale, qui ne pourront être faits colonels divisionnaires, seront fixées sur le pied de la totalité des appointemens et traitemens, savoir, dans la proportion de quatre mille livres pour les ci-devant prevôts, et de six mille liv. pour les ci-devant inspecteurs; et quant à ceux qui, par l'ancienneté de leurs services, ont droit à une plus forte retraite, les décrets concernant les pensions, gratifications et autres récompenses seront observés.

V. La gendarmerie nationale ne rendra des honneurs qu'à l'assemblée nationale en corps, au roi, à l'héritier présomptif de la couronne, au régent et aux officiers généraux en activité.

VI. Les officiers, sous-officiers et gendarmes de la gendarmerie nationale, sont autorisés à
visiter

visiter les auberges ou cabarets et autres maisons ouvertes au public, pour y faire la re-
cherche des personnes suspectes : quant à la
visite des maisons particulières, ils la feront
à la réquisition des officiers de police ou de
justice, ou à celle des propriétaires, locataires
et fermiers desdites maisons ; et au surplus ils
se conformeront dans les cas d'arrestation, à ce
qui est prescrit dans le décret concernant les
jurés.

VII. Le payement du service extraordinaire
de la ci-devant maréchaussée et robe - courte,
doit être continué jusqu'à l'entière organisation du corps de la gendarmerie nationale. Le
ministre est autorisé à ordonner ce payement
et à fixer l'époque où il devra cesser pour être
établi sur le nouveau pied.

VIII. On continuera d'exiger des gendarmes
nationaux la taille de cinq pieds quatre pouces,
prescrite par l'ordonnance de 1778, laquelle
sera d'ailleurs exécutée dans tous les objets auxquels il n'a pas été dérogé par la loi concernant la gendarmerie nationale.

IX. La gendarmerie nationale ne fera point
partie des cérémonies publiques ; elle se tiendra
seulement à portée pour y maintenir l'ordre et
la tranquillité.

X. Dans le cas où lors de la nomination d'un
capitaine de gendarmerie, ou d'un lieutenant,
il y auroit un partage de voix, la place appartiendra au militaire le plus ancien en grade,
à grade égal.

Décret relatif aux officiers et cavaliers de la
ci-devant maréchaussée, contre lesquels il
pourroit y avoir lieu à quelque poursuite.

Du 26 juin 1791 = 11 *septembre suivant.*

L'Assemblée nationale décrète que les officiers et cavaliers de la ci-devant maréchaussée, inculpés, et contre lesquels il pourroit y
avoir lieu à quelque poursuite, sont susceptibles de remplacement dans la gendarmerie
nationale, jusqu'à ce que l'assemblée ait prononcé sur les tribunaux qui doivent juger des
délits qui seroient commis par les membres de
ce corps.

Décret relatif aux nominations d'officiers de
la gendarmerie nationale, faites par les
directoires des départemens.

Du 11 septembre 1791 = 12 *du même mois.*

L'Assemblée nationale, décrète ce qui suit:
Les nominations d'officiers de la gendarmerie nationale, faites conformément à la loi,
par les directoires de département, sortiront
leur effet.

Lesdits officiers recevront leurs commissions
du pouvoir exécutif, et seront envoyés dans
le plus court délai possible, aux lieux qui ont
été ou qui seront fixés pour leur résidence.

Décret relatif aux officiers, sous-officiers et cavaliers de la ci-devant maréchaussée, qui doivent être employés sur le pied de gendarmerie.

Du 18 septembre 1791. = 29 *du même mois.*

L'assemblée nationale décrète :

Art. Ier. Le ministre de la guerre est autorisé à ordonner à tous les officiers, sous-officiers et cavaliers de la ci-devant maréchaussée, qui doivent être employés sur le pied de gendarmerie, de se rendre dans les départemens et les résidences qu'il leur assignera. Les officiers choisis par les directoires de département, occuperont dans ceux où ils auront été nommés, les résidences dans lesquelles ils seront placés, suivant leurs grades, par le ministre de la guerre.

II. L'emplacement des brigades de la ci-devant maréchaussée, subsistera dans l'état où elles sont actuellement, jusqu'à ce que les dispositions suivantes ayent été exécutées.

III. Les directoires enverront au ministre de la guerre un état des brigades qui existent actuellement dans leur département avec leur emplacement, lequel état sera exécuté provisoirement et maintenu.

IV. Ils enverront ensuite un état d'augmentation des brigades qu'ils jugeront leur être nécessaires, ainsi que de leur placement et des changemens qu'ils estimeront convenables ; mais il ne sera fait droit sur aucunes de ces demandes, qu'au préalable l'article précédent n'ait été exécuté.

M 2

V. Pour faciliter cette opération, il sera envoyé par le ministre de la guerre à chaque directoire, des tableaux à remplir, qui présenteront les indications relatives aux correspondances intérieures, et aux correspondances extérieures.

VI. Faute par les directoires d'exécuter ce qui vient d'être prescrit dans le délai de trois semaines, à dater du jour de la réception du décret, constatée par la lettre d'envoi du ministre, le ministre de la guerre sera autorisé à présenter un état du nombre des brigades dans les départemens dont les directoires ne se seront pas conformés au présent décret, ainsi que des augmentations et des placemens qu'il jugera plus convenables au bien du service, d'après l'avis des colonels : le ministre de la guerre en rendra compte ensuite au corps législatif, pour qu'il y soit définitivement statué.

Décret relatif à l'avancement des officiers et sous-officiers des troupes de ligne, et de ceux de la ci-devant maréchaussée, qui sont entrés dans la gendarmerie nationale.

Du 1er. décembre 1791. = 15 *du même mois.*

L'Assemblée nationale voulant fixer avec précision la manière dont les officiers et sous-officiers tant des troupes de ligne que de la ci-devant maréchaussée, qui sont entrés dans la gendarmerie nationale, doivent prendre rang entr'eux, pour parvenir ensuite suivant leur ancienneté de service, aux grades supérieurs; désirant prévenir les contestations qui pourroient s'élever à l'occasion des avancemens, terminer les réclamations déjà faites à cet égard, accélérer l'organisation de la gendarmerie nationale, et mettre en pleine activité cette partie précieuse de la force armée, si nécessaire au maintien du bon ordre et de la tranquillité publique, décrète qu'il y a urgence.

L'assemblée nationale, après avoir décrété qu'il y a urgence, oui le rapport de son comité militaire sur l'interprétation qui lui a été demandée des articles X et XI du titre XI de la loi concernant l'organisation de la gendarmerie nationale, des 22, 23, 24 décembre 1790, et 16 janvier 1791, décrète que dans la formation de la gendarmerie nationale, les officiers et sous-officiers ayant servi tant dans les troupes de ligne que dans la ci-devant maréchaussée, prendront rang entr'eux dans leurs grades respectifs, de la manière suivante.

Art. Ier. Les capitaines prendront rang entr'eux à raison de l'ancienneté de la date de leur commission, et ceux qui n'étoient pas capitaines avant la formation de ladite gendarmerie, prendront rang entr'eux dans leurs grades respectifs, en raison de l'ancienneté de leurs lettres, brevets, ou rang de lieutenant et de sous-lieutenant qu'ils avoient.

II. Les lieutenans prendront rang entr'eux à raison de leur ancienneté dans ledit grade de lieutenant, s'ils en étoient déjà pourvus dans leurs corps respectifs, soit par lettres ou brevets, soit par le simple rang attribué à l'emploi qu'ils occupoient : s'ils n'étoient pas lieutenans ou n'en avoient pas le rang avant la formation

M. 3

de la gendarmerie nationale, ils prendront rang seulement à raison de leur ancienneté dans le grade antérieur de sous-lieutenant ou de sous-officier.

III. A égalité de rangs et de dates, l'ancienneté dans les grades inférieurs déterminera le rang; et à égalité de dates dans les antérieurs, l'ancienneté d'âge réglera le rang.

IV. dans quelque grade que soit employé un officier pourvu d'un brevet, commission, lettres, ou rang d'un grade supérieur à celui où il se trouve d'après la formation, il ne pourra, à raison de ce titre, prétendre qu'à prendre rang parmi les officiers du même grade, dans lequel il se trouve employé; et lorsqu'il parviendra, dans le même corps de la gendarmerie nationale à un nouveau grade il ne pourra s'y prévaloir desdites lettres, brevet ou commission.

V. Le présent décret sera porté demain à la sanction du roi.

Décret relatif aux moyens d'organiser définitivement la gendarmerie nationale.

Du 5 janvier 1792. = 8 *du même mois.*

L'Assemblée nationale, après avoir entendu le rapport de son comité militaire, sur l'organisation et la situation actuelle de la gendarmerie nationale, considérant que le besoin indispensable du service dans les circonstances présentes nécessite une augmentation provisoire de brigades, et que rien n'est plus instant que de faire cesser les obstacles qui, jusqu'ici, ont empêché la formation définitive de ce corps, décrète qu'il y a urgence.

L'assemblée nationale, après avoir décrété préalablement l'urgence, décrète définitivement ce qui suit :

Art. Iᵉʳ. Le nombre des brigades de la gendarmerie nationale, fixé par différens décrets à douze cent quatre-vingt-treize, sera porté à celui de quinze cent soixante ; chaque brigade, soit à pied, soit à cheval, demeurera composée d'un maréchal-des-logis ou brigadier et de quatre gendarmes.

II. Quinze cents brigades seront réparties entre tous les départemens, de manière qu'il n'en soit pas établi moins de quinze ni plus de vingt-une dans chaque département, à la réserve de ceux de Corse, Paris, Seine et Oise et Seine et Marne, exceptés par les décrets antérieurs.

Les soixante brigades restantes, seront divisées par le corps législatif, lors du travail général, entre les départemens dont il jugera que les localités, la population ou les circonstances pourront l'exiger.

III. En attendant l'organisation générale et définitive, le ministre de le guerre donnera des ordres pour que sur le nombre des brigades existantes dans chaque département, il y en ait une incessamment établie dans tous les lieux où il se trouve une administration ou un tribunal de district ; l'assemblée nationale, l'autorisant à choisir provisoirement dans l'étendue du département, les brigades qu'il devra placer en vertu du présent article.

M 4

IV. Les brigades actuellement existantes dans les chefs-lieux de département, et dont quelques directoires ont demandé la translation afin qu'elles fussent plus utilement employées, seront, sous les ordres du ministre de la guerre, transférées le plus tôt possible dans les lieux indiqués par les directoires de département, et conformément aux mémoires et tableaux qui lui ont été adressés par eux, en vertu de l'article III du décret du 18 septembre dernier.

V. Les directoires de département ne pourront nommer de gendarmes, que le nombre nécessaire pour compléter les brigades qui leur auront été affectées, et d'après la connoissance qui leur aura été donnée par le ministre de la guerre, du nombre d'anciens sous-officiers et cavaliers de maréchaussée, et sous-officiers, cavaliers et gardes des compagnies incorporées, en vertu de la loi du 16 février 1791, qui doivent être employés dans leurs départemens.

VI. Le ministre distribuera aussi comme gendarmes, dans les différentes brigades, les surnuméraires de la ci-devant maréchaussée, qui y ont fait un service actif avant la formation de la gendarmerie nationale.

VII. La distribution des ci-devant cavaliers de maréchaussée et compagnies incorporées, se fera de manière qu'il y ait au moins un de ces cavaliers placé dans chaque brigade, et ce sans y comprendre le brigadier.

VIII. Les officiers nommés en vertu des décrets sur l'organisation de la gendarmerie nationale, et qui ne faisoient point partie de la ci-devant maréchaussée, seront payés de leurs appointemens, à dater du jour de leur prestation de serment conformément au titre IV de la loi du 26 février dernier. Quant aux sous-officiers et gendarmes qui, par l'effet des circonstances, ont pu être mis en activité par les directoires de département, et qui n'auroient pas encore été brevetés, ils seront payés du jour où ils auront été mis en activité, sur les certificats de ces directoires : ceux de la ci-devant maréchaussée seront payés conformément aux loix des 18 février et 20 juillet 1791, faites sur cet objet, sans qu'on puisse dorénavant apporter aucun retard dans leur payement.

IX. Les lettres de passe, autorisées dans la gendarmerie nationale par l'article VII de la loi du 18 juillet 1791, ne pourront avoir lieu pour les gendarmes, que dans les résidences de leur département, et pour les sous-officiers dans celle de leur division, à moins que, sur les demandes des départemens respectifs, et sur les propositions des colonels, il n'en soit décidé autrement. Dans tous les cas, aucune lettre de passe ne sera donnée tant aux officiers qu'aux sous-officiers et gendarmes, que sur les demandes précises et motivées des directoires de départemens.

X. Les maréchaux-des-logis de la ci-devant maréchaussée en activité de service, qui ont obtenu des brevets de sous-lieutenans dans ce corps avant la formation actuelle de la gendarmerie nationale, auront droit, dans leur divi-

sion, à une place de lientenant, alternativement avec les maréchaux-des-logis choisis
conformément à l'article VII du titre II. La
première place vacante dans chaque division,
sera donnée au plus ancien maréchal-des-logis
breveté de sous-lieutenant ; la deuxième au
choix, et ainsi de suite.

Décret relatif aux cavaliers surnuméraires
de la compagnie de la ci-devant prévôté
des monnoies, gendarmerie et maré-
chaussée de France.

Du 21 février 1792. = 7 *mars suivant.*

L'Assemblée nationale voulant faire participer aux dispositions de la loi du 16 février 1791,
les cavaliers surnuméraires de la compagnie
de la ci-devant prévôté des monnoies, gendarmerie et maréchaussée de France ; et considérant qu'il va être incessamment procédé à
l'organisation, formation et remplacement des
brigades de la gendarmerie nationale, dont
elle a décrété l'augmention, décrète qu'il y a
urgence.

L'assemblée nationale, après avoir entendu
le rapport de son comité militaire, et décrété
l'urgence, décrète ce qui suit :

Art. Ier. Il sera fourni par le ci-devant prévôt
général de la compagnie des monnoies, supprimée par l'article Ier. du titre VI de la loi
sur l'organisation de la gendarmerie nationale,
un état des cavaliers commissionnaires qui,
depuis l'édit du mois d'octobre 1785, ont
continué d'y faire leur service comme surnu-

méraires, et qui étoient portés sur le contrôle
de la compagnie, à l'époque du 1er. janvier
1791, lequel état sera certifié par le commissaire des guerres, inspecteur de la compagnie.

II. Tous les surnuméraires employés dans
cet état, encore qu'ils n'ayent pas le temps
de service exigé par la loi du 16 février 1791,
seront admissibles dans la gendarmerie nationale, concurremment avec les cavaliers et
soldats sortant des troupes de ligne, pourvu
toutefois qu'ils ayent la taille exigée par l'article VIII du décret du 22 juin 1791.

III. Lesdits surnuméraires qui seront admis
dans la gendarmerie nationale, y prendront
rang suivant l'ancienneté de leur service, qui
équivaudra à celui fait dans la ligne ou dans
la ci devant maréchaussée.

Décret relatif à l'organisation de la gendarmerie nationale.

Du 14 avril 1792. = 29 *du même mois.*

L'assemblée nationale considérant la nécessité de mettre sur pied, le plus promptement
possible, le nombre de brigades de gendarmerie nationale nécessaire pour assurer la
tranquillité publique, d'en fixer les emplacemens, ainsi que les lieux de résidence des officiers, d'en déterminer le service d'une manière précise, et de lever enfin tous les obstacles qui pourroient encore s'opposer à ce qu'elles
soient mises par tout dans une pleine et entière activité, décrète qu'il y a urgence.

L'assemblée nationale, après avoir entendu

son comité militaire et décrété l'urgence, décrète définitivement ce qui suit :

TITRE PREMIER.

Nombre et emplacement des brigades.

Résidence des officiers.

ART. Ier. Outre les quinze cent soixante brigades de gendarmerie nationale décrétées le 5 janvier dernier, il en sera établi quarante nouvelles, qui seront réparties dans les districts de Vaucluse et Louvèze, ainsi que dans les départemens du midi, pour y augmenter momentanément la force publique ; en conséquence le nombre total des brigades sera porté à seize cents.

II. La maréchaussée des ci-devant comtat et pays d'Avignon, demeure incorporée dans la gendarmerie nationale, pour les officiers, sous-officiers et gendarmes, y prendre place d'après leurs grades et ancienneté de service ; et cependant les officiers et sous-officiers qui d'après cette incorporation pourroient excéder le nombre fixé par les décrets, seront réformés, réduits à moitié de leur traitement, et auront les premières places vacantes.

Les officiers et sous-officiers ainsi réformés qui refuseroient de remplir les places vacantes, perdront leur traitement de réforme.

III. Les villes chefs-lieux de département dont la population n'excédera pas trente mille ames, ne pourront avoir plus de deux brigades de gendarmerie nationale ; et il ne pourra en être placé qu'une seule dans celles qui n'étant pas chef-lieux de département, n'excéderoient pas cette population.

IV. Les quinze cent soixante brigades de gendarmerie nationale décrétées le 5 janvier dernier, seront réparties entre tous les départemens du royaume, ainsi qu'il suit.

S A V O I R :

Dénomination des Départemens.	Nombre des Brigades.	Dénomination des Départemens.	Nombre des Brigades.
L'Ain	18.	L'Eure-et-Loire	17.
L'Aisne	23.	Finistère	18.
L'Allier	17.	Gard	13.
Hautes-Alpes	15.	Haute-Garonne	20.
Basses-Alpes	19.	Gers	16.
Ardèche	18.	Gironde	18.
Ardennes	18.	L'Hérault	21.
Arriège	17.	L'Ille-et-Vilaine	18.
Aube	18.	L'Indre	19.
Aude	19.	Indre-et-Loire	18.
Aveyron	18.	Isère	19.
Bouches-du-Rhône	19.	Jura	17.
Calvados	21.	Des Landes	15.
Cantal	17.	Du Loir-et-Cher	17.
Charente	16.	Haute-Loire	17.
Charente-inférieure	19.	Loire-inférieure	18.
Cher	19.	Loiret	20.
Corrèze	18.	Lot	18.
Corse	36.	Lot-et-Garonne	18.
Côte-d'Or	20.	La Lozère	17.
Côtes-du-Nord	18.	Mayenne-et-Loire	20.
Creuse	16.	La Manche	18.
Dordogne	19.	Marne	18.
Doubs	15.	Haute-Marne	16.
Drôme	18.	Mayenne	16.
L'Eure	17.	Meurthe	18.

Dénomination des Départemens.	Nombre des Brigades.	Dénomination des Départemens.	Nombre des Brigades.
Meuse	18.	Haute-Saône	15.
Morbihan	16.	Saône-et-Loire	19.
Moselle	18.	Sarthe	18.
Nièvre	18.	Seine-et-Oise	36.
Nord	28.	Seine-inférieure	21.
Oise	21.	Seine-et-Marne	27.
L'Orne	17.	Deux-Sèvres	16.
Paris	28.	Somme	21.
Pas-de-Calais	20.	Tarn	16.
Puy-de-Dôme	21.	Var	18.
Haute-Pyrénées	15.	Vendée	18.
Basses-Pyrénées	18.	Vienne	18.
Pyrénées Orient.	15.	Haute-Vienne	15.
Haut-Rhin	16.	Vosges	16.
Bas-Rhin	17.	Yonne	19.
Rhône-et-Loire	28.		
		TOTAL	1560.

V. Les quarante nouvelles brigades, créés par le présent décret, seront réparties conformément à l'article premier, de la manière suivante.

SAVOIR:

Dénomination des Départemens.	Nombre des Brigades.	Dénomination des Départemens.	Nombre des Brigades.
Hautes-Alpes	1.	Bouches-du-Rhône et district de Vaucluse	5.
Basses-Alpes	1.		
Ardèche	2.		
Aveyron	2.	Cantal	2.
Ariège	1.	Corrèze	2.

Dénomination des Départemens.	Nombre des Brigades.	Dénomination des Départemens.	Nombre des Brigades.
Dordogne	1.	Lot	1.
Drôme et district de Louvèze	5.	Lot-et-Garonne	2.
		Lozère	1.
Gard	2.	Hautes-Pyrénées	1.
Gers	1.	Pyrénées orient.	1.
Gironde	2.	Basses-Pyrénées	2.
Isère	2.	Tarn	1.
Landes	2.	Var	1.
Hautes-Loire	2.		
		TOTAL	40.

VI. L'emplacement de chaque brigade de gendarmerie nationale demeurera définitivement fixé, conformément aux tableaux ci-joints. Ces tableaux contiendront aussi les lieux de résidence des officiers de chaque grade.

VII. Le directoire du département de Corse, sera tenu d'adresser dans le mois de la publication du présent décret, le tableau de l'établissement provisoire des trente six brigades qui lui ont été affectées ; les emplacemens des brigades, non plus que les lieux de résidence des officiers, ne deviendront définitifs que d'après un décret du corps legislatif.

VIII. La quinzième brigade du département des Hautes Pyrénées alternera de six en six mois entre Tarbes et Bagnières, de manière que depuis le 1er mai jusqu'au 1er novembre de chaque année, cette dernière ville ait, ainsi que la première, deux brigades de gendarmerie nationale.

IX. Dans le département du Cantal où il y a alternat pour le chef-lieu de département, cet alternat existera aussi pour une des brigades de gendarmerie nationale, qui sera placée dans le chef-lieu actuel du département, ainsi que pour le maréchal-des-logis et les officiers attachés à cette résidence et à celle de Saint-Flour.

X. Les directoires des départemens des bouches du Rhône et de la Drôme, feront passer au ministre de la guerre, dans la quinzaine de la publication du présent décret, les tableaux des emplacemens qu'ils croiront les plus convenables de fixer aux brigades d'augmentation qui leur sont accordées par l'article V ci-dessus : le ministre fera passer ces tableaux avec ses observations au corps législatif, qui fixera définitivement les lieux de résidence de ces brigades, ainsi que celles des officiers.

XI. Les lieux où il se trouve une administration ou un tribunal de district seulement, ne pourront prétendre à la résidence définitive d'une brigade de gendarmerie nationale, qui leur avoit été provisoirement accordée par le décret du 5 janvier dernier (*art. III.*), à moins qu'ils ne se trouvent à plus de deux lieues des brigades voisines ; en conséquence les remplacemens des brigades resteront définitivement fixées, conformément au tableau général annexé au présent décret.

XII. Lorsque la sûreté et la tranquillité publiques l'exigeront, les directoires de département pourront requérir qu'il soit formé momentanément de nouvelles brigades composées

sées de détachemens des brigades voisines ;
ils pourront aussi requérir la réunion de plusieurs brigades et détachemens ; mais dans l'un
et l'autre cas, si les déplacemens durent plus
de trois jours, ils seront tenus d'en rendre
compte au corps législatif et au pouvoir exécutif, et de huitaine en huitaine, jusqu'à ce
que les brigades soient rentrées dans leur résidence respective.

XIII. Les colonels résideront dans l'étendue
de leur inspection ; les résidences des lieutenans - colonel demeureront fixées dans les
lieux où celles des colonels ont été arrétées,
d'après l'article VI de la loi du 22 juin 1791,
le tout conformément aux tableaux annexés au
présent décret.

XIV. Le plus ancien capitaine du département résidera toujours dans le chef-lieu avec
un lieutenant et un maréchal-des-logis de sa
compagnie, à la réserve de l'exception portée
aux tableaux pour le département des Ardennes ; les autres officiers et maréchaux-des-logis
seront distribués de manière qu'ils ne se trouvent point ensemble dans les mêmes résidences, mais qu'ils soient placés, en raison de
leurs grades, dans les résidences les plus im-
portantes du département, et de manière à
pouvoir en surveiller toutes les parties.

XV. Dans le mois qui suivra la publication
du présent décret, il sera passé, par lieutenance, une revue générale de tous les officiers,
sous-officiers et gendarmes de la gendarmerie
nationale, en présence de deux officiers municipaux de la ville où se passera chacune de

ces revues, tous seront obligés de signer avec
les officiers municipaux et les commissaires
des guerres. Ceux qui se trouveront absens de
leur poste, sans congé, lors de cette revue,
seront destitués de leur emploi, par le fait
même de leur absence, à moins de causes légitimes, dont il seroit référé au corps législatif, dans les quinze premiers jours qui suivront
la revue.

TITRE II.

Composition et avancement.

ART. Ier. A compter du premier juillet prochain, le nombre des colonels, affectés aux
vingt-huit premières divisions de gendarmerie
nationale demeurera définitivement fixé à
huit, et celui des lieutenans-colonels à vingt-
huit.

II. Les colonels auront le titre et feront les
fonctions d'inspecteurs de la gendarmerie nationale dans les divisions auxquelles ils seront
attachés, suivant le tableau des inspections joint
au présent décret.

III. Chacun des lieutenans-colonels sera attaché à une division de gendarmerie nationale, et y fera le même service que celui attribué ci-devant aux colonels.

IV. L'inspection de la gendarmerie nationale
en Corse sera faite par un des officiers généraux commandant les troupes de ligne dans
cette division, à qui le roi en donnera chaque
année la commission; en conséquence, il n'y
aura plus qu'un seul officier supérieur,

lieutenant-colonel, dans ce département.

V. Tous les colonels et lieutenans colonels de la gendarmerie nationale remettront l'état de leurs services au directoire du département de leur résidence, qui les adressera au ministre de la guerre avec ses observations. D'après ses observations, le ministre accordera la retraite aux colonels et lieutenans colonels excédant le nombre ci-dessus fixé, sans égard à leur ancienneté.

VI. Ceux desdits colonels et lieutenans colonels qui ne seront pas conservés, les premiers dans les places d'inspecteurs, les seconds dans celles de lieutenans-colonels de division, recevront leur retraite conformément à l'article ci-dessus et au décret du 3 août 1790 sur les pensions; mais elles ne pourront être, quelles que soient leurs années de service, au dessous de la moitié des appointemens dont ils jouissent en ce moment: les uns et les autres ne pourront être remplacés.

VII. Les deux compagnies de gendarmerie nationale servant près le corps législatif, la haute cour nationale et le tribunal de cassation, ne seront plus sous les ordres immédiats du commandant de la première division de gendarmerie nationale, mais seulement sous ceux de son chef particulier; néanmoins, ils seront soumis à l'inspection générale du colonel-inspecteur de cette division.

VIII. Les deux compagnies servant près des tribunaux et des prisons de Paris, resteront sous le commandement immédiat du lieutenant-colonel , chef de la première division , et seront soumises à la même inspection.

IX. Les vingt-neuvième et trentième divisions de gendarmerie nationale , créées par la loi du 24 août 1791 , n'éprouveront aucun changement dans leur composition , et ne sont point comprises dans les dispositions des articles II , III , V et VI du présent titre.

X. La maréchaussée ayant été supprimée par la loi du 16 février 1791 , et un nouveau corps créé sous le nom de gendarmerie nationale , le mode d'avancement décrété le premier décembre dernier , en interprétation de la même loi du 16 février 1791 , n'aura lieu que pour les officiers faisant partie de la première formation; ceux qui seront nommés par la suite en remplacement , ne prendront rang dans la gendarmerie que du jour de leur nomination dans ce corps ; et si plusieurs sont nommés en même temps , ils prendront rang entr'eux d'après leur ancienneté et leur grade antérieur , dans quelle arme qu'ils ayent servi.

XI. L'ancienneté de service , dans chaque grade , devant servir à fixer les rangs des officiers entr'eux , d'après l'esprit du décret du premier décembre dernier , celle des commissions , brevets ou rangs dont chacun aura été pourvu , ne sera comptée que d'après le temps de leur service , soit dans les troupes de ligne , soit dans les grenadiers royaux , les régimens provinciaux , ou les bataillons de garnison.

XII. En conséquence , les officiers retirés du service , ceux à la suite , à moins qu'ils ne

prouvent qu'ils ont fait chaque année un service effectif de trois mois au moins, les lieutenans des maréchaux de France, et tous autres non désignés dans l'article précédent, qui
ne faisoient point un service actif, ne pourront se prévaloir de l'ancienneté de leurs commissions, rangs ou brevets, mais seulement
de leur temps d'activité dans chaque grade,
à la réserve néanmoins des officiers qui, ayant
été réformés, auroient obtenu leur remplacement dans les dix premières années de leur
réforme, ou dont les dix années ne seroient pas
encore révolues.

XIII. Tout officier ayant servi dans un grade
inférieur à celui dont il avoit en même-temps
le brevet ou rang, ne comptera pour son avancement, que du grade dans le lequel il aura été
réellement employé.

Sont exceptés ceux des lieutenans ayant brevet de capitaine, qui ont servi pendant quinze
ans en qualité d'officier; ceux-ci prendront rang
de la date de la commission de capitaine, qu'ils
auront obtenue après quinze années révolues
de service d'officier, dont aucune cependant
ne pourra leur être comptée que comme lieutenans, sans entendre rien changer aux dispositions des articles XI et XII ci-dessus.

XIV. Les gendarmes prendront rang entre
eux dans l'état de leur compagnie, d'après
l'ancienneté de service effectif de chacun
d'eux, dans quelle arme que ce se soit qu'ils
ayent servi.

TITRE III.

Formation.

ART. Iᵉʳ. La liste des candidats que les directoires de département étoient tenus de composer librement *(art. II et VIII du Titre II de la loi du 16 février 1791)* pour être remise aux colonels, la feront de tous les sujets sans distinction, qui se seront présentés pour être inscrits pourvu qu'ils ayent les qualités requises par la loi; mais, dorénavant, ces listes ne seront plus présentées aux colonels; mais elles seront rendues publiques par la voie de l'impression et de l'affiche, avec la désignation du domicile des sujets inscrits et de leurs services. Les directoires de district seront tenus dans la quinzaine du jour de l'envoi qui leur sera fait de ces listes, par les directoires de départemens, de faire leurs observations par écrit sur chacun des sujets de leur district qui y seront compris, sans pouvoir en exclure aucun : d'après ces observations et celles que pourront faire les officiers de la gendarmerie nationale, à qui la communication des listes ne pourra être refusée, les directoires de département nommeront, et ils donneront sur-le-champ avis de leur nomination au ministre de la guerre.

II. Si les maréchaux-des-logis ayant deux ans de service en cette qualité, parmi lesquels doivent être choisis *(art. V et VII du titre II de la loi du 16 février)* la moitié des lieutenans ne se trouvoit pas au nombre de deux

au moins dans chaque compagnie, le choix des
lieutenans pourra indifféremment tomber sur
l'un des deux plus anciens maréchaux-des-logis
de la compagnie; quelle que soit d'ailleurs leur
ancienneté de service dans ce grade, ils concourront alors pour être faits lieutenans avec
les autres maréchaux-des-logis, comme s'ils
avoient deux ans de service en cette qualité.

III. Dans le cas où une, deux, ou même
les trois places de lieutenant seroient vacantes
dans une compagnie, au moment où il s'agiroit
(*art. VII du titre II de la loi du 16 février*
1791) de nommer un maréchal-de-logis, le
capitaine de la compagnie sera appelé à remplacer un des lieutenans; et les officiers les
plus voisins dans la même division remplaceront les autres.

IV. S'il ne se trouvoit pas trois maréchaux-
des-logis dans une compagnie, pour nommer
ensemble un brigadier destiné (*art. IV du titre*
II de la loi du 16 février) à être placé sur
la liste des six brigadiers à présenter, les maréchaux-des-logis les plus voisins de la même
division seront appelés pour concourir à ce
choix.

V. Pour hâter l'organisation définitive de la
gendarmerie, l'assemblée nationale décrète que
les nominations de tous les maréchaux-des-
logis, brigadiers et gendarmes, faites jusqu'au
4 avril 1792 inclusivement, par les directoires
de département, pourvu qu'elles n'excèdent
pas le nombre qui leur aura été ou qui leur
sera fixé, conformément aux articles V et VI
de la loi du 8 janvier dernier, sont confirmées.

N 4

Ces sous-officiers et gendarmes seront mis sur-le-champ en activité, et il leur sera délivré des commissions par le ministre de la guerre, sans que sous aucun prétexte, l'envoi puisse en être retardé. En conséquence, l'assemblée nationale déroge à l'article VII de la même loi du 8 janvier, et à toutes autres qui seroient contraires au présent article.

VI. Si le nombre des nominations faites par un directoire de département excédoit celles qui leur seront fixées d'après les articles V et VI ci-dessus cités, de la loi du 8 janvier, les dernières nominations excédant le nombre fixé, seront regardées comme non avenues.

VII. Les directoires de département, pour toutes les nouvelles nominations qu'ils pourroient avoir à faire, *afin de compléter la première formation des brigades qui leur seront affectées par le présent décret*, se conformeront aux loix actuellement existantes sur les diverses conditions d'éligibilité, à la réserve de la disposition de la loi du 16 janvier 1791, relative au temps de service exigé dans les troupes de ligne, qui demeure suspendue pour *cette première formation seulement*, en ce que le service de la garde nationale sera compté sur le même pied que celui des troupes de ligne.

VIII. Le service dans les régimens frontalliers, au pays des Basques, sera compté comme s'il eût été fait dans la garde nationale, et cependant il ne pourra dispenser de trois ans de service au moins dans les troupes de ligne.

IX. Aussitôt que les directoires de département anront terminé les nominations pour la formation des brigades qui leur sont attribuées par le présent décret, il les mettront sur-le-champ en activité, sans attendre les commissions que le ministre de la guerre feia expédier pour cette première formation seulement, d'après les contrôles des compagnies et les certificats des directoires de département, qui demeureront responsables de toutes infractions à la loi, à cet égard, et notamment de la surcharge qui pourroit résulter d'un nombre de sous-officiers et gendarmes au-dessus de celui qui leur auroit été fixé, conformément aux articles V et VI de la loi du 8 janvier dernier.

X. Les sous-officiers, pour être choisis en cette qualité dans le corps de la gendarmerie nationale, devront avoir au moins la même ancienneté de service que celle prescrite pour les gendarmes; les uns et les autres ne pourront être admis avant l'âge de vingt-cinq ans, ni après celui de quarante-cinq.

XI. Les sujets qui, lors de la nomination des officiers pour la première formation, auroient été nommés en qualité de lieutenans, par les directoires de département, conformément à l'article VIII du titre VII de la loi du 16 février 1791, dans les places destinées aux officiers ayant servi au moins six ans dans la ligne en cette qualité, et aux maréchaux-des-logis et sergens, etc. en ayant servi huit aussi en cette qualité, seront pourvus de leur commission de lieutenant, quand même ils n'au-

roient point le temps effectif de service dans
la ligne, s'ils ont d'ailleurs servi dans la garde
nationale un temps suffisant pour compléter
les six ou huit années exigées ; et dans le cas
toutefois où ils n'auroient pas été remplacés
depuis par des officiers actuellement pourvus
de leurs commissions, sur une nouvelle nomination des directoires de département.

XII. L'entière organisation de la gendarmerie nationale sera censée terminée aussitôt que
les directoires de département auront nommé
le nombre des sous-officiers et gendarmes nécessaire pour compléter celui des brigades qui
leur auront été affectées par le présent décret,
et conformément aux articles V et VI de la
loi du 8 janvier dernier. Dans tous les cas,
un mois après la publication du présent décret,
les nominations et avancemens auront lieu
conformément au titre II de la loi du 16 février 1791, au présent décret, et au décret du
1ᵉʳ décembre dernier ; jusqu'à cette époque,
il ne sera fait aucun remplacement d'officiers,
de quelque grade que ce soit.

XIII. Pour établir d'une manière fixe et in-
variable les rangs d'après lesquels l'avancement
des officiers pourra avoir lieu par la suite, il
sera formé dans le mois de la publication du
présent décret, par le ministre de la guerre,
des listes nominatives de ces officiers, qui
seront rendues publiques par la voie de l'impression ; elles indiqueront les grades de ces
officiers, la date des lettres, brevets ou commissions que chacun d'eux avoit dans l'armée
où il aura servi, le rang d'ancienneté dans son

grade, et son temps d'activité, conformément
aux articles VII, VIII et IX du titre II ci-
dessus. Au mois de janvier de chaque année,
il sera imprimé un état nominatif des officiers
morts ou retirés dans l'année précédente.

TITRE IV.

Ordre intérieur.

ART. Ier. Aucun règlement particulier à la
gendarmerie nationale, ne pourra être mis à
exécution qu'en vertu d'un décret du corps législatif. Le ministre de la guerre proposera,
sous le plus court délai possible, et dans un
mois au plus tard, ceux qu'il croira convenable d'établir sur la tenue, la discipline et le
service intérieur de ce corps : en attendant,
ceux actuellement en vigueur, seront provisoirement exécutés dans tout ce qui ne sera
pas contraire aux loix sur la gendarmerie nationale.

II. L'uniforme restera tel qu'il a été fixé par
l'article premier du titre III de la loi du 16 février 1791, et néanmoins, les manches d'habits et paremens seront coupés comme ceux
de la cavalerie.

III. Les conseils d'administration créés par
l'article XVI du titre III de la loi du 16 février 1791, n'auront plus lieu par division,
mais par département : ils seront composés du
lieutenant-colonel de la division, du plus ancien capitaine, du plus ancien lieutenant, du
plus ancien maréchal-des-logis, du plus ancien brigadier, et des deux plus anciens gen-

darmes. Sont exceptées de cette disposition les vingt-neuvième et trentième divisions.

IV. A la réserve des colonels-inspecteurs qui ne pourront être suppléés que par un autre inspecteur, sur une commission expresse du roi, tout officier ou sous-officier, dans quelque grade que ce soit, sera remplacé par le plus ancien de ceux du grade qui suivra immédiatement le sien ; savoir : le lieutenant-colonel, par le plus ancien capitaine de la division ; le plus ancien capitaine du département, par le second capitaine, et à son défaut, par le plus ancien lieutenant du département ; les capitaines et autres officiers et sous-officiers, par ceux de leur compagnie.

TITRE V.

Traitement.

ART. Iᵉʳ. Les sous-officiers et gendarmes de la ci-devant maréchaussée, seront payés de leur traitement, à compter du premier janvier 1791, sur le pied fixé par l'article IV du titre IV de la loi du 16 février de la même année, dérogeant à cet égard, aux dispositions des loix des 18 février et 20 juillet 1791, rappelées dans l'article VIII de la loi du 8 janvier dernier ; il sera fait, en conséquence, à chaque sous-officier et gendarme, une retenue équivalente au prix des rations de fourrage qu'il pourroit avoir reçues depuis cette époque, ainsi qu'aux sommes qui pourroient lui avoir été payées pour courses et services extraordinaires.

II. Tout officier, sous-officier, ou gendarme

qui étoit en activité de service lors de sa nomination dans la gendarmerie nationale, et qui
a éprouvé une interruption de traitement, en
passant d'un corps dans l'autre, recevra, en
apportant un certificat qui constate sa cessation de paiement, sur les fonds de la gendarmerie nationale, une gratification en forme
d'indemnité, équivalente à la somme à laquelle
se seroit élevé son traitement dans la place
qu'il occupoit, pendant tout le temps de son
interruption de service.

III. Les directoires de département ne pourront répartir entre les officiers de la gendarmerie nationale plus du quart des fonds de
gratification qui ont été mis à leur disposition
par l'article II du titre IV de la loi du 16 février 1791.

IV. Les sous-officiers et gendarmes de la
ci-devant maréchaussée, qui justifieront que,
conformément à l'article premier du titre X
de l'ordonnance de 1778, ils ont versé dans la
caisse de remonte, la somme de trois cents
livres, conserveront leurs chevaux, comme
s'ils les avoient achetés de leurs propres deniers, quand même ils auroient été remontés
aux dépens de la masse. Ceux qui n'auront
point versé cette somme, seront tenus de se
monter à leurs frais, conformément à ce qui
est prescrit pour les nouveaux gendarmes, par
la loi du 16 février 1791, article V du titre IV,
mais le cheval de chacun, s'il est jugé propre
au service, lui sera abandonné sur le prix de
l'estimation qui en sera faite par deux experts
nommés, l'un par lui, l'autre par le directoire

de département. Dans le cas où les gendarmes n'acheteroient point leurs chevaux, ils seront vendus en la manière accoutumée pour les chevaux de réforme ; et l'argent en provenant sera déposé à la masse de remonte, créée par l'article IX du titre IV de la loi du 16 février 1791.

V. Les directoires de département, concurremment avec les colonels de la gendarmerie nationale, tiendront la main à l'exécution de l'article VI de la loi du 28 juillet 1791, relatif au temps fixé aux officiers, sous-officiers et gendarmes, pour se monter ; ils préviendront exactement le ministre de la guerre de son inexécution, et feront passer, dans le mois de la publication du présent décret, l'état des brigades qu'ils jugeroient devoir faire le service à pied.

TITRE VI.

Service.

Art. 1er. Les colonels-inspecteurs seront tenus de faire deux revues, et les lieutenans-colonels, quatre revues par an.

II. Les procès-verbaux de la gendarmerie nationale seront faits sur papier libre.

III. Dans le cas où elle soupçonneroit qu'il s'est réfugié un coupable dans la maison d'un citoyen, elle pourra investir cette maison ou la garder à vue en attendant qu'il lui soit expédié un mandat de perquisition.

IV. Il sera dressé par les directoires de département un état particulier de toutes les routes et communes où chaque brigade de gen-

darmerie nationale sera tenue de faire habituellement ses tournées. Les états qui devront
servir pour les brigades voisines des limites des
départemens, seront faits de concert par les
directoires des départemens respectifs, et chacune de ces brigades sera tenue d'y faire le
même service que dans son département, jusqu'à la distance de quatre lieues communes
de sa résidence. Tous ces états seront envoyés
au ministre de la guerre, qui après les avoir
approuvés, en ordonnera l'exécution.

V. Conformément aux anciens réglemens,
la gendarmerie nationale tiendra exactement
des feuilles de service. Ces feuilles seront
adressées chaque mois aux directoires des districts, par les officiers commandant la gendarmerie, dans leur arrondissement respectif,
ainsi que le contrôle exact de chaque brigade
à leurs ordres : ils leur feront aussi connoître
par écrit, le plus promptement possible, tous
les objets qui pourroient intéresser la sûreté et
la tranquillité publiques. Les directoires de
districts rendront compte sur le champ, aux
directoires de département, en leur faisant
passer les feuilles de service qui leur auront
été remises avec leurs observations ; les officiers commandant dans les départemens, cor-
respondront aussi directement avec ces directoires, et leur feront connoître notamment les
résultats de procès-verbaux, de l'extrait desquels ils sont tenus de faire l'enregistrement
par les articles VII et XI de la section II de
la loi du 16 février 1791.

VI. En cas de contravention aux dispositions

de l'article précédent, les directoires de département en préviendront le ministre de la guerre qui sera tenu de prendre tous les éclaircissemens nécessaires, et de faire punir, s'il y a lieu, les officiers en faute, qui demeureront personnellement responsables des suites de leur négligence.

VII. Les colonels et lieutenans - colonels, ainsi que les officiers et sous-officiers en leur absence, seront admis quand ils le demanderont, à donner tous les renseignemens et éclaircissemens qu'ils croiront nécessaires au bien du service, tant aux directoires de département, qu'à ceux de district.

VIII. Les secrétaires - greffiers, créés par l'article X du titre premier de la loi du 16 février 1791, ne pourront recevoir le traitement d'aucune autre fonction publique ; ils seront employés à tous les objets de service et de correspondance qui leur seront prescrits par les commandans de la gendarmerie nationale des départemens auxquels ils resteront attachés. Ils demeureront chargés, sur les deux cents livres qui leur sont accordées par l'article VIII du titre IV de la même loi, de tous les menus frais et dépenses du secrétariat, même pendant la tenue des conseils d'administration, tels que papier, cire, etc. sans qu'ils puissent être admis à faire à cet égard aucune réclamation. Ils seront payés de leurs traitemens et frais de bureaux, du jour de leur prestation de serment entre les mains des directoires de département, en leur qualité de secrétaire-greffier. (*Suivent les tableaux.*)

Décret

N°. 1er.   14e. DIVISION.

Département de l'Ain.

RÉSIDENCE des BRIGADES.	NOMBRE de Brigade par résid.	Résidence des Officiers.	Observation.
Bourg, *Départ. T.*	2	{ 1 Capit. { 1 Lieuten	
Saint-Laurent.	1.		
Châtillon, *D.*	1.		
Trévoux, *D. T.*	1	1 Lieuten.	
Montluel, *D. T.*	1.		
Chalamont.	1.		
Belley, *D. T.*	1.	1 Capit.	
Bellegarde.	1.		
Gex, *D. T.*	1	1 Lieuten.	
Amberieux, *D. T.*	1	1 Lieuten.	
Nantua, *D. T.*	1	1 Lieuten.	
Colonge.	1.		
Pont-de-Neuvil.	1.		
Ruffieux.	1.		
Seyssel.	1.		
Pont-de-Vaux, *D.*	1	1 Lieuten.	
Saint-Julien.	1.		
TOTAL.	18 Brigad.	8 Offic.	

N° 2.   19e. DIVISION.

Département de l'Aisne.

Laon, *Départ. T.*	2	{ 1 Capit. { 1 Lieuten.	
Villers-Cotterets.	1.		
Chât.-Thierry, *D. T.*	1	1 Lieuten.	
Oulchy.	1.		
Braine.	1.		
Coucy, *T.*	1.		
Chauny, *D.*	1	1 Lieuten.	
La Fère.	1.		
Corbeny.	1.		
Guise, *T.*	1	1 Lieuten.	
	11 Brigad.	5 Offic.	

a

N⁰. 2.   19ᵉ. DIVISION.
Département de l'Aisne.

RÉSIDENCE des BRIGADES.	NOMBRE de Brigades par résid.	Résidence des Officiers.	Observation.
De l'autre part..	11	5 Offic.	
Soissons, D. T..	1	1 Lieuten.	
Marle..	1		
Montcornet..	1		
Liesse..	1		
S.-Quentin , D. T..	1	1 Capit.	
Le Catelet..	1		
Bohain..	1		
Vervins , D..	1	1 Lieuten.	
Condé..	1		
La Ferté-Milon..	1		
Aubenton..	1		
La Capelle..	1		
TOTAL..	23 Brigad	8 Offic.	

N⁰. 3.   27ᵉ. DIVISION.
Département de l'Allier.

RÉSIDENCE des BRIGADES.	NOMBRE de Brigades par résid.	Résidence des Officiers.	Observation.
Moulins , Dép. T..	2	1 Capit. 1 Lieuten.	
Montluçon , D. T.	1	1 Capit.	
Cusset , D. T..	1	1 Lieuten.	
La Palisse..	2		
Saint-Pourçain..	1		
Gannat , P. T.	1	1 Lieuten.	
Bourb.-l'Arch. D. T.	1		
Varennes..	1		
Dompierre..	1		
Le Donjon. T..	1	1 Lieuten.	
Cérilly , D..	1	1 Lieuten.	
Mayer de Montag.	1		
Cressanges..	1		
Saint-Sauvier..	1		
Chevagne..	1		
Montmarault, D. T.	1	1 Lieuten.	
TOTAL..	17 Brig.	8 Offic.	

No. 4.   13e. DIVISION.
Département des Hautes-Alpes.

RÉSIDENCE des BRIGADES.	NOMBRE de Brigades par résid.	Résidence des Officiers.	Observation.
Gap, *Départ.* T.	2	1 Capit. 1 Lieuten.	
Embrun, *D.* T.	1	1 Capit.	
Serres, *D.* T.	1	1 Lieuten.	
Saint-Bonnet.	1		
Veynes.	1		
Le Monêtier allem.	1	1 Lieuten.	
Orpierre.	1		
Rozans.	1		
Remollon.	1		
Chorges.	1		
Guillestre.	1		
Queyras.	1	1 Lieuten.	
Briançon, *D.* T.	1	1 Lieuten.	o. T
La Grave en Oisans	1	1 Lieuten.	
Le Monestier de Briançon.	1		*Nota.* Brigade accordée provisoirem. par Déc. du 5 avril 1792.
TOTAL.	16 Brigad.	8 Offic.	

No. 5.   13e. DIVISION.
Département des Basses-Alpes.

Digne, *Départ.* T.	2	1 Lieut-C. 1 Capit. 1 Lieuten.	
Lesmées.	1	1 Lieuten.	
Riez.	1		
Seyne.	1		
Vallensolle.	1		
Barrème.	1	o	
Forcalquier, *D.*	1	1 Capit.	
Manosque. T.	1	1 Lieuten.	
Sault.	1		
Sisteron, *D.* T.	1	1 Lieuten.	
Lamotte.	1		
	12 Brigad.	7 Offic.	

a 2

Nº. 5.   13ᵉ. DIVISION.

Département des Basses-Alpes.

RÉSIDENCE des BRIGADES.	Nombre de Brigades par résid.	Résidence des Officiers.	Observation.
De l'autre part...	12......	7 Offic.	
Castelanne, *D. T.*	1........	1 Lieuten.	
Annot..........	1.		
Barcelonnette, *D. T.*	1........	1 Lieuten.	
Le Lauzette......	1.		
Saint-Vincent-les-Sisteron........	1.		
Allos..........	1.		
Thoranne haute...	1.		
Peruis..........	1........	....	*Nota.* Brigade accordée provisoirem. par Déc. du 5 avril 1792.
TOTAL......	20 Brigad.	9 Offic.	

Nº. 6.   12ᵉ. DIVISION.

Département de l'Ardèche.

Résidence des Brigades	Nombre de Brigades par résid.	Résidence des Officiers	Observation
Privas, *Départ. T.*	2........	{ 1 Capit. 1 Lieuten.	
Tournon. *D.*......	1........	1 Lieuten.	
Annonay. T.......	1........	1 Lieuten.	
Le Cheylard.......	1.		
Villeneuve de Berg.	1........	1 Lieuten.	
Aubenas. *D.*......	1.		
Montpezat........	1.		
Saint-Pierreville....	1.		
Vernoux.........	1.		
Saint-Agrève......	1........	1 Lieuten.	
Bourg S. Andéol....	1........	1 Lieuten.	
Vallon..........	1.		
Les Vans........	1.		
Joyeuse. *D.*......	1........	1 Capit.	
	15 Brigad.	8 Offic.	

N°. 6.   12°. DIVISION.
Département de l'Ardéche.

RÉSIDENCE des BRIGADES.	NOMBRE de Brigades par résid.	Résidence des Officiers.	Observation.
Ci-contre	15	8 Offic.	
Mayres	1		
Le Béage	1		
Largentière. T	1		
Saint-Félicien	1		
La Voûte	1		*Nota.* Brigades accordées provisoirem. par Déc. du 5 avril 1792.
TOTAL	20 Brigad.	8 Offic.	

N°. 7.   19°. DIVISION.
Département des Ardennes.

Mézières. *Départ.*	1	1 Capit.	
Rhétel. *D. T*	1	1 Capit.	
Launoy	1		
Le Chêne	1		
Givet	1		
Philippeville	1		
Sedan. *D. T*	1	1 Lieuten	
Grandpré. *D*	1	1 Lieuten.	
Carignan *dit* Yvoy	1	1 Lieuten.	
Asfeld	1		
Rocquigny	1		
Rocroy. *D. T*	1	1 Lieuten.	
Fumay	1		
Charleville. *D. T*	1	1 Lieuten.	
Beaumont	1		
Vouziers	1		
Buzancy. T	1		
Attigny, T	1	1 Lieuten.	
TOTAL	18 Brigad.	8 Offic.	

Nᵒ. 8.   10ᵉ. D I V I S I O N.

Département de l'Arriège.

RÉSIDENCE des BRIGADES.	NOMBRE de Brigades par resid.	Résidence des Officiers.	Observation
Foix. *Départ. T.*	2	{ 1 Capit. 1 Lieuten.	
Tarascon. *Distr.*	1	1 Lieuten.	
Pamiers. T.	1	1 Lieuten.	
La Bastide.	1		
Mirepoix. *D.*	1	1 Lieuten.	
Ax.	1	1 Lieuten.	
Saint-Girons. *D.*	1	1 Capit.	
Le Maz d'Azil.	1		
Mazère.	1		
Castillon.	1		
Se x.	1		
Saint-Ybars.	1	1 Lieuten.	
Massat.	1		
Saverdun.	1		
La Nélanet.	1		
Vicdessos.	1		
Saint-Liziers.	1		
TOTAL	18 Brigad	8 Offic.	*Nota.* Brigade accordée prov- soirem. par Déc. du 5 avril 1701.

Nᵒ. 9.   26ᵉ D I V I S I O N.

Département de l'Aube.

RÉSIDENCE des BRIGADES.	NOMBRE de Brigades par resid.	Résidence des Officiers.	Observation
Troyes. *Départ. T.*	2	{ 1 Capit. 1 Lieuten.	
Vandœuvre.	1		
Bar-sur-Aube. *D. T.*	1	1 Capit.	
Brienne.	1	1 Lieuten.	
Arcis-sur-Aub. *D. T.*	1	1 Lieuten.	
Villenauxe.	1		
Nogent s. S. *D. T.*	1	1 Lieuten.	
Méry.	1		
Bar-sur-Seine. *D. T.*	1	1 Lieuten.	
Ervy. *D. T.*	1	1 Lieuten.	
	11 Brigad.	8 Offic.	

No. 9. 26ᵉ. DIVISION.

Département de l'Aube.

RÉSIDENCE des BRIGADES.	NOMBRE de Brigades par résid.	Résidence des Officiers.	Observation.
Ci-contre........	11........	8 Offic.	
Les Riceys........	1.		
Estissac..........	1.		
Mussy-l'Evêque....	1.		
Chaource.........	1.		
Coclois...........	1.		
Mailly...........	1.		
Romilly..........	1.		
TOTAL......	18 Brigad.	8 Offic.	

No. 10. 10ᵉ. DIVISION.

Département de l'Aude.

RÉSIDENCE des BRIGADES.	NOMBRE de Brigades par résid.	Résidence des Officiers.	Observation.
Carcassonne. *Dép. T.*	2........	1 Lieut-C. 1 Capit. 1 Lieuten.	
Lézignan..........	1.		
Narbonne. *D. T.*	1........	1 Capit.	
Sijean...........	1.		
Castelnaudary. *Dist T.*	1........	1 Lieuten.	
Limoux. *D. T.*....	1........	1 Lieuten.	
Capendu..........	1.		
Peyriac...........	1........	1 Lieuten.	
Saissac...........	1.		
Fanjeaux..........	1.		
Lagrasse. *D. T.*...	1........	1 Lieuten.	
Quillan. *D. T.*....	1........	1 Lieuten.	
Belcaire..........	1.		
Mascabardes.......	1.		
Chalabre..........	1.		
Bouisse...........	1.		
Rodome..........	1.		
Alzonne..........	1.		
TOTAL......	19 Brigad.	9 Offic.	

N.° 11. — 24.ᵉ DIVISION.
Département de l'Aveyron.

RESIDENCE des BRIGADES.	NOMBRE de Brigades par résid.	Résidence des Officiers.	Observation.
Rhodès. *Dép.* T.	1	1 Capit. 1 Lieuten.	
Villefranche. *D.* T.	1	1 Lieuten.	
Espalion. T.	1		
Murdebarrez. *D.* T.	1	1 Lieuten.	
Milhau. *D.* T.	1	1 Capit.	
St-Affrique. *D.* T.	1	1 Lieuten.	
Saint-Sernin	1		
Viarouge.	1		
Saint-Genies. *D.*	1	1 Lieuten.	
Aubin. *D.* T.	1		
Severac – le – Château. *D.* T.	1		
Lagniole	1		
Sauveterre. *D.* T.	1	1 Lieuten.	
Entraigues	1		
Villefranche – d'Alrance	1		
Saint-Antonin	1		
L'Hôpital-Guibert.	1		
Rignac	1		
Pont-de-Camares	1		
Laissac	1		*Nota.* Brigades accordées provisoirem. par Déc. du 3 avril 1792.
TOTAL	20 Brigad.	8 Offic.	

N.° 12. — 12.ᵉ DIVISION.
Département des Bouches du Rhône.

Aix. *Départ.* T.	2	1 Capit. 1 Lieuten.	
Marseille. *D.* T.	2		
Roquevaire	1		
Apt. *D.* T.	1		
Arles. T.	1		
Lambesc	1		
	8 Brigad.	2 Offic.	N.° 12.

N° 12.   12e. DIVISION.
Département des Bouches du Rhône.

RESIDENCE des BRIGADES.	NOMBRE de Brigade par resid.	Résidence des Officiers.	Observations
Ci-contre......	8........	2 Offic.	
Argon............	1.		*Nota.* Le directoire du département placera provisoirement les officiers jusqu'à ce que la résidence des brigades d'augmentation soit fixée définitivement.
Salon. *D.* T......	1.		
Tarascon. *D.*.....	1.		
Orange. *D.*......	1.		
La Brigude.......	1.		
Cubes...........	1.		
Pertuis..........	1.		
Le Mattigues.....	1.		
St.-Martin-de-Crau.	1.		
La Ciotat........	1.		
Saint-Remy. T.....	1.		
Brigades d'augmentation pour le département, le district de Vaucluse......	5........	....	*Nota.* Voyez l'art. 9 du titre 1er. du décret du 5 avril 1792.
TOTAL.......	24 Brigad.	2 Offic.	

N° 13.   3e. DIVISION.
Département du Calvados.

Caen. *Dép.* T......	3.......	1 Lieut-G. / 1 Capit. / 1 Lieuten.	
Bayeux. *D.* T.....	1........	1 Lieuten.	
Vire. *D.* T.......	1........	1 Lieuten.	
Lisieux *D.* T.....	1........	1 Capit.	
Pont-l'Evêque. *D.* T.	1........	1 Lieutenant.	
Orbec..........	1........	1 Lieuten.	
Falaise. *D.* T.....	1........	1 Lieuten.	
Harcourt........	1.		
Condé..........	1.		
Tilly...........	1.		
	12 Brigad.	9 Offic.	

N°. 13. 3e. DIVISION.
Département du Calvados.

RESIDENCE des BRIGADES.	NOMBRE de Brigades par résid.	Résidence des Officiers.	Observation.
De l'autre part..	12......	9 Offic.	
Vilers-Bocage....	1.		
Saint Aubin......	1.		
L'Hôtellerie......	1.		
Lenganneric......	1.		
Balleroy.........	1.		
La Cambe........	1.		
Saint-Pierre-sur-Dives...	1.		
Honfleur........	1.		
Vimont.........	1.		
TOTAL......	21 Brigad.	9 Offic.	

N°. 14. 24e. DIVISION.
Département du Cantal.

RESIDENCE des BRIGADES.	NOMBRE de Brigades par résid.	Résidence des Officiers.	Observation.
Aurillac. Dép. T..	2......	{ 1 Capit. 1 Lieuten.	
Murat. D. T......	1.	1 Lieuten.	
Massiac.........	1.	1 Lieuten.	
Chaudeseignes....	1.	1 Lieuten.	
Saint-Flour. D. T...	1.	1 Capit.	
Maurs..........	1.	1 Lieuten.	
Mauriac. D.......	1.	1 Lieuten.	
Allanches.......	1.		
Riom-le-Montagne.	1.		
Pierrefort.......	1.		
Vic...........	1.		
Pleau.........	1.		
Laroque-Brou.....	1.		
Saint-Mammet....	1.		
Condat........	1.		
* S. Martin-Valme-roux........	1.		
Ruines........	1......	......	
TOTAL.......	18 Brigad.	8 Offic.	* Le service du tribunal de Salers sera fait par la brigade de S. Martin. Nota. Brigade provisoire dans le cas où l'administration seroit fixée à St.-Flour; cette brigade se ra placée à Monsalvy.

No. 15.   23e. DIVISION.

Département de la Charente.

RÉSIDENCE des BRIGADES.	NOMBRE de Brigades par résid.	Résidence des Officiers.	Observation.
Angoulème. *Dép.* T.	2	1 Capit. 1 Lieuten.	
La Rochefoucauld. *D.* T.	1	1 Lieutenant.	
Chabanois	1		
Confolens. *D.* T.	1	1 Capit.	
Champagne – Mouton.	1		
Ruffec. *D.* T.	1	1 Lieuten.	
Mansle.	1		
Cognac. *D.*	1	1 Lieuten.	
Barbezieux. *D.* T.	1	1 Lieuten.	
Montmoreau.	1	1 Lieuten.	
La Valette.	1		
Chalais.	1		
Châteauneuf.	1		
Aigre.	1		
Montbron.	1		
TOTAL	16 Brigad.	8 Offic.	

No. 16.   6e. DIVISION.

Département de la Charente inférieure.

RÉSIDENCE des BRIGADES.	NOMBRE de Brigades par résid.	Résidence des Officiers.	Observation.
Saintes *Dépar.* T.	2	1 Capit. 1 Lieuten.	
Pons. *D.* T.	1	1 Lieuten.	
Saujon.	1		
Darennes. *D.*	1	1 Lieuten.	
Montlieu. *D.*	1	1 Lieuten.	
Mirembeau.	1		
Rochefort. *D.* T.	1	1 Lieuten.	
La Rochelle. *D.* T.	1	1 Capit.	
Marans.	1		
Surgères.	1		
S.-Jean-d'Angely. *D.* T.	1	1 Lieutenant.	
Matha.	1		
	13 Brigad.	8 Offic.	

b 2

Nº 16.   6ᵉ. DIVISION.
Département de la Charente inférieure.

RÉSIDENCE des BRIGADES.	NOMBRE de Brigades par résid.	Résidence des Officiers.	Observation.
De l'autre part.	15	8 Offic.	
Aulnay	1		
Mortagne	1		
Montendre	1		
Nuaillé	1		
Tonnay-Boutonne	1		
Johzac	1		
TOTAL.	19 Brigad.	8 Offic.	

Nº 17.   27ᵉ DIVISION.
Département du Cher.

RÉSIDENCE des BRIGADES.	NOMBRE de Brigades par résid.	Résidence des Officiers.	Observation.
Bourges. Dép. T.	2	1 Lieu-C. 1 Capit. 1 Lieuten.	
Sancerre. D. T.	1	1 Lieuten.	
Saint-Amand. D. T.	1	1 Capit.	
Vierzon. D. T.	1	1 Lieuten.	
Dun-le-Roi. T.	1		
Sancoins. D.	1	1 Lieuten.	
Aubigny. D.	1	1 Lieuten.	
Villequiers.	1		
Châteauneuf.	1		
Les Aix.	1		
Alogny.	1		
Lignière. T.	1		
Le Coupol.	1		
Les Bourdelins.	1		
Leré.	1		
Château-Meillant. D.	1		
Jonay.	1	1 Lieutenant.	
Henrichemont. T.	1		
TOTAL.	19 Brigad.	9 Offic.	

Département de la Corrèze.

RÉSIDENCE des BRIGADES.	NOMBRE de Brigdes par résid.	Résidence des Officiers.	Observation.
Tulle. *Départ. T.*	2	1 Capit. 1 Lieuten.	
Egleiton	1		
Argental	1	1 Lieuten	
Brive. *D. T.*	1	1 Lieuten.	
Meyssac	1	1 Lieuten.	
Uzerche. *D. T.*	1	1 Lieuten.	
Lubersac	1		
Treignac	1	1 Lieuten.	
Ussel. *D. T.*	1	1 Capit.	
Brot	1		
Corrèze	1		
Beaulieu	1		
Julliac	1		
Allassac	1		
Maymac	1		
Neuvic	1		
Egurande	1		
Turennes	1		
TOTAL	19 Brigad.	8 Offic.	*Nota.* Brigades accordées provisoirem. par Déc. du 3 avril 1792.

Département de l'Isle de Corse.

Nota. Voyez pour les dispositions relatives au département de Corse, l'article VII du titre Ier. du présent décret.

N°. 20. 15e. DIVISION.
Département de la Côte d'or.

RÉSIDENCE des BRIGADES.	NOMBRE de Brigades par résid.	Résidence des Officiers.	Observation
Dijon. *Départ.* T.	2	1 Lieut-C. 1 Capit. 1 Lieuten.	
Beaune. *D.* T.	1	1 Lieuten.	
Arnay-Sur-Arroux	1	1 Lieuten.	
Saulieu.	1		
Sémur. *D.* T.	1	1 Capit.	
Montbard.	1		
Laignes.	1		
Châtillon. *D.* T.	1	1 Lieuten.	
Mirebeau.	1		
Auxonne.	1		
Seurre.	1		
Sombernon.	1		
Vitteaux.	1		
Recey-sur-Ource.	1		
Nolay.	1		
Rouvray.	1		
Chanceau.	1		
St Jean de Lône. *D.* T.	1	1 Lieutenant	
Issurtil. *D.* T.	1	1 Lieuten.	
TOTAL.	20 Brigad.	8 Offic.	

N°. 21. 4e. DIVISION.
Département des Côtes du Nord.

RÉSIDENCE des BRIGADES.	NOMBRE de Brigades par résid.	Résidence des Officiers.	Observation
St.-Brieuc. *Dép.* T.	2	1 Capit. 1 Lieuten.	
Lamballe. *D.* T.	1		
Dinant. *D.* T.	1	1 Lieuten.	
Quintin.	1		
Broons. *D.* T.	1	1 Capit.	
Guingamp. *D.* T.	1	1 Lieuten.	
Lannion. *D.* T.	1	1 Lieuten.	
Jugon.	1		
	9 Brigad.	6 Offic.	

4e DIVISION.

Département des Côtes du Nord.

RÉSIDENCE des BRIGADES.	NOMBRE de Brigades par résid.	Résidence des Officiers.	Observation.
Ci-contre......	9........	6 Offic.	
Loudeac. D. T....	1.	1 Lieuten.	
Chatelaudren......	1.		
Paimpol...........	1.		
Belle-isle-en-terre.	1.		
Rosternen. D. T...	1.	1 Lieuten.	
Callat.............	1.		
Merdrignac........	1.		
Pontrieux. D. T...	1		
Malignon..........	1.		
TOTAL.......	18 Brigad.	8 Offic.	

25e DIVISION.

Département de la Creuse.

Guerret. Dép. T...	2........	{ 1 Capit. 1 Lieuten.	
Aubusson. D. T...	1.........	1 Capit.	
Felletin. D. T....	1.........	1 Lieuten.	
Evaux. D.........	1.........	1 Lieuten.	
Boussac. D. T....	1.........	1 Lieuten.	
Gouzon...........	1.		
Dun..............	1.		
Bourganeuf. D. T.	1.........	1 Lieuten	
Ahun.............	1.		
Auzances.........	1.		
La Souterraine. D. T.	1.	1 Lieutenant.	
Benevent.........	1.		
Royères..........	1.		
Bonnat...........	1.		
Crocq............	1.		
TOTAL.......	16 Brigad.	8 Offic.	

Département de la Dordogne.

RÉSIDENCE des BRIGADES.	NOMBRE de Brigades par résid.	Résidence des Officiers.	Observation.
Périgueux. *Dép.* T.	2	{ 1 Capit.	
		1 Lieuten.	
Bergerac. *D.* T.	1	1 Capit.	
Montignac. *D.*	1	1 Lieuten.	
Mussidan. *D.*	1	1 Lieuten.	
Branthome	1		
Thiviers	1		
Sarlat. *D.* T.	1	1 Lieuten.	
Belvès. *D.*	1		
Exideuil. *D.* T.	1		
Le Bugue	1		
Montpont. T.	1		
Riberac. *D.* T.	1	1 Lieuten.	
Nontron. *D.* T.	1	1 Lieuten.	
Eymet	1		
La Rochebeaucourt.	1		
Laroche-chalais	1		
Terrasson. T.	1		
Montpazier. T.	1		
Lalinde	1		*Nota.* Brigade accordée provi-
TOTAL	20 Brigad.	8 Offic.	soirem. par Déc. du 5 avril 1792.

Département du Doubs.

RÉSIDENCE des BRIGADES.	NOMBRE de Brigades par résid.	Résidence des Officiers.	Observation.
Besançon. *Dép.* T.	2	{ 1 Lieut-G.	
		1 Capit.	
		1 Lieuten.	
Ornans. *D.* T.	1	1 Lieuten.	
Pontarlier. *D.* T.	1	1 Capit.	
Morteau	1	1 Lieuten.	
Baume. *D.* T.	1	1 Lieuten.	
Levier	1		
Mouthe	1		
	8 Brigad.	7 Offic.	N°. 24.

Département du Doubs.

RESIDENCE des BRIGADES.	NOMBRE de Brigade par résid.	Résidence des Officiers.	Observation.
Ci-contre.........	8.......	7 Offic.	
Le Russey.........	1.		
Saint-Vit....e...	1.		
Quingey. D. T...	1.......	1 Lieuten.	
Vercel...........	1.		
Saint-Hyppolite. D. T.	1....	1 Lieutenant	
L'Isle-sur-Doubs..	1.		
Belvoir..........	1.		
TOTAL......	15 Brigad.	9 Offic.	

Département de la Drome.

RESIDENCE des BRIGADES.	NOMBRE de Brigade par résid.	Résidence des Officiers.	Observation.
Valence. Dép. T...	1.......	1 Lieut-C. 1 Capit. 1 Lieuten.	
Montelimart. D. T.	1.		Nota-Le directoire du département placera provisoirement les officiers jusqu'à ce que la résidence des brigades d'augmentation soit définitivement fixée.
Crest. D. T.......	1.		
Nyons D..........	1.		
Pierrelatte.......	1.		
Le Buix. D. T.....	1.		
Die. D. T........	1.		
Romans. D. T.....	1.		
Saint-Vallier......	1.		
Grignan..........	1.		
Loriol...........	1.		
Lieu-le-fit.......	1.		
La Motte Chalencon..	1.		
Lux la Croix Haute.	1.		
Motas...........	1.		
St. Jean en Royan.	1.		
	16 Brigad.	3 Offic.	

N°. 25.   12e DIVISION.

Département de la Drome.

RÉSIDENCE des BRIGADES.	NOMBRE de Brigades par resid.	Résidence des Officiers.	Observation.
De l'autre part.	16.	3 Offic.	
Saillant.	1.		
La Chapelle-en-Vercors.	1.		
Brigades d'augmentation pour le département et le district de Louvèze.	5.		Nota. Voyez l'art. 9 du titre 1er du décret du 5 avril 179.
TOTAL.	23 Brigad.	3 Offic.	

N°. 26.   2e DIVISION.

Département de l'Eure.

RÉSIDENCE des BRIGADES.	NOMBRE de Brigades par resid.	Résidence des Officiers.	Observation.
Evreux Depart. T.	2.	1 Capit. 1 Lieuten.	
Vernon.	1.		
Louviers. D. T.	1.	1 Lieuten.	
Gisors. T.	1.	1 Lieuten.	
Ecouis.	1.		
Lions-la-Forêt.	1.		
Verneuil. D. T.	1.	1 Lieuten.	
Conches.	1.		
Beaumont-le-Roger.	1.		
Neufbourg.	1.		
Pont-audemer. D. T.	1.	1 Capit.	
Bourg-Achard.	1.		
Bernay. D. T.	1.	1 Lieuten.	
Andelys. D.	1.	1 Lieuten.	
Pont-de-l'Arche.	1.		
Nonnancourt.	1.		
TOTAL.	17 Brigad.	8 Offic.	

Département d'Eure et Loir.

RÉSIDENCE des BRIGADES.	NOMBRE de Brigades par résid.	Résidence des Officiers.	Observation.
Chartres. *Dép.* T..	2...... {	1 Capit. 1 Lieuten.	
Maintenon........	1.		
Illiers...........	1........	1 Lieuten.	
La Bazoche.......	1.		
Châteaudun. *D.* T.	1......	1 Capit.	
Auneau...........	1.		
Dreux. *D.* T.....	1......	1 Lieuten.	
Châteauneuf. *D.* T.	1.......	1 Lieuten.	
Nogeut-le-Rotrou. *D.* T.	1........	1 Lieutenant.	
La Ferté-Vidame..	1.		
Bonneval.........	1.		
Champrond.......	1.		
Anet.............	1.		
Courville........	1.		
Janville. *D.* T....	1.......	1 Lieuten.	
Allones..........	1.		
TOTAL.....	17 Brigad.	8 Offic.	

Département du Finistère.

Quimper. *Dép.* T.	1...... {	1 Capit. 1 Lieuten.	
Quimperlé. *D.* T..	1......	1 Lieuten.	
Rosporden	1.		
Pont-l'abbé.......	1.		
Pont-Croix. *D.* T..	1........	1 Lieuten.	
Locronan.........	1.		
Châteaulin. *D.* T..	1........	1 Lieuten.	
Le Faou..........	1.		
Landerneau. *D.* T.	1......	1 Capit.	
Brest. *D.* T......	1.		
	10 Brigad.	6 Offic.	

N°. 28. 4e. DIVISION.

Département du Finistère.

RÉSIDENCE des BRIGADES.	NOMBRE de Brigades par résid.	Résidence des Officiers.	Observation.
De l'autre part...	10......	6 Offic.	
Saint-Reneau...	1.		
Lesneven. D. T...	1.		
St.-Pol-de-Léon...	1.		
Morlaix D. T...	1........	1 Lieuten.	
Landivisiau...	1.		
La Feuillée...	1.		
Carhaix. D. T...	1........	1 Lieuten.	
Châteauneuf...	1.		
TOTAL......	18 Brigad.	8 Offic.	

N°. 29. 14e. DIVISION.

Département du Gard.

RÉSIDENCE des BRIGADES.	NOMBRE de Brigades par résid.	Résidence des Officiers.	Observation.
Nismes. Départ. T.	3......	1 Lieut-C. 1 Capit. 1 Lieuten.	
Uzès. D. T...	1......	1 Lieuten.	
Remoulin...	1.		
Alais. D. T...	1......	1 Lieuten.	
St.-Jean-du-Gard...	1.		
Sommières. D. T.	1.		
Beaucaire. D. T...	1......	1 Lieuten.	
Saint-Esprit...	1......	1 Lieuten.	
St.-Hypolite. D. T.	1......	1 Capit.	
Le Vignan. D. T...	1......	1 Lieuten.	
Saint-Gilles...	1.		
Villeneuve-lès-Avignon...	1.		
Saint-Ambroix...	1.		
Portes...	1.		
	16 Brigad.	9 Offic.	

N°. 29. 11e DIVISION.
Département du Gard.

RÉSIDENCE des BRIGADES.	NOMBRE de Brigades par résid.	Résidence des Officiers.	Observation.
Ci-contre......	16......	9 Offic.	
Boucoiran........	1.		
Connaux.........	1.		
Saint-André-de-Val borgne.........	1......	......	*Nota* Brigades accordées provisoirem. par Déc. du 5 avril 1792.
Samême.........	1......	......	
TOTAL......	20 Brigad.	9 Offic.	

N°. 30. 9e DIVISION.
Département de la haute Garonne.

Toulouse. *Dép.* T.	3...... {	1 Lieu-C. 1 Capit. 1 Lieuten.	
Montech........	1		
Villefranche. *D.* T.	1......	1 Lieuten.	
Rieux. *D.* T.......	1......	1 Lieuten.	
Saint-Martory......	1		
Saint-Béat........	1		
Boulogne.........	1		
Muret. *D.* T.......	1		
Beaumont-de-Lomagne T.	1......	1 Lieutenant.	
Grenade. D......	1......	1 Lieuten.	
Castel-Sarrazin. *D.* T...	1......	1 Lieutenant.	
Caraman.........	1		
Revel *D.* T.......	1		
Auterive.........	1		
Aspet...........	1		
St.-Gaudens. *D.* T.	1......	1 Capit.	
Montastruc.......	1		
Fronton.........	1.		
TOTAL......	20 Brigad.	9 Offic.	

N.º 31. 9.ª DIVISION
Département du Gers.

RÉSIDENCE des BRIGADES.	Nombre de Brigades par resid.	Résidence des Officiers.	Observation.
Auch. *Départ.* T.	1	1 Capit. 1 Lieuten.	
Lectoure. *D.* T.	1	1 Lieuten.	
Viclezenzac	1	1 Lieuten.	
L'Isle-Jourdain. *D.*	1		
Mirande. *D.* T.	1	1 Lieuten.	
Lombes. T.	1	1 Lieuten.	
Nogarot. *D.*	1	1 Lieuten.	
Gimont	1		
Mauvesin	1		
Masseube	1		
Bassoues	1		
Plaisance. T.	1		
Casaubon	1		
Condom. *D.* T.	1	1 Capit.	
Lause	1		
Simore. *D.*	1		
Saint-Clar	1		*Nota.* Brigade accordée provisoirem. par Déc. du 5 avril 1792
TOTAL	17 Brigad.	8 Offic.	

N.º 32. 7.ª DIVISION
Département de la Gironde.

RÉSIDENCE des BRIGADES.	Nombre de Brigades par resid.	Résidence des Officiers.	Observation.
Bordeaux. *Dép.* T.	2	1 Lieut-C. 1 Capit. 1 Lieuten.	
Castres	1		
Pavillat	1		
Lateste	1		
Langon	1		
Bazas. *D.* T.	1	1 Lieuten.	
Libourne. *D.* T.	1	1 Lieuten.	
Saint-Méard	1		
Saint-André-de-Labzac	1		
	10 Brigad.	6 Offic.	

Département de la Gironde.

RESIDENCE des BRIGADES.	NOMBRE de Brigades par résid.	Résidence des Officiers.	Observation
Ci-contre.........	10.......	5 Offic.	
Blaye. T..........	1.......	1 Lieuten.	
Sainte-Foi........	1.		
L'Esparre. D. T...	1.......	1 Lieuten.	
Cadillac. D. T....	1.......	1 Lieuten.	
Pompignat........	1.		
Bourg. D.	1.		
Laréole. D. T.....	1.......	1 Capit.	
Braune............	1.		
Créon.............	1.......		*Nota.* Brigades accordées provisoirem. par Déc. du 9 avril 1792.
Sauveterre........	1.......	......	
TOTAL.........	20 Brigad.	9 Offic.	

Département de l'Hérault.

RESIDENCE	NOMBRE	Résidence	Observation
Montpellier. Dep. T.	2.......	{ 1 Capit. 1 Lieuten.	
Lunel.............	1.		
Ganges............	1.		
Lodèves. D. T.....	1.......	1 Lieuten.	
Gignac............	1.......	1 Lieuten.	
Meze..............	1.		
Pezenas...........	1.......	1 Lieuten.	
Béziers. D. T.....	1.......	1 Capit.	
S. Pons. D. T.....	1.......	1 Lieuten.	
S. Martin de Londres.	1.		
Bédarieux.........	1.		
Gigean............	1.		
Saint-Chinian.....	1.		
Alargues..........	1.		
Salvetat..........	1.		
	16 Brigad.	7 Offic.	

Département de l'Hérault.

RÉSIDENCE des BRIGADES.	NOMBRE de Brigades par résid.	Residence des Officiers.	Observation.
De l'autre part...	16	7 Offic.	
Ceiles...	1		
Clermont...	1		
Agde...	1		
Cette...	1	1 Lieuten.	
Olonzac...	1		
TOTAL...	21 Brigad.	8 Offic.	

No. 34. 5ᵉ DIVISION.

Département de l'Isle et Vilaine.

Rennes. Dépar. T.	2	1 Lieut. C. / 1 Capit. / 1 Lieuten.	
Saint-Servan. D. T.	1	1 Lieuten.	
Dol. D. T.	1	1 Capit.	
Hédée...	1		
Montauban...	1		
Plélan...	1		
Vitré. D. T.	1	1 Lieuten.	
Fougères. D. T.	1	1 Lieuten.	
La Guerche. D. T.	1	1 Lieuten.	
Bain. D. T.	1	1 Lieuten.	
Redon. D. T.	1		
Loheac...	1		
S. Aubin du Cormier.	1		
Saint-Méen...	1		
Janzé...	1		
Châteaubourg...	1		
Montfort. D. T.	1		
TOTAL...	18 Brigad.	9 Offic.	

Département de l'Indre.

RESIDENCE des BRIGADES.	NOMBRE de Brigade par résid.	Residence des Officiers.	Observation.
Châteauroux *Départe.* T.	2	1 Capitaine. 1 Lieuten.	
Issoudun. *D.* T.	1	1 Lieuten.	
La Châtre. *D.* T.	1	1 Lieuten.	
Argenton. *D.* T.	1	1 Lieuten.	
Saint-Benoît.	1		
Le Blanc. *D.* T.	1	1 Capit.	
Châtillon. *D.* T.	1	1 Lieuten.	
Buzançois.	1		
Valançay.	1		
Vatan.	1	1 Lieuten.	
Belabre.	1		
Aiguerande.	1		
Levroux.	1		
Neuvi-Saint-Sépulcre.	1		
Mézières.	1		
Rueilly.	1		
Ardentes.	1		
Saint-Gaultier.	1		
TOTAL.	9 Brigad.	8 Offic.	

Département de l'Indre et Loire.

Tours. *Départe.* T.	2	1 Capit. 1 Lieuten.	
Langeais. *D.*	1	1 Lieuten.	
Château-Regnault. *D.* T.	1	1 Lieuten.	
Cormery.	1		
Amboise. *D.* T.	1	1 Lieuten.	
Loches. *D.* T.	1	1 Lieuten.	
Preuilly. *D.* T.	1	1 Lieuten.	
Chinon. *D.* T.	1	1 Capit.	
Sainte-Maure.	1		
	10 Brigad.	8 Offic.	

d

N°. 36. 22e. DIVISION.
Département de l'Indre et Loire.

RÉSIDENCE des BRIGADES.	NOMBRE de Brigades par résid.	Résidence des Officiers.	Observatio
De l'autre part...	10.......	8 Offic.	
Richelieu...........	1.		
Azay-le-Rideau....	1.		
Bourgeuil T........	1.		
Sorigny...........	1.		
Ecueillé...........	1.		
Neuvy-le-Roy.....	1.		
Ligneil...........	1.		
Château-la-Vallière....	1.		
TOTAL.....	18 Brigad.	8 Offic.	

N°. 37. 14e. DIVISION.
Département de l'Isère.

RÉSIDENCE des BRIGADES.	NOMBRE de Brigades par résid.	Résidence des Officiers.	Observatio
Grenoble. Dép. T.	2........	{ 1 Capit. { 1 Lieuten.	
Voyron...........	1.		
Lamure...........	1.		
Le Bourgdoisans..	1........	1 Lieuten.	
Corps...........	1.		
Vienne D. T.......	1........	1 Capit.	
La Côte-Saint-André..	1........	1 Lieutenant.	
Bourgoin. T.......	1........	1 Lieuten.	
Cremieux...........	1.		
Le Pont-de-Beauvoisins...	1.		
S. Marcelin. D. T.	1........	1 Lieuten.	
Goncelin...........	1.		
Saint-Laurent-de-Mure...	1.		
Beaurepaire.......	1.		
Le Péage-de-Roussillon...........	1.		
Le Pout-en-Royan.	1.		
Monnetier-de-Clermont...........	1.	1 Lieuten.	
	18 Brigad.	8 Offic.	

Département de l'Isère.

RÉSIDENCE des BRIGADES.	NOMBRE de Brigades par résid.	Residence des Officiers.	Observation.
Ci-contre.....	18.........	8 Offic.	
Latour-du-Pin. D.	1.		
Villars-de-Lans...	1.	....	Nota. Brigades accordées provisoirem. par Déc. du 5 avril 1792.
Saint-Laurent-du-Pont.........	1.......	....	
TOTAL......	21 Brigad.	8 Offic.	

N°. 38.   15ᵉ. D I V I S I O N.

Département du Jura.

Lons-le-Saulnier, Département. T.	3........	{ 1 Capit. 1 Lieuten.	
Saint-Claude. D. T.	3........	1 Lieuten.	
Morez...........	1.		
Clairvaux........	1.		
Saint-Amour......	1.		
Dôle. D. T.......	1.......	1 Capit.	
Salins. T.........	1.......	1 Lieuten.	
Poligny. D. T.....	1.......	1 Lieuten.	
Champagnole.....	1.		
Orgelet. D. T.....	1........	1 Lieuten.	
Mont-Sous-Vaudrey	1.		
Arbois. D........	1.......	1 Lieuten.	
Censean.........	1.		
Cousance........	1.		
Seillères........	1.		
Arinthod........	1.		
TOTAL........	17 Brigad.	8 Offic.	

d 2

8e. DIVISION.

Département des Landes.

RÉSIDENCE des BRIGADES.	NOMBRE de Brigades par résid.	Résidence des Officiers.	Observation.
Mont de Marsan. *Départemant.* T.	2	1 Capit. 1 Lieuten.	
Tartas. *D.* T.	1	1 Lieuten.	
Saint-Sever. *D.* T.	1	1 Lieuten.	
Aire.	1	1 Lieuten.	
Dax. *D.* T.	1	1 Capit.	
Peyreherade.	1	1 Lieuten.	
Li Postey.	1		
Roquefort.	1	1 Lieuten.	
Galaret.	1		
Subres.	1		
La Harie.	1		
Saint-Vincent.	1		
Amon.	1		
Castel.	1		
Samadet.	1		*Nota.* Brigades accordées provisoirem. par Déc du 5 avril 1792.
Moniort.	1		
TOTAL.	17 Brigad.	8 Offic.	

21e. DIVISION.

Département du Loir et du Cher.

Blois. *Départe.* T.	2	1 Capit. 1 Lieuten.	
Vendôme. *D.* T.	1	1 Lieuten.	
Romorentin. *D.* T.	1	1 Capit.	
Marchenoir.	1		
Salbris.	1		
Montrichard.	1	1 Lieuten.	
Ouzain.	1		
Mermer. *D.* T.	1	1 Lieuten.	
Bracieux.	1		
Coutres.	1		
	11 Brigad.	6 Offic.	

21. **DIVISION.**

Département du Loir et du Cher.

RÉSIDENCE des BRIGADES.	NOMBRE de Brigades par résid.	Résidence des Officiers.	Observation.
Ci-contre.....	11.........	6 Offic.	
Saint-Aignan. *D*...	1.........	1 Lieuten.	
Chaumont.........	1.		
Selle............	1.		
Montoire........	1.		
La Ville-aux-Clercs.	1.		
Montdoubleau. *D. T*	1.........	1 Lieuten.	
TOTAL.......	17 Brigad.	8 Offic.	

N.° 41. 25.e **DIVISION.**

Département de la haute Loire.

Le Puy. *Dép.* T...	2........	1 Capit. 1 Lieuten.	
Monastier.........	1.		
Fay-le-Froid.......	1.		
Issengeaux. *D. T.*	1........	1 Lieuten.	
Monistrol. *D*......	1........	1 Lieuten.	
Montfaucon.......	1........	1 Lieuten.	
Vorey............	1.		
Brioude. *D. T*.....	1........	1 Capit.	
L'Empde.........	1.		
Puulhaquet.......	1.		
Langeac..........	1.		
Saugues..........	1........	1 Lieuten.	
Fitz.............	1.		
La Chaise-Dieu...	1.		
Craponne........	1........	1 Lieuten.	
Costarol.........	1.		
Saint-Privas.....	1........	....	*Nota.* Brigades accordées provisoirem. par Déc. du 5 avril 1792.
Saint-Didier.....	1........	....	
TOTAL.......	19 Brigad.	8 Offic.	

Nº. 42.   5ᵉ. DIVISION.

Département de Loire inférieure.

RÉSIDENCE des BRIGADES.	NOMBRE de Brigades par résid.	Residence des Officiers.	Observation.
Nantes. *Départ.* T.	2	{ 1 Capit. { 1 Lieuten.	
Chateaubriant. *D.* T.	1	1 Capitaine.	
Ancenis. *D.* T.	1	1 Lieuten.	
Machecoul. *D.* T.	1	1 Lieuten.	
Painbeuf. *D.* T.	1	1 Lieuten.	
Savenay. *D.* T.	1		
Nozai.	1		
Clisson. *D.* T.	1	1 Lieuten.	
Blain. *D.* T.	1	1 Lieuten.	
Guerrande. *D.* T.	1		
Nort.	1		
Riaillé.	1		
Port Saint-Père.	1		
Les Noyers.	1		
Pontchateau.	1		
Pornic.	1		
Le Loroux.	1		
TOTAL	18 Brigad.	8 Offic.	

Nº. 43.   26ᵉ DIVISION.

Département du Loiret.

Orléans. *Dép.* T.	3	{ 1 Lieut-C. { 1 Capit. { 1 Lieuten.	
Bagency. *D.* T.	1	1 Lieuten.	
La Ferté Lovendal.	1		
Châteauneuf.	1		
Neuville. *D.* T.	1	1 Lieuten.	
Pithiviers. *D.* T.	1	1 Lieuten.	
Montargis. *D.* T.	1	1 Capit.	
	9 Brigad.	7 Offic.	

N°. 43. 29ᵉ DIVISION.

Département du Loiret.

RÉSIDENCE des BRIGADES.	NOMBRE de Brigades par résid.	Résidence des Officiers.	Observation.
Ci-contre........	9.......	7 Offic.	
Châtillon-sur-Loing	1........	....	*Nota.* La brigade de Châtillon-sur-Loing fera concuremment avec la brigade de Saint-Fergeau, département de l'Yonne, le service de Bléneau.
Courtenay..........	1.		
Loris..............	1.		
Gien. *D. T*......	1........	1 Lieuten.	
Boiscommun. *D. T*....	1........	1 Lieutenant.	
Malsherbes........	1.		
Briare............	1.		
Sully.............	1.		
Artenay...........	1.		
Patay.............	1.		
Ferrières.........	1.		
TOTAL........	20 Brigad.	9 Offic.	

N°. 44. 24ᵉ DIVISION.

Département du Lot.

Cahors *Départ. T.*	2........ {	1 Lieu. C. 1 Capit. 1 Lieuten.	
Caussade...........	1.		
Caylus.............	1.		
Mautauban. *D. T.*	1........	1 Capit.	
Moissac. T.........	1.		
Pui-l'Evêque.......	1.		
Freissinet.........	1.		
Souillac...........	1.		
Saint-Céré. *D*....	1........	1 Lieuten.	
Figeac. *D. T*.....	1........	1 Lieuten.	
Castelneau........	1.		
Lauzerte *D*.......	1........	1 Lieuten.	
Gourdon. *D. T*....	1........	1 Lieuten.	
Martel. T..........	1........	1 Lieuten.	
	15 Brigad.	9 Offic.	

No. 44. 24e. DIVISION.
Département du Lot.

RÉSIDENCE des BRIGADES.	NOMBRE de Brigades par résid.	Résidence des Officiers.	Observation.
De l'autre part...	15.........	9 Offic.	
Grammat...........	1.		
Cajare............	1.		
Catus.............	1.		
Payrac............	1.........	....	Nota. Brigade accordée provisoirem. par Déc. du 5 avril 1792.
TOTAL......	19 Brigad.	9 Offic.	

No. 45. 7e. DIVISION.
Département du Lot et Garonne.

RÉSIDENCE des BRIGADES.	NOMBRE de Brigades par résid.	Résidence des Officiers.	Observation.
Agen. Départ. T..	1.........	{ 1 Capit. 1 Lieuten.	
Villeneuve. D. T.	1.........	1 Lieuten.	
Castillonnet......	1.		
Marmande. D. T.	1.........	1 Capit.	
Casteljaloux. D. T.	1.........	1 Lieuten.	
Nérac. D. T.......	1.........	1 Lieuten.	
Tonneins. D. T...	1.........	1 Lieuten.	
Montflanquin. D. T.	1.		
Estafort..........	1.		
Tournon..........	1.		
Lauzun. D. T.....	1.........	1 Lieuten.	
Damazan..........	1.		
Mezin............	1.		
Duras............	1.		
Valence. D. T....	1.		
Auvillars.........	1.		
Fumel............	1.		
Beauville.........	1.		
Ville-réal........	1.........	....	Nota. Brigade accordée provisoirem. par Déc. du 5 avril 1792.
TOTAL......	19 Brigad.	8 Offic.	

No. 46.

Département de la Lozère.

RÉSIDENCE des BRIGADES.	Nombre de Brigade par résid.	Résidence des Officiers.	Observation
Mende. *Départ.* T.	2	{ 1 Capit. 1 Lieuten.	
Marvejols. *D.* T.	1	1 Lieuten.	
Florac. *D.* T.	1	1 Lieuten.	
Villefort. *D.* T.	1	1 Lieuten.	
Langogne. *D.* T.	1	1 Lieuten.	
Bleimard.	1		
Meyrveis. *D.* T.	1	1 Lieuten.	
Le Pompidour.	1		
Le Pont de Moutvert	1		
Châteauneuf.	1		
Saint-Chély. *D.* T.	1	1 Capit.	
Malzieu.	1		
Serverettes.	1		
La Canourgue	1		
St Germain de Calberte.	1		
Grand Rieu.	1		
Nasbinal	1		*Nota.* Brigade accordée provisoirem.t par Déc. du 5 avril 1792.
TOTAL.	8 Brigad.	8 Offic.	

Département de la Manche.

RÉSIDENCE des BRIGADES.	Nombre de Brigade par résid.	Résidence des Officiers.	Observation
Coutances. *Dép.* T.	2	{ 1 Capit. 1 Lieuten.	
Cherbourg. *D.* T.	1	1 Lieuten.	
Valognes. *D.* T.	1	1 Capit.	
Carentan. *D.*	1	1 Lieuten.	
Barneville.	1		
Saint-Lô. *D.* T.	1	1 Lieuten.	
Avranches. *D.* T.	1	1 Lieuten.	
Poutorson.	1		
Saint-Hilaire	1		
Villedieu.	1		
	11 Brigad.	7 Offic.	

N°. 47. 7ᵉ. DIVISION.
Département de la Manche.

RÉSIDENCE des BRIGADES.	NOMBRE de Brigades par résid.	Résidence des Officiers.	Observation.
De l'autre part.	11......	7 Offic.	
Mortain. *D. T.*	1........	1 Lieuten.	
Thorigny	1.		
Grandville	1.		
Perriers. T.	1.		
Gavray	1.		
St.-Pierre-église	1.		
Brecey	1.		
TOTAL.....	18 Brigad.	8 Offic.	

N°. 48. 19ᵉ DIVISION.
Département de la Marne.

RÉSIDENCE	NOMBRE	Résidence	Observation
Châlons, *Dép. T.*	2......	1 Lieut-C. / 1 Capit. / 1 Lieuten.	
Sommesson	1.		
Sainte-Menehould. *D. T.*	1......	1 Lieutenant.	
Suippe	1.		
Auve	1.		
Vitry-le-Francais. *D. T.*	1.	1 Lieutenant.	
Possesse	1.		
Reims. *D. T.*	1......	1 Capit.	
Fismes	1.		
Epernay. *D. T.*	1......	1 Lieuten.	
Dormans	1......	1 Lieuten.	
Sezanne. *D. T.*	1......	1 Lieuten.	
Étoges	1.		
Montmirail	1.		
Sermaise	1.		
Ferchampenoise	1.		
TOTAL.....	18 Brigad.	9 Offic.	

Département de la haute Marne.

RESIDENCE des BRIGADES.	NOMBRE de Brigades par résid.	Résidence des Officiers.	Observation.
Chaumont *Dép.* T.	2.....	1 Capit. 1 Lieuten.	
Langres. *D.* T.	1.....	1 Capit.	
Prothoi.	1		
Bourbonne - les Bains. *D.* T.	1.....	1 Lieuten.	
Montigny.	1		
Bourmont. *D.* T.	1.....	1 Lieuten.	
Vignory.	1		
Joinville. *D.* T.	2.....	1 Lieuten.	
Saint-Dizier. *D.*	1.....	1 Lieuten.	
Château-Vilain.	1		
Colombey.	1		
Rouvre.	1		
Vassy. T.	1.....	1 Lieuten.	
Faybillot.	1		
Andelot.	1		
TOTAL.....	16 Brigad.	8 Offic.	

Département de la Mayenne.

Laval. *Départ.* T.	2.....	1 Capit. 1 Lieuten.	
Château-Gontier. *D.* T.	1.....	1 Lieutenant.	
Graon. *D.* T.	1.....	1 Lieuten.	
Cossé.	1		
La Gravelle.	1		
Meslay.	1		
Mayenne. *D.* T.	1.....	1 Capit.	
Ernée. *D.* T.	1.....	1 Lieuten.	
Goron.	1		
Lassay. T.	1		
	12 Brigad.	6 Offic.	

Département de la Mayenne.

RÉSIDENCE des BRIGADES.	Nombre de Brigades par résid.	Résidence des Officiers.	Observation.
De l'autre part....	11......	6 Offic.	
Préenpaille.......	1		
Villaines. D......	1......	1 Lieuten	
Evron. D........	1......	1 Lieuten	
Le Ribay........	1		
Foulgé..........	1		
TOTAL......	16 Brigad.	8 Offic.	

N°. 51. 5e. DIVISION.

Département de la Mayenne et Loire.

RÉSIDENCE des BRIGADES.	Nombre de Brigades par résid.	Résidence des Officiers.	Observation.
Angers. Départem	2	{ Capit. 1 Lieuten	
Brissac..........	1		
Chemillé.........			
Chollet. D. T.....	1		
Segré. D. T......	1	1 Lieuten	
Pouancé.........			
Beaugé. D. T.....	1	1 Lieuten	
Beaufort.........	1		
Saumur. D. T.....	1......	1 Capit.	
Doué............	1		
Fontevrault......	1		
Vihiers. D. T.....	1......	1 Lieuten	
Condé...........	1		
Châteauneuf. D. T.	1......	1 Lieuten	
Durthal.........	1		
Beaupreaux. T....	1......	1 Lieuten	
Saint-Florens. D..	1		
Lion-d'Angers....	1		
Saint-Georges....	1		
TOTAL......	20 Brigad.	8 Offic.	

N°. 52.   17ᵉ DIVISION.

Département de la Meurthe.

RÉSIDENCE des BRIGADES.	NOMBRE de Brigades par résid.	Résidence des Officiers.	Observation.
Nancy. *Départ.* T.	2....... {	1 Capit. 1 Lieuten.	
Toul. *D.* T.	1.......	1 Lieuten.	
Colombey.	1.		
Mouzin	1.		
Pont-à-Mousson *D.* T.	1.......	1 Capitaine.	
Bayon	1.		
Sarrebourg. T.	1.......	1 Capit.	
Phalsbourg	1.	1	
Lunéville. *D.* T.	1.......	1 Lieuten.	
Blamont. *D.* T.	1.......	1 Lieuten.	
Vic. T.	1.		
Azoudange.	1.	1	
Dieuze. *D.* T.	1.......	1 Lieuten.	
Fénétrange.	1.		
Azerailles.	1.		
Vezelize. *D.* T.	1.		
Nomeni.	1.		
TOTAL.	18 Brigad.	8 Offic.	

N°. 53.   18ᵉ DIVISION.

Département de la Meuse.

RÉSIDENCE	NOMBRE	Résidence	Observation
Bar-le-Duc. *Dép.* T.	1....... {	1 Lieut-C. 1 Capit. 1 Lieuten.	
Stainville.	1.		
Saint-Mihiel. *D.* T.	1.......	1 Lieuten.	
Manheulle.	1.		
Vaucouleurs. T.	1.......	1 Lieuten.	
Troyon.	1.		
Verdun. *D.* T.	1.......	1 Capit.	
Etain. *D.* T.	1.......	1 Lieuten.	
Clermont. *D.*	1.......	1 Lieuten.	
	9 Brigad.	8 Offic.	

Nᵒ. 53.   18ᵉ. DIVISION.
Département de la Meuse.

RÉSIDENCE des BRIGADES.	NOMBRE de Brigades par résid.	Résidence des Officiers.	Observation.
De l'autre part...	9	8 Offic.	
Varenne. T...	1		
Dombasle...	1		
Montmédy. D...	2		
Dun...	1		
Damvilliers...	1		
Béauzée...	1		
Commercy. D. T...	1		
Gondrecourt. D...	1		
Stenay. T...	1		
TOTAL...	18 Brigad.	9 Offic.	

Nᵒ. 54.   4ᵉ. DIVISION.
Département du Morbihan.

RÉSIDENCE des BRIGADES.	NOMBRE de Brigades par résid.	Résidence des Officiers.	Observation.
Vannes. Depart. T.	2	1 Lieut-C. 1 Capit. 1 Lieuten.	
Laroche-Bernard. D. T.	1	1 Lieutenant	
Hennebon. D.	1	1 Lieuten.	
Ploermel. D. T.	1		
Pontivi. D. T.	1	1 Capit.	
L'Orient. T.	1		
Lesnouët. D. T.	1	1 Lieuten.	
Auray. D. T.	1		
Josselin. D. T.	1	1 Lieuten.	
Malétroit...	1		
Elven...	1		
Rochefort. D. T	1	1 Lieuten.	
Lominue...	1		
Guémené...	1		
Baud...	1		
TOTAL...	16 Brigad.	9 Offic.	

N°. 55. 17ᵉ DIVISION.

Département de la Mozelle.

RÉSIDENCE des BRIGADES.	NOMBRE de Brigades par résid.	Résidence des Officiers.	Observation
Metz. Départ. T.	2	1 Lieut-C. 1 Capit. 1 Lieuten.	
Thionville. D. T.	1	1 Lieuten.	
Solgne.	1		
Sarrelouis.	1	1 Lieuten.	
Mars-la-Tour.	1		
Longwy. D.	1	1 Lieuten.	
Pontoy.	1		
Briey. D. T.	1		
Sarreguemines. D. T.	1	1 Capitaine.	
Boulay. D. T.	1		
Bouzonville. T.	1		
Morauges. D.	1		
Bitche. D. T.	1	1 Lieuten.	
Saint-Avold.	1		
Forbach.	1		
Falquemont. T.	1	1 Lieuten.	
Longuion. T.	1		
TOTAL.	18 Brigad.	9 Offic.	

N°. 56. 27ᵉ DIVISION.

Département de la Nièvre.

RÉSIDENCE des BRIGADES.	NOMBRE de Brigades par résid.	Résidence des Officiers.	Observation
Nevers. Dépar. T.	2	1 Capit. 1 Lieuten.	
Saint-Saulges.	1		
Saint-Pierre-le-Moutier. D. T.	1		
Decise. D. T.	1	1 Lieuten.	
Luzy.	1		
Château-Chinon. D. T.	1		
Lormes. T.	1		
Clamecy. D. T.	1	1 Capit.	
	9 Brigad.	4 Offic.	

Nº. 56. 27ᵉ. DIVISION.

Département de la Nièvre.

RÉSIDENCE des BRIGADES.	NOMBRE de Brigades par résid.	Résidence des Officiers.	Observation.
De l'autre part...	8.......	4 Offic.	
Cosne. D. T......	1.......	1 Lieuten.	
Douzi	1.		
La Charité. D. T...	1.......	1 Lieuten.	
Premery	1.		
Varzy...........	1.		
Saint-Amand......	1.		
Corbigny. D......	1.......	1 Lieuten.	
Moulin-en-Gilbert. D. T.	1.......	1 Lieutenant.	
Montsauge	1.		
TOTAL.......	20 Brigad.	8 Offic.	

Nº. 57. 20ᵉ. DIVISION.

Département du Nord.

RÉSIDENCE des BRIGADES.	NOMBRE de Brigades par résid.	Résidence des Officiers.	Observation.
Douay. Dépar. T.	2....... {	1 Capit. / 1 Lieuten.	
Pont-à-Marc......	1.		
Lille. D. T........	1.......	1 Capit.	
Roubais,........	1.		
Armentières	1.		
Bayeul. T........	1.......	1 Lieuten.	
Cassel.	1.		
Bergues. D.......	1.......	1 Lieuten.	
Valenciennes. D. T.	1.......	1 Lieuten.	
Saint-Amand.....	1.		
Bouchain	1.		
Cambray. D. T....	1.......	1 Lieuten.	
Cateau-Cambresis .	1.		
Landrecy	1.		
Davay...........	1.		
	16 Brigad.	7 Offic.	

Nº. 57.   20ᵉ. DIVISION.

Département du Nord.

RÉSIDENCE des BRIGADES.	NOMBRE de Brigades par résid.	Résidence des Officiers.	Observation.
Ci contre........	16.	7 Offic.	
Maubeuge..........	1.		
Barbançon.........	1.		
Avesnes. D. T.....	1.	1 Lieuten.	
Orchiei...........	1.		
Labassée..........	1.		
Hazebrouck. D.....	1.		
Dunkerque. T......	1.		
Sobre-le-Château..	1.		
Le Quesnoy. D. T..	1.		
Condé.............	1.		
Bourbourg........	1.		
TOTAL......	28 Brigad.	8 Offic.	

Nº. 58.   2ᵉ. DIVISION.

Département de l'Oise.

RÉSIDENCE des BRIGADES.	NOMBRE de Brigades par résid.	Résidence des Officiers.	Observation.
Beauvais. Depar. T.	2.......	{ 1 Capit. 1 Lieuten.	
Noailles..........	1.		
Songeons..........	1.		
Breteuil. D. T....	1.		
Clermont. D. T....	1.	1 Lieuten.	
Crépi. D. T.......	2.		
Senlis. D. T......	1.	1 Lieuten.	
Pont Saint-Maxence	1.		
Compiegne. D. T...	1.	1 Capit.	
Noyon. D. T.......	1.	1 Lieuten.	
Gournay-sur-Aronde..	1.		
Attichy...........	1.		
Granvilliers. D. T.	1.	1 Lieuten.	
Formeric..........	1.		
	15 Brigad.	7 Offic.	

No. 58. 2e. DIVISION.

Département de l'Oise.

RÉSIDENCE des BRIGADES.	NOMBRE de Brigade par resid.	Residence des Officiers.	Observation.
De l'autre part..	15....	7 Offic.	
Chaumont. D. T..	1....	1 Lieuten.	
Saint-Just-en-Chaussée..	1.		
Nanteuil...	1.		
Creil...	1.		
Lassigni...	1.		
Meru...	1.		
TOTAL....	21 Brigad.	8 Offic.	

No 59. 3e. DIVISION.

Département de l'Orne.

RÉSIDENCE	NOMBRE	Residence	Observation
Alençon. Dépar. T.	2....	1 Capit. / 1 Lieuten.	
Le Mesle-sur-Sarthe	1.		
Mortagne. D. T..	1....	1 Lieuten.	
Saint-Mourice...	1.		
Regmallard...	1.		
Bellème. D. T..	1....	1 Lieuten.	
Séez...	1....	1 Lieuten.	
Argentan. D. T..	1....	1 Capit.	
Gacé...	1.		
Laigle. D. T..	1....	1 Lieuten	
La Ferté mace...	1.		
Domfront. D. T..	1....	1 Lieuten.	
Tinchebray...	1.		
Logny...	1.		
Moulins...	1.		
Vimoutier...	1.		
TOTAL....	17 Brigad.	8 Offic.	

N°. 60.   1ᵉ. DIVISION.
Département de Paris.

RÉSIDENCE des BRIGADES.	Nombre de Brigades par résid.	Résidence des Officiers.	Observation.
Paris. *Dépar.* T....	4........	1 Lieu-C. 1 Capit. 2 Lieuten.	
Bourg-la-Reine. *D*	1........	1 Lieuten.	
Mont-rouge........	1.		
Choisy-le-Roy.....	1.		
Ville-juif.........	1.		
Vincennes.........	1.		
Charenton........	1........	1 Lieuten.	
La Maison-blanche.	1.		
Vaugirard........	1.		
Saint-Denys. *D.*	1........	1 Capit.	
Passy...........	1........	2 Lieuten.	
La Chapelle......	1.		
Bond...........	1........	1 Lieuten.	
Ménil-montant....	1.		
Lavillette........	1........	1 Lieuten.	
Le Bourget.......	1.		
Clichy..........	1.		
Neuilly-sur-Seine.	1.		
Nanterre........	1.		
Nogent-sur-Marne.	1.		
Montmartre......	1.		
Colombe........	1.		
Chatillon.......	1.		
Champilly......	1.		
Creteil.........	1.		
TOTAL....	**28 Brigad.**	**9 Offic.**	

N°. 61.   20ᵉ. DIVISION.
Département du Pas-de-Calais.

Arras, *Départ.* T.	2........	1 Lieut-C. 1 Capit. 1 Lieuten	
Tiens...........	1.		
	3 Brigad.	3 Offic.	

No. 61. 20e. DIVISION.

Département du Pas-de-Calais.

RÉSIDENCE des BRIGADES.	NOMBRE de Brigades par résid.	Résidence des Officiers.	Observation.
De l'autre part...	3........	3 Offic.	
Bapeaume, D. T.	1.		
Béthune, D. T...	1........	1 Lieuten.	
Saint-Pol, D. T..	1........	1 Lieuten.	
Hesdin, T.........	1.		
Montreuil, D.....	1........	1 Lieuten.	
Desvres...........	1.		
Boulogne, D. T...	1........	1 Capit.	
Calais, D. T.....	1........	1 Lieuten.	
Saint-Omer, D. T.	1........	1 Lieuten.	
Vis...............	1.		
Talbret..........	1.		
Berlette.........	1.		
Fruges...........	1.		
Lucquelier.......	1.		
Tournehem........	1.		
Guines...........	1.		
Aire.............	1.		
TOTAL......	10 Brigad.	9 Offic.	

No. 62. 25e. DIVISION.

Département du Puy-de-Dôme.

Résidence	Nombre	Résidence des Officiers	Observation
Clermont, D. T..	2......	1 Lieut-C. / 1 Capit. / 1 Lieuten.	
Pont-du-Château.	1.		
Billom, D. T....	1.		
Ambert, D. T....	1........	1 Lieuten.	
Issoire, D. T....	1........	1 Capit.	
Veyre............	1.		
Besse, D. T.....	1.		
	8 Brigad.	5 Offic.	

No. 62.   25e. DIVISION.
Département du Puy-de-Dôme.

RESIDENCE des BRIGADES.	NOMBRE de Brigades par résid.	Résidence des Officiers.	Observation.
Ci-contre......	8........	5 Offic...	
Riom, *D. T*.....	1........	1 Lieuten.	
Thiers, *D. T*....	1........	1 Lieuten.	
Montaigu, *D. T*...	1........	1 Lieuten.	
Saint-Gervais......	1.		
Rochefort........	1.		
Pontaumur.......	1.		
Tauves..........	1.		
Ardes...........	1.		
Cunlhat.........	1.		
Saint-Anthème.....	1.		
S. Germain-l'Herme...	1.		
Herniens........	1.......	1 Lieuten.	
Châteldon........	1.		
TOTAL......	21 Brigad.	9 Offic.	

No. 63.   8e. DIVISION.
Département des basses Pyrénées.

RESIDENCE des BRIGADES.	NOMBRE de Brigades par résid.	Résidence des Officiers.	Observation.
Pau *Départ.* T...	2........	1 Lieut. C. 1 Capit. 1 Lieuten.	
Orthes, *D. T*....	1........	1 Lieuten.	
Saint Palais, *D. T*.	1........	1 Lieuten.	
Oléron, *D. T*....	1........	1 Lieuten.	
Saint-Jean-Pied-de-Port.	1........	1 Capitaine.	
Bayonne, T.......	1........	1 Capit.	
Larrau..........	1.		
Arsacq..........	1.		
Boeilo..........	1.		
Nay............	1.		
Arudy..........	1.		
Hasparen........	1.		
	11 Brigad.	8 Offic.	

Département des basses Pyrénées.

RÉSIDENCE des BRIGADES.	NOMBRE de Brigades par résid.	Résidence des Officiers.	Observation.
Ci-contre......	11......	8 Offic.	
Mauléon, D. T.	1......	1 Lieuten.	
La Bastide de Béarn.	2		
Ustaritz, T.	1.		
Saint-Jean-de-Luze.	1.		
Moneins......	1.		
Accous......	1......	......	
Lembeye......	1......	......	*Nota.* Brigades accordées provisoirem. par Déc. du 3 avril 1792.
TOTAL......	20 Brigad.	9 Offic.	

Département des hautes Pyrénées.

Tarbes, *Dépar.* T.	3...... {	1 Capit. 1 Lieuten.	*Nota.* Voyez l'article du livre 1er pour la troisième brigade de Tarbes.
Rabastens.	1		
Vic, D. T.	1......	1 Lieuten.	
Tournay.	1.		
Bagnières, D. T.	1......	1 Capit.	
Lourdes, T.	1.		
Argelles, D.	1......	1 Lieuten.	
Saint-Pé.	1.		
La Barthe, D.	1......	1 Lieuten.	
Castelnau-de-Magnoac, T.	1.	1 Lieutenant.	
Castelnau-de-Rivière-bas.	1.		
Luz.	1.		
Arreau.	1......	1 Lieuten.	
Trie.	1......	......	*Nota.* Brigade accordée provisoirem. par Déc. du 5 avril 1792.
TOTAL......	16 Brigad.	8 Offic.	

No. 65. 10e. DIVISION.

Département des Pyrénées orientales.

RÉSIDENCE des BRIGADES.	NOMBRE de Brigades par résid.	Résidence des Officiers.	Observation.
Perpignan, Dép. T.	2	1 Capit. 1 Lieuten.	
Boulou	1		
Estagel	1		
Prades, D. T.	1	1 Capit.	
Saillagousse	1		
Caudiez	1		
Salées	1		
Argeles	1	1 Lieuten.	
Ceret, D. T.	1	1 Lieuten.	
Arles, D.	1		
Saint-Laurent-de-Cerda	1	1 Lieutenant.	
Tle	1	1 Lieuten.	
Fourmigneres	1		
Olette	1	1 Lieuten.	
Carol	1		Nota. Brigade accordée provisoirem. par Déc. du 5 avril 1792.
TOTAL	16 Brigad.	8 Offic.	

No. 66. 17e. DIVISION.

Département du bas Rhin.

Strasbourg, Dép. T.	2	1 Capit. 1 Lieuten.	
Saverne. T.	1	1 Lieuten.	
Benfeld, D.	1	1 Lieuten.	
Schelestat. T.	1	1 Lieuten.	
Wissembourg, D. T.	1	1 Capitaine.	
Haguenau, D.	1	1 Lieuten.	
Rhinzabern	1		
Niederbroon	1		
Drusenheim	1		
Lembach	1		
Ingwailler	1		
	12 Brigad.	8 Offic.	

N°. 66. 17e. DIVISION.
Département du bas Rhin.

RÉSIDENCE des BRIGADES.	NOMBRE de Brigades par résid.	Résidence des Officiers.	Observation.
De l'autre part...	12.........	7 Offic.	
Wiltheim............	1.		
Plobsheim..........	1.		
Mutzig.............	1.		
Lauterbourg.......	1.	1 Lieuten.	
Marckolsheim.....	1.		
TOTAL........	17 Brigad.	8 Offic.	

N°. 67. 16e. DIVISION.
Département du haut Rhin.

Colmar , Dép. T...	2........	1 Capit. / 1 Lieuten.	
Sainte-Marie-aux-Mines.	1..........	1 Lieutenant.	
Ensisheim	1.		
Belfort , D. T.....	1.........	1 Lieuten.	
Cernay............	1.........	1 Lieuten.	
Altkirck , D. T...	1.........	1 Capit.	
Saint-Amarin......	1.		
La Poutroye.......	1.		
Rouffack..........	1.........	1 Lieuten.	
Biesheim..........	1.		
Delle.............	1.		
Saint-Louis.......	1.........	1 Lieuten.	
Ferrette..........	1.		
Ottmarsheim......	1.		
Soppe-le-Bas......	1.		
TOTAL........	16 Brigad.	8 Offic.	

Département de Rhône et Loire.

RÉSIDENCE des BRIGADES.	NOMBRE de Brigades par résid.	Résidence des Officiers.	Observation
Lyon et faubourgs, D. T.	4	1 Lieute. Co. 1 Capit. 1 Lienten.	
Villefranche, D. T.	1	1 Lieuten.	
Larbresle	1		
Tarare	1		
Thizy	1		
Beaujeu	1		
Rouanne, D. T.	1	1 Capit.	
La Pacaudière	1		
Saint-Just	1		
St-Etienne, D. T.	1	1 Lieuten.	
Rive-de-Gier	1		
Duerne	1		
St-Bonnet-le-Château	1		
Feurs	1	1 Lieuten.	
Condrieux	1	1 Lieuten.	
Bourg-Argental	1		
Saint-Galmier	1		
Montbrisson, D. T.	1	1 Lieuten.	
St-Symphorien-d-Lay	1		
Charlieu	1		
Boen	1		
Saint-Poigne	1		
Noiretable	1		
Saint-Rambert-sur-Loire	1		
Saint-Chamond	1		
TOTAL	28 Brigad	9 Offic.	

Département de la haute Saône.

RÉSIDENCE des BRIGADES.	NOMBRE de Brigades par résid.	Résidence des Officiers.	Observation.
Vesoul. *Dépar. T.*	2	1 Capit. 1 Lieuten.	
Rioz	1	1 Lieuten.	
Lure. *D. T.*	1	1 Lieuten.	
Luxeuil. *D. T.*	1	1 Lieuten.	
Gray	1	1 Capit.	
Marnay	1		
Jussey. *D. T.*	1	1 Lieuten.	
Champlite. *D. T.*	1	1 Lieuten.	
Villerxel	1		
Héricourt	1		
Faucogney	1		
Gy	1		
Cintrey	1		
Vauvillers	1		
TOTAL	15 Brigad.	9 Offic.	

Département de Saône et Loire.

Mâcon. *Dépar. T.*	2	1 Capit. 1 Lieuten.	
Tournus	1		
Cluny	1		
La Clayette	1		
Joncy	1		
Charolles. *D. T.*	1	1 Lieuten.	
Toulon	1		
Digoin	1		
Châlons. *D. T.*	1	1 Capit.	
Chagny	1		
Louhan	1	1 Lieuten.	
Méryans	1		
Autun. *D. T.*	1	1 Lieuten.	
	14 Brigad.	6 Offic.	

15e. DIVISION.

Département de Saône et Loire

RESIDENCE des BRIGADES.	NOMBRE de Brigades par résid.	Residence des Officiers.	Observation.
Ci-contre.........	14.........	6 Offic.	
Monscenis.........	1.		
Bourbon-Lancy. D. T....	1........	1 Lieutenant.	
Marcigny. D.........	1.........	1 Lieuten.	
Conches...........	1.		
Tramaye...........	1.		
TOTAL........	19 Brigad.	8 Offic.	

N°. 71. 21e. DIVISION.

Département de la Sarthe.

Le Mans. Dépar. T.	2.........	1 Lieut-C. 1 Capit. 1 Lieuten.	
La Flèche. D. T...	1........	1 Capit.	
Sablé. D. T.......	1........	1 Lieuten.	
La Guze...........	1.		
Ecomoy...........	1.		
Château-du-Loire. D. T.	1........	1 Lieutenant.	
Mamers. D. T.....	1.		
Bonnétable........	1.		
La Ferté-Bernard. D. T.	1.	1 Lieutenant.	
Saint-Calais. D. T..	1........	1 Lieuten.	
Commeré..........	1.		
Sillé-le-Guillaume. D. T.	1.		
Beaumont.........	1.		
St-Denis-Dorgues..	1.		
Lelude...........	1.		
Fresnay le-V comte. D. T.	1........	1 Lieutenant	
Grand Lucé.......	1.		
TOTAL........	18 Brigad.	9 Offic.	

N.º 72.   2.ᵉ DIVISION.

Département de la Seine-inférieure.

RÉSIDENCE des BRIGADES.	NOMBRE de Brigades par résid.	Résidence des Officiers.	Observation
Rouen. *Dépar.* T...	3......	⎰ 1 Lieut=C. ⎱ 1 Capit. ⎱ 1 Lieuten.	
Neuchâtel. *D.*T...	1........	1 Lieuten.	
Aumale............	1.		
Eu...............	1.		
Dieppe. *D.*T......	1........	1 Lieuten.	
Totes............	1.		
Réquemont.........	1.		
Gournay. *D.* T....	1........	1 Lieuten.	
Elbœuf...........	1.		
Caudebec. *D.* T....	1........	1 Lieuten.	
Cany. *D.* T.......	1........	1 Capit.	
Barentin..........	1.		
Bolbec............	1.		
Bacqueville........	1.		
Forges...........	1.		
Blangi............	1.		
Montivilliers......	1........	1 Lieuten.	
Havre-de-Grace.....	1.		
Fécamp...........	1.		
TOTAL.....	21 Brigad.	9 Offic.	

N.º 73.   1.ʳᵉ DIVISION.

Département de Seine et Marne.

Melun. *Départe.* T.	2.......	⎰ 1 Capit. ⎱ 1 Lieuten.	
Brie-Comte-Robert.	1.		
Chailly...........	1.		
Fontainebleau......	1.		
Lieursain..........	1.		
Tournans..........	1.		
Nemours. *D.* T.....	1.	1 Lieuten.	
Beaumont.........	1.		
	9 Brigad.	3 Offic.	

Nº 73. 1re DIVISION.

Département de Seine et Marne.

RÉSIDENCE des BRIGADES.	NOMBRE de Brigades par résid.	Résidence des Officiers.	Observation.
Ci-contre....	9........	3 Offic.	
Provins. D. T.....	1........	1 Lieuten.	
Bray-sur-Seine.....	1.		
Montereau-sur-Yonne.....	1........	1 Lieutenant.	
Nangis........	1.		
Meaux. D. T.....	1........	1 Capit.	
Lagny........	1.		
Laferté - sous - Jouare...	1.		
Claye........	1.		
Dammartin........	1.		
Coulommiers........	1........	1 Lieuten.	
Joui-le-Châtel.....	1.		
Donnemarie........	1.		
Crecy........	1.		
Laferté-Gaucher.....	1.		
Rosoy. D........	1........	1 Lieuten.	
Guignes........	1.		
LaChapelle-la-Reine	1.		
May........	1.		
TOTAL.....	27 Brigad.	8 Offic.	

Nº 74. 1re DIVISION.

Département de Seine et Oise.

RÉSIDENCE des BRIGADES.	NOMBRE de Brigades par résid.	Résidence des Officiers.	Observation.
Versailles. Dép. T.	2........	{ 1 Capit. 1 Lieuten.	
Sèvre........	1.		
Longjumeau........	1.		
Chevreuse........	1.		
Limours........	1.		
Saint - Germain-en- Laye. D. T.....	1.		
Poissy........	1.		
	8 Brigad.	2 Offic.	

N°. 74. 1ʳᵉ. DIVISION.

Département de Seine et Oise.

RÉSIDENCE des BRIGADES.	NOMBRE de Brigades par résid.	Résidence des Officiers.	Observation.
De l'autre part...	4	2 Offic.	
Meulan	1		
Louvres	1		
Luzarches	1		
Pontoise. D. T.	1	1 Lieuten.	
Beaumont	1		
Franconville	1		
Mantes. D. T.	1	1 Capit.	
Magny	1		
Montfort. D. T.	1		
Houdan	1		
Neauphle - le - Château	1		
Septeuil	1		
Trappe. D.	1		
Dourdan. D.	1		
Rambouillet. T.	1	1 Lieuten.	
Etampes. D. T.	1	1 Lieuten.	
Angerville	1		
Laferté-Aleps	1		
Milly	1		
Arpajon	1		
Corbeil. D. T.	1	1 Lieuten.	
Montgeron	1		
Gonesse. D.	1	1 Lieuten.	
Montmorency. T.	1		
Ablis	1		
Bonnière	1		
Marines	1		
Fromenteau	1		
TOTAL...	36 Brigad.	8 Offic.	

Département des deux Sèvres.

RÉSIDENCE des BRIGADES.	Nombre de Brigades par résid.	Résidence des Officiers.	Observation.
Niort. Dépar. T.	1	{ 1 Lieut-C. 1 Capit. 1 Lieuten.	
Mell. D. T.	1	1 Lieuten.	
St-Maixant. D. T.	1	1 Lieuten.	
Partenay. D. T.	1	1 Lieuten.	
Thouars. D. T.	1	1 Capit.	
Chatillon. D.	1	1 Lieuten.	
Bressuire.	1	1 Lieuten.	
Mauzé	1		
Chef-Boutonne.	1		
Argenton-Château.	1		
Airvault.	1		
Champdeniers	1		
Vautebis.	1		
Lamothe-Saint-Heray.	1		
Beauvoir	1		
Sauzé.	1		
TOTAL.	16 Brigad.	9 Offic.	

Département de la Somme.

RÉSIDENCE des BRIGADES.	Nombre de Brigades par résid.	Résidence des Officiers.	Observation.
Amiens. Dépar. T.	3	{ 1 Capit. 1 Lieuten.	
Abbeville. D. T.	1	1 Capit.	
Flexicourt.	1		
Forest-Montier	1		
Oisemont.	1		
Poix.	1	1 Lieuten.	
Valines.	1		
Péronne. D. T.	1	1 Lieuten.	
Albert.	1		
Doullens. D. T.	1	1 Lieuten.	
	12 Brigad.	6 Offic.	

Département de la Somme.

RÉSIDENCE des BRIGADES.	NOMBRE de Brigade par résid.	Résidence des Officiers.	Observation.
De l'autre part.	12	6 Offic.	
Ham.	1.		
Mont-didier. D. T.	1.	1 Lieuten.	
Roye.	1.		
Conti.	1.		
Saint-Valery-sur-Somme.	1.	1 Lieuten.	
Cramont.	1.		
Corbie.	1.		
Lamothe.	1.		
Moreuil.	1.		
TOTAL.	21 Brigad.	8 Offic.	

Département du Tarn.

RÉSIDENCE des BRIGADES.	NOMBRE de Brigade par résid.	Résidence des Officiers.	Observation.
Castres. Dépar. T.	2.	1 Capit. 1 Lieuten.	
Mazamet.	1.		
Brassac.	1.		
Lacune. D. T.	1.	1 Lieuten.	
Puilaurent.	1.		
Lavaur. D. T.	1.	1 Lieuten.	
Alby. D. T.	1.	1 Capit.	
Gaillac. D. T.	1.	1 Lieuten.	
Rabastens.	1.		
Réalmont.	1.		
Puicelez.	1.		
Valence.	1.	1 Lieuten.	
Alban.	1.		
Pemplonne.	1.		
Cordes.	1.	1 Lieuten.	
Graulhet.	1.		
TOTAL.	17 Brigad.	8 Offic.	Nota. Brigade accordée provisoirem. par Déc. du 5 avril 179.. No. 78

Département du Var.

RÉSIDENCE des BRIGADES.	NOMBRE de Brigades par résid.	Résidence des Officiers.	Observation.
Toulon. Dépar. T.	2 .... {	1 Capit. / 1 Lieuten.	
Solliez	1.		
Lebausset	1.		
Brignolles. D. T...	1	1 Lieuten.	
St-Maximin. D. T.	1	1 Lieuten.	
Bians	1.		
Leluc	1.		
Saint-Tropès	1.		
Draguignan. D. T.	1	1 Lieuten.	
Fréjus. D. T.......	1	1 Capit.	
Lesterel	1.		
Cannes	1.		
Grasse. D. T......	1	1 Lieuten.	
Aups	1	1 Lieuten.	
Barjols. D. T......	1.		
Hieres. D. T.......	1.		
Saint - Paul - lès - Vence. D. T.	1.		
Lemay	1	....	Nota. Brigade accordée provi- soirem. par Déc. du 5 avril 1792.
TOTAL	19 Brigad.	8 Offic.	

Département de la Vendée.

Fontenay. Dép. T.	1 .... {	1 Capit. / 1 Lieuten.	
Luçon	2	1 Lieuten.	
La Chateigueraye. D. T.	1	1 Lieutenant.	
Pouzange	1.		
	4 Brigad.	4 Offic.	

h

Département de la Vendée.

RÉSIDENCE des BRIGADES.	NOMBRE de Brigades par résid.	Résidence des Officiers.	Observation
De l'autre part...	4........	4........	
Montaigu. D. T....	1........	1 Lieuten.	
Chatonay.........	1.		
Lesherbiers......	1.		
Palluau.........	1.		
Les Sables d'Olonne. D. T.	1.	1 Lieutenant.	
Challans. D. T.	1.	1 Capit.	
La Roche-sur-Yon. D. T.	1.	1 Lieutenant.	
Oulmes.........	1.		
Sainte-Hermine...	1.		
Saint-Fulgent.....	1.		
Les Moutiers-les-Menffaits......	1.		
Saint-Gilles......	1.		
La Motte-Achard.	1.		
Roche-Servière...	1.		
TOTAL....	18 Brigad.	8 Offic.	

Département de la Vienne.

RÉSIDENCE des BRIGADES.	NOMBRE de Brigades par résid.	Résidence des Officiers.	Observation
Poitiers. Dépar. T.	2........	1 Lieut-G. 1 Capit. 1 Lieuten.	
Châtellerault. D. T.	1........	1 Lieuten.	
Les Ormes......	2.		
Lusignan. D. T....	1........	1 Lieuten.	
Montmorillon. D. T.	1........	1 Capit.	
Chauvigny.......	1.		
Gencay.........	1.		
	8 Brigad.	6 Offic.	

N°. 80. 22°. DIVISION.
Département de la Vienne.

RÉSIDENCE des BRIGADES.	N.ᵇʳᵉ de Brigad. par resid.	Résidence des Officiers.	Observation.
Ci-contre.....	8......	6 Offic.	
Couhé.....	1		
Civray. D. T.....	1	1 Lieuten.	
Mirebeau.....	1		
Loudun. D. T.....	1	1 Lieuten.	
L'Isle-Jourdain.....	1	1 Lieuten.	
Saint-Savin.....	1		
Plumartin.....	1		
Lauillé.....	1		
Latricherie.....	1		
Verrière.....	1		
TOTAL.....	18 Brigad.	9 Offic.	

N°. 81. 23°. DIVISION.
Département de la haute-Vienne.

RÉSIDENCE des BRIGADES.	N.ᵇʳᵉ de Brigad. par resid.	Résidence des Officiers.	Observation.
Limoges. Dép. T.....	2......	{ 1 Lieut. C. / 1 Capit. / 1 Lieuten.	
Pierre-Buffières.....	1		
St. Léonard. D. T.	1......	1 Lieuten.	
Cympontier.....	1		
St. Yrieix. D. T.....	1......	1 Lieuten.	
Chalus.....	1		
Saint-Junien. D.....	1		
Bellac. D. T.....	1......	1 Capit.	
Le Dorat. D. T.....	1......	1 Lieuten.	
Bessines.....	1		
Saint-Germain.....	1......	1 Lieuten.	
Rochechouart. T.....	1......	1 Lieuten.	
Buffière-Poitevine.....	1		
Arnac-la-Porte.....	1		
TOTAL.....	15 Brigad.	9 Offic.	

h 2

Département des Vosges.

RESIDENCE des BRIGADES.	NOMBRE de Brigade par résid.	Résidence des Officiers.	Observation.
Épinal. *Départ.* T.	2	1 Capit. 1 Lieuten.	
Remiremont. *D* T.	1	1 Lieuten.	
Bruyères. *D.* T.	1		
Rambervilliers *D.* T.	1	1 Lieutenant.	
Saint-Diez. *D.* T.	1	1 Lieuten.	
Mirecourt. *D.* T.	1	1 Lieuten.	
Charmes.	1		
Neufchâteaux. *D.* T	1	1 Lieuten.	
Darney. *D.* T.	1	1 Capit.	
Lamarche. *D.* T.	1		
Le Tillot.	1		
Laon-l'Étape.	1		
Bulgneville.	1		
Bain.	1		
Vicheray.	1		
TOTAL	16 Brigad.	8 Offic.	

Département de l'Yonne.

RESIDENCE des BRIGADES.	NOMBRE de Brigade par résid.	Résidence des Officiers.	Observation.
Auxerre. *Dép.* T.	2	1 Capit. 1 Lieuten.	*Nota.* La brigade de Saint-Fargeau fera concurremment avec celle de Châtillon-sur-Loing département du Loiret, le service de Bléneau.
St.-Fargeau. *D.* T.	1	1 Lieuten.	
Avalon. *D.* T.	1	1 Lieuten.	
Vézelay.	1		
Vermenton.	1		
Tonnerre. *D.* T.	1	1 Lieuten.	
Noyers.	1		
Sens. *D.* T.	1	1 Capit.	
Cheroy.	1		
Pont-sur-Yonne.	1		
	11 Brigad.	6 Offic.	

Département de l'Yonne.

RÉSIDENCE des BRIGADES.	NOMBRE de Brigades par résid.	Résidence des Officiers.	Observation.
Ci-contre.......	11	6 Offic.	
Joigny.............	1	1 Lieuten	
Toney.............	1		
S. Florentin. D. L.	1	1 Lieuten	
Maligny...........	1		
Villeneuve-l'Archevêque	1		
Courson...........	1		
Charny............	1		
Anci-le-Franc.....	1		
TOTAL.......	19 Brigad	8 Offic.	

TABLEAU des huit Inspections générales de la Gendarmerie nationale, des Divisions et Départemens, ainsi que du nombre des individus de chaque grade dont elles sont composées.

DÉNOMINATION des inspections	DÉNOMINATION des Divisions	NUMÉRO	DÉNOMINATION des départemens	DÉNOMINATION des chef-lieux	NOMBRE DE BRIGADES et d'hommes par département			NOMBRE DE BRIGADES et d'hommes par division			NOMBRE DE BRIGADES et d'hommes par inspection			TOTAL des Brigades	TOTAL des Hommes
					Brigades	Officiers	Sous-officiers Gendarmes	Brigades	Officiers	Sous-officiers Gendarmes	Brigades	Officiers	Sous-officiers Gendarmes		
1re. Inspection	1re. Division	60 73 74	Paris Seine et Marne Seine et Oise	Paris Melun Versailles	28 27 38	9 8 8	30 27 36	142 108 144	91	25	391	364			872	1095
	2e. Division	27 20 72	Eure et Loire Loir et Cher Sarthe	Chartres Blois Le Mans	17 8 18	8 8 8	17 8 18	68 68 80	52	25	162	208	300	75	900
	3e. Division	9 45 83	Aube Loiret Yonne	Troyes Orléans Auxerre	18 13 16	8 8 8	18 13 16	80 60 60	57	15	65	215			
2e. Inspection	3e. Division	26 38 72	Eure Oise Seine-Inférieure	Evreux Beauvais Rouen	17 21 21	8 8 8	17 21 21	68 84 84	59	25	59	236	187	75	748
	10e. Division	7 48	Aisne Ardennes Marne	Laon Mézières Châlons	23 18 18	8 8 8	23 18 18	92 72 72	59	25	59	236			
	2e. Division	59 61 75	Nord Pas de Calais Somme	Douay Arras Amiens	20 20 21	8 8 8	20 20 21	80 80 84	60	25	60	276			
3e. Inspection	5e. Division	13 47 59	Calvados Manche Orne	Caen Coutances Alençon	18 18 18	8 8 8	18 18 18	80 72 72	56	25	56	224	187	75	748
	4e. Division	21 28 54	Côtes du Nord Finistère Morbihan	Saint-Brieuc Quimper Vannes	18 16 16	8 9 9	18 16 16	72 72 64	52	25	208	160	85	180	720
	5e. Division	34 44 48	Ille et Vilaine Loire-Inférieure Mayenne Maine et Loire	Rennes Nantes Laval Angers	18 16 16 20	8 8 8 8	18 16 16 20	72 72 64 64	72	55	72	282			

DÉNOMINATION des inspections.	DÉNOMINATION des divisions.	NUMÉROS des départements.	DÉNOMINATION des départements.	DÉNOMINATION des chefs-lieux.	FORCE DE BRIGADE et d'hommes par départemens. Brigades	Officiers	Sous-officiers	Gendarmes	NOMBRE DE BRIGADE et d'hommes par divisions. Brigades	Officiers	Sous-officiers	Gendarmes	NOMBRE DE BRIGADE et d'hommes par inspections. Brigades	Officiers	Sous-officiers	Gendarmes	TOTAL des Brigades.	TOTAL des hommes.
	24e. Division..	1	L'Ain..........	Bourg........	18	8	18											
		37	Loiret........	Grenoble.....	23	8	21		67	25	67	268						
		68	Rhône et Loire.	Lyon..........	23	9	28	112										
4e. Inspection.	25e. Division..	22	Creuse........	Guéret.......	16	8	16	64										
		4	Haute-Loire...	Le Puy.......	19	8	19	76	56	25	56	224	177	75	177	780	177	960
		62	Puy-de-Dôme..	Clermont.....	21	9	21	84										
	27e. Division..	5	Allier........	Moulins......	17	8	17	68										
		17	Cher.........	Bourges......	18	8	18	72	54	25	54	216						
		59	Nièvre........	Nevers.......														
	11e. Division..	30	Gard.........	Nîmes.......	20	9	20	80										
		33	Hérault.......	Montpellier...	21	8	21	84	59	25	59	236						
		46	Lozère........	Mende.......														
5e. Inspection.	12e. Division..	6	Ardèche.......	Privas.......	20	8	20	80										
		12	Bouc.-du-Rhône.	Aix.........	24	9	24	96	67	25	67	268	181	75	181	734	734	980
		25	Drôme........	Valence......	23	9	23	92										
	13e. Division..	4	Basses-Alpes...	Digne.......	20	8	20	80										
		5	Hautes-Alpes..	Gap........	16	8	16	64	55	25	55	220						
		78	Var..........	Toulon.......	19	8	19	76										
	14e. Division..	20	Côte-d'Or.....	Dijon.......	20	8	20	80										
		38	Jura.........	Lons-le-Saulnier.	17	8	17	68	56	25	56	224						
		70	Saône et Loire.	Mâcon.......	19	8	19	76										
6e. Inspection.	16e. Division..	24	Doubs........	Besançon....	18	8	18	60					205	100	205	820	205	3125
		67	Haut-Rhin....	Colmar.......	16	8	16	64	48	25	48	184						
		69	Haute-Saône..	Vezoul.......	15	8	15	60										
	17e. Division..	52	Meurte........	Nancy.......	18	8	18	72										
		55	Moselle.......	Metz........	18	9	18	72	53	25	53	212						
		66	Bas-Rhin.....	Strasbourg....	17	8	17	68										
	18e. Division..	49	Haute-Marne..	Chaumont....	18	8	18	64										
		53	Meuse........	Bar-le-Duc...	23	9	23	72	56	25	56	208						
		82	Vosges.......	Epinal......	16	8	16	64										

Dénomination des Inspections.	Dénomination des divisions.	N.° des divisions	Dénomination des départemens.	Dénomination des chef-lieux.
	6.e Division.		Charente-Infre.	Saintes.
			Deux-Sèvres.	Niort.
			Vendée.	Fontenay.
	7.e Division.		Dordogne.	Périgueux.
			Gironde.	Bordeaux.
			Lot-et-Garonne.	Agen.
7.e Inspection.	8.me Division.		Indre.	Châteauroux.
			Indre-et-Loire.	Tours.
			Vienne.	Poitiers.
	9.e Division.		Charente.	Angoulême.
			Corrèze.	Tulle.
			Haute-Vienne.	Limoges.
	6.e Division.		Landes.	Mont-de-Marsan.
			Basses-Pyrénées.	Pau.
			Hautes-Pyrénées.	Tarbes.
	7.e Division.		Haute-Garonne.	Toulouse.
8.e Inspection.			Gers.	Auch.
			Tarn.	Castres.
	10.e Division.		Ariège.	Foix.
			Aude.	Carcassonne.
			Pyrénées-orient.	Perpignan.
	11.e Division.		Aveyron.	Rodez.
			Cantal.	Aurillac.
			Lot.	Cahors.
	23.e Division.		Isle de Corse.	Bastia.
8 Inspections.	28 Divisions.		Départemens.	

Nota. L'inspection de cette division sera faite par les officiers généraux employés dans la vingt-troisième division militaire, formée du département de l'Isle de Corse.

NOMBRE DE SOLDE et d'hommes par département.			NOMBRE D'HOMMES et d'hommes par division.				NOMBRE DE SOLDE et d'hommes par inspection.				TOTAL des hommes.

Décret relatif aux officiers de la gendarmerie nationale, dont les appointemens ont été réduits par la nouvelle organisation.

Du 23 juin 1792. = 27 *du même mois.*

L'Assemblée nationale, après avoir entendu le rapport de son comité militaire, sur la pétition de quelques officiers des grenadiers de la gendarmerie nationale, tendant à obtenir un supplément d'appointemens, considérant que l'article VII du décret du 18 août 1790, dit que les officiers, sous-officiers et soldats qui, par l'effet de la nouvelle organisation, éprouveront une réduction sur leur traitement actuel, le conserveront jusqu'à ce qu'ils en obtiennent un équivalent, et qu'en attendant ils seront payés du supplément sur des états particuliers, et voulant faire jouir promptement les pétitionnaires du bénéfice de la loi, décrète qu'il y a urgence.

L'assemblée nationale, après avoir décrété l'urgence, décrète ce qui suit :

Les officiers des grenadiers de la gendarmerie nationale, dont les appointemens ont été réduits par la nouvelle organisation de leur corps, recevront, conformément à l'article VII du décret du 18 août 1790, un supplément qui équivaudra à la diminution qu'ils ont éprouvée, et ce sur des états particuliers, dans la forme prescrite.

Décret relatif aux colonels et lieutenans-co- lonels de la gendarmerie nationale actuel- lement en activité.

Du 26 juin 1792. = 1er. *juillet suivant.*

L'Assemblée nationale considérant que la loi du 29 avril dernier, relative à l'organisation de la gendarmerie nationale, n'ayant pu être en- voyée que fort tard aux directoires de dépar- tement, la plupart d'entr'eux n'ont point encore adressé au ministre de la guerre les observa- tions qui, d'après l'article V du titre II de cette loi, doivent déterminer le choix des colonels et lieutenans-colonels, de manière à ce que la nouvelle organisation fût définitivement ter- minée au 1er. juillet, décrète qu'il y a ur- gence.

L'assemblée nationale, après avoir entendu son comité militaire, et décrété l'urgence, dé- crète que les colonels et les lieutenans colonels de la gendarmerie nationale actuellement en activité, continueront leur service et seront payés de leurs appointemens jusqu'au 1er. août prochain; dérogeant à cet égard à l'article Ier. du titre II de la loi du 29 avril dernier, qui fixe au 1er. juillet la réduction de ces officiers.

Décret relatif à une augmentation de gendar- merie, pour l'armée du midi.

Du 30 juillet 1792. = 1er. *août suivant.*

L'Assemblée nationale, après avoir entendu son comité militaire sur la demande d'une aug- mentation de gendarmerie pour l'armée du midi; considérant que cette armée partagée en plusieurs petits camps très-distans les uns des autres, exige pour la police une plus grande force publique que les trois autres armées rassemblées sur le même point; décrète qu'il y a urgence.

L'assemblée nationale, après avoir décrété l'urgence, décrète 1°. que la gendarmerie nationale des camps et armées, créée par le décret du 18 mai, sera augmentée pour l'armée du midi, de deux lieutenans et de seize gendarmes, destinés à la police des camps du Var et de Tournoux; 2°. le traitement des individus composant ce supplément, sera assimilé en tout à celui qui a été déterminé par la loi du 18 mai.

Décret relatif à l'organisation définitive des deux nouvelles divisions de gendarmerie nationale.

Des 14 et 16 août 1792. = 21 *du même mois.*

L'Assemblée nationale considérant que par son décret du 20 juillet dernier, sur le complettement et l'augmentation de l'armée, elle a créé deux nouvelles divisions de gendarmerie nationale, destinées pour la guerre, et voulant en fixer définitivement l'organisation, après avoir entendu son comité militaire et décrété l'urgence, décrète ce qui suit:

TITRE PREMIER.

Composition et formation.

Art. Ier. Les seize cents brigades de gendarmerie nationale répandues dans les quatre-vingt-trois départemens du royaume, fourniront sans délai, d'après le mode indiqué dans les articles suivans, deux divisions de gendarmerie à cheval, qui feront partie de l'armée de réserve destinée à couvrir Paris.

II. Chaque directoire de département choisira sans délai, dans les brigades de gendarmerie nationale de son arrondissement, autant de gendarmes montés qu'il y a de brigades, soit à pied, soit à cheval, y compris un maréchal des-logis et deux brigadiers qui seront pris sur toutes les brigades en activité; chacun d'eux se rendra au lieu du rassemblement, monté, armé et équipé.

III. Le directoire du département de Paris choisira en outre, dans la division de gendarmerie nationale à cheval résidant à Paris, un maréchal-des-logis, six brigadiers et quarante-un gendarmes montés.

IV. Les directoires de département, dans leurs arrondissemens respectifs, choisiront parmi les sous-officiers et gendarmes, ceux qui par leur âge et leur force, sont les plus capables de résister aux fatigues de la guerre.

V. La formation et l'organisation de ces deux divisions de gendarmerie nationale se feront à Paris ou dans les environs, où chaque détachement se rendra dans le plus bref délai; ces détachemens partiront au plus tard dans la quinzaine, à compter du jour où le présent décret sera parvenu aux directoires de leurs départemens respectifs.

VI. Le rassemblement des sous officiers et

gendarmes de chaque département, se fera
dans le chef lieu de district le plus rapproché
de la ville de Paris; les détachemens seront
conduits par un maréchal-des-logis.

VII. Chacune des deux divisions sera composée d'un état-major et de huit compagnies
formant quatre escadrons, deux compagnies
par escadron.

VIII. L'état-major de chaque division sera
composé d'un colonel, deux lieutenans-colonels, deux adjudans-sous officiers, d'un trom-
pette-major, d'un chirurgien-major, d'un chirurgien aide major, d'un quartier-maître, d'un
maréchal expert, d'un sellier, d'un armurier et
d'un bottier.

IX. Chaque compagnie formant douze brigades, sera composée d'un capitaine, trois
lieutenans, un maréchal des logis en chef, quatre
maréchaux des logis, un brigadier-fourrier,
douze brigadiers quatre-vingt-douze gendarmes,
un trompette et un maréchal ferrant.

X. Les cinq premières brigades seront composées de neuf hommes, dont un maréchal-
des-logis commandant, un brigadier et sept gendarmes; les sept autres brigades seront également
composées de neuf hommes, dont un brigadier-
commandant et huit gendarmes.

XI. Chaque compagnie formera quatre divisions : la première division sera plus particulièrement affectée au capitaine; les trois autres
seront commandées par les lieutenans, suivant
leur ancienneté, et chaque division de compagnie sera composée de trois brigades.

XII. Les divisions et brigades de chaque com-

pagnie, seront organisées conformément à ce
qui est prescrit par l'article V, titre II de la
loi du 28 août 1791, relative à l'organisation
de la gendarmerie nationale parisienne.

XIII. Les escadrons seront désignés par premier, second, troisième et quatrième; ils prendront place dans l'ordre de bataille, suivant le
rang d'ancienneté des capitaines qui les com-
manderont: il en sera de même de chaque compagnie.

XIV. Chaque escadron aura un étendard;
celui du premier portera les couleurs nationales,
les autres porteront les couleurs affectées à
l'uniforme de la division: tous seront chargés
de deux inscriptions, d'un côté ces mots:
gendarmerie nationale, force à la loi; et de
l'autre: *Discipline et obéissance à la loi*, avec
les numéro 31 et 32 de leur division. Les éten-
dards seront portés par un maréchal-des-logis,
au choix du colonel de la division.

XV. Le pouvoir exécutif est principalement
chargé d'accélérer par tous les moyens qui sont
en son pouvoir, le rassemblement et l'organisation de ces deux nouvelles divisions de gendarmerie nationale à cheval, et de faire préparer dans
le lieu qui leur sera indiqué pour leur rassemblement, tout ce qui pourra leur être nécessaire pour leur formation, leur logement et
leurs approvisionnemens de toute espèce.

TITRE II.

Nomination aux emplois, et avancement.

ART. Ier. Les officiers de tous grades, pour

la formation de ces deux divisions, seront choisis par les sous officiers et gendarmes, conformément au décret du 15 de ce mois.

II. Les quatre plus anciens de tous les maréchaux-des-logis, choisis par les directoires de département pour la formation des deux nouvelles divisions de gendarmerie nationale à cheval, seront faits adjudans, et les trente-six plus anciens gendarmes de ces deux divisions, seront faits brigadiers.

III. Le pouvoir exécutif nommera dans chacune de ces deux divisions un quartier-maitre, un chirurgien-major, un chirurgien aide-major, un trompette major, un maréchal expert, un sellier, un armurier et un bottier; il nommera aussi un trompette dans chaque compagnie.

IV. Les places des officiers, sous-officiers et gendarmes choisis pour former ces deux nouvelles divisions, demeureront vacantes. Les directoires de département sont spécialement chargés de tenir au complet les détachemens qu'ils auront respectivement fournis; en conséquence, ils feront successivement passer au lieu du rassemblement, le nombre de gendarmes qui sera nécessaire pour remplacer tous ceux qui viendront à manquer par mort, avancement, démission ou autrement; mais ceux-là seront sur-le-champ remplacés dans leurs brigades particulières.

V. Ces deux divisions resteront attachées au corps de la gendarmerie nationale; mais tant que durera la guerre elles rouleront sur elles-mêmes pour leur avancement, et chaque campagne comptera pour deux années de service.

O 4

VI A la paix, les officiers sous-officiers et gendarmes de ces deux divisions conserveront les grades qu'ils auront obtenus, et lorsque par un décret du corps législatif elles seront rendues aux départemens, les individus qui les composoient, rouleront alors pour leur avancement sur tout le corps de la gendarmerie nationale.

TITRE III.

Solde et traitement.

ART. Ier. Chaque détachement recevra l'étape, en route, sur le même pied que la cavalerie, et sans qu'il soit exercé aucune retenue pour cette fourniture.

II. Il sera accordé aux officiers desdites divisions de gendarmerie et en raison de leurs grades, les gratifications qui ont été fixées pour les officiers de cavalerie, afin de les mettre en état de former leurs équipages, ils jouiront également et d'après les mêmes conditions, à dater du jour où ils seront rendus dans leurs quartiers, camps et cantonnemens respectifs, de l'augmentation d'appointemens et des fournitures réglées pour les officiers des troupes à cheval.

III. Il sera accordé aux maréchaux des logis, brigadiers et gendarmes une somme équivalente à un mois d'appointemens pour subvenir aux frais de leur déplacement, ils recevront en outre, à dater du jour où ils seront rendus à leur destination, les rations de vivres et autres fournitures qui ont été réglées pour toutes les troupes lorsqu'elles sont en campagne.

IV. Chaque sous-officier et gendarme étant monté à ses frais, il lui sera tenu compte du prix de son cheval, en conséquence, les remontes et entretien se feront au compte de la nation, de manière qu'à la paix, et lorsque ces deux divisions seront rendues aux départemens, chaque sous-officier et gendarme se trouve convenablement monté. Pour cela il sera fourni à cette époque, à la masse de remonte de chaque brigade, une somme suffisante pour cet objet, sans que pendant le temps que les gendarmes en seront éloignés, leurs masses ordinaires puissent être versées à la masse générale de remonte de ces brigades.

V. Le logement dont jouit actuellement chaque sous-officier et gendarme, restera affecté à celui de sa famille, sans que toutefois il puisse en être disposé à titre de loyer ni autrement que pour son habitation particulière, sous quelque prétexte que ce soit.

Décret relatif aux soldes et masses des citoyens-soldats composant la nouvelle division de gendarmerie nationale.

Du 24 août 1792. = même jour.

L'assemblée nationale considérant le zèle avec lequel les citoyens-soldats formant actuellement la nouvelle division de gendarmerie nationale, se sont présentés pour voler à la défense de la patrie, après avoir décrété l'urgence, décrète que la solde et les masses réglées pour la nouvelle division de la gendarmerie nationale, sera payée à compter du jour de l'inscription de chaque individu, certifiée par la municipalité.

Décret relatif au rassemblement des brigades de la gendarmerie nationale.

Du 26 août 1792. — 27 *du même mois.*

L'assemblée nationale considérant qu'il est instant de renforcer les armées, décrète qu'il y a urgence.

L'assemblée nationale, après avoir décrété l'urgence, décrète:

Art. Ier. Les brigades de la gendarmerie nationale, dans toute l'étendue de l'empire, seront sur-le-champ réunies, dans les lieux qui seront indiqués par le ministre de la guerre, pour être employées à renforcer les armées.

II. Les gendarmes qui, par des routes forcées ou par tout autre accident, perdroient leurs chevaux, seront remontés aux frais de la nation.

III. Les directoires de département sont autorisés à faire remplacer les gendarmes qui seront portés aux frontières, par des surnuméraires ou autres sujets à leur choix.

IV. Les gendarmes de nouvelle formation, tant à pied qu'à cheval, recevront la même solde que les anciens, et jouiront des mêmes avantages.

Décret relatif aux officiers et cavaliers commissionnaires et surnuméraires de la ci-devant compagnie de la prévôté générale des
monnoies.

Du 2 septembre 1792. — 5 *du même mois.*

L'assemblée nationale considérant qu'il est
de sa justice d'étendre aux officiers et à tous
les cavaliers commissionnaires et surnuméraires de la ci-devant compagnie de la prévôté
générale des monnoies, gendarmerie et maréchaussée de France, les dispositions de l'article II du décret du 21 février dernier, et de
faire promptement jouir ces officiers et cavaliers des droits que ce décret a donné à une
partie des cavaliers commissionnaires et surnuméraires de ladite prévôté, décrète qu'il y
a urgence.

L'assemblée nationale, après avoir décrété
l'urgence, décrète ce qui suit :

Art. Ier. Tous les cavaliers commissionnaires, quelle que soit leur taille, qui depuis l'é-
dit du mois d'octobre 1785, ont continué de
faire leur service comme surnuméraires, et
qui étoient portés sur le contrôle de la compagnie à l'époque du premier janvier 1791,
seront placés dans la gendarmerie nationale
attachée au service des tribunaux et des prisons, pourvu qu'ils soient portés sur l'état
(certifié par le commissaire des guerres inspecteur de la compagnie) qui, conformément
au décret du 21 février dernier, a dû être
fourni par le ci-devant prévôt général de la
compagnie des monnoies.

II. Les officiers commissionnaires de la ci-devant prévôté des monnoies, sont éligibles et admissibles aux places d'officiers et de soldats de la gendarmerie nationale, pourvu qu'ils soient compris dans l'état dont il est fait mention dans l'article précédent, ou qu'ils puissent fournir leurs commissions et les preuves de l'activité de leurs services.

III. L'assemblée ne déroge aux décrets qui concernent la compagnie de la ci-devant prévôté des monnoies, en ce qui n'est pas textuellement énoncé par le présent décret.

Décret relatif à la solde des gendarmes des départemens des frontières.

Du 4 septembre 1792. = 19 *du même mois.*

Lettre du ministre de l'intérieur, relative à la paye en argent des gendarmes des départemens-frontières.

L'assemblée nationale décrète que le tiers de la solde des gendarmes des départemens-frontières sera payé en argent, et sur le surplus des demandes du ministre, renvoie au comité militaire.

Décret qui accorde une indemnité aux sous-officiers de la gendarmerie faisant partie de la ci-devant maréchaussée.

Du 9 septembre 1792. = 11 *du même mois.*

L'assemblée nationale considérant que les sous-officiers et gendarmes faisant partie de la ci-devant maréchaussée, ont droit, conformément à la loi du 29 avril dernier, à une indemnité pour leur traitement de l'année 1791;

considérant que le mode indiqué par l'article premier du titre V de cette loi, pourroit entraîner des longueurs qui ne permettroient pas de payer, avant leur départ, à ceux de ces sous officiers et gendarmes destinés à se porter aux frontières, l'indemnité qui leur est due, après avoir entendu les observations du ministre de l'intérieur, et le rapport de son comité militaire, décrète qu'il y a urgence.

L'assemblée nationale, après avoir décrété l'urgence, décrète ce qui suit :

Art. Ier. Les sous officiers et gendarmes faisant partie de la ci-devant maréchaussée, et qui, d'après l'article Ier. du titre V de la loi du 29 avril dernier, doivent être payés de leur traitement à compter du 1er. janvier 1791, sur le pied fixé par l'article IV du titre IV de la loi du 16 février de la même année, recevront, pour tenir lieu de supplément au traitement qu'ils ont reçu, et pour toute indemnité, savoir; chaque maréchal des logis, deux cents livres; chaque brigadier, deux cent cinquante livres; et chaque gendarme, deux cent trentequatre livres. Cette indemnité aura lieu indépendamment du compte de la masse pour 1791.

II. La gendarmerie nationale du département de Paris n'est pas comprise dans les dispositions de l'article précédent, non plus que les sous-officiers et gendarmes qui faisoient partie de la ci-devant maréchaussée de l'isle-de-France; ces derniers seulement auront droit au compte de la masse.

III. En conséquence du présent décret, l'assemblée nationale annulle les dispositions de l'article 1er. du titre V de la loi du 29 avril dernier.

Décret relatif à la formation des divisions de gendarmerie nationale à cheval, destinées à renforcer les armées.

Du 5 octobre, 1792. = 6 du même mois.

La convention nationale, après avoir entendu le rapport de son comité de la guerre, considérant que les circonstances exigent la prompte formation de divisions de gendarmerie nationale à cheval, destinées à renforcer les armées, et qu'il est instant de lever les obstacles qui ont retardé cette organisation, décrète ce qui suit :

Art. I.er Tous les sous-officiers et gendarmes réunis en nombre suffisant pour former une division, procéderont à la nomination du colonel et des deux lieutenans-colonels de leur division.

II. Deux maréchaux-des-logis, pris parmi les plus anciens de service dans ce grade, qui devront faire partie des divisions, seront faits adjudans dans chaque division.

III. L'état-major des divisions étant formé d'après les loix des 12 et 16 août dernier, le nombre des sous-officiers et gendarmes restant sera séparé en huit parties égales, composées chacune, autant qu'il sera possible, des détachemens entiers fournis par chaque département; et chacune de ces parties sera destinée à former une compagnie.

IV. Si le détachement fourni par un département, ne suffit pas pour compléter une compagnie, le complément en sera pris sur les détachemens qui se trouveront plus nombreux, et par la voie du sort.

V. Chaque compagnie choisira dans son sein un capitaine et trois lieutenans, conformément aux dispositions de la loi du 15 août dernier.

VI. Les sous-officiers les plus anciens de service dans leur grade, qui n'auront pas été promus au grade d'officiers, seront faits maréchaux-des-logis en chef.

VII. Les sous-officiers qui avoient le grade de maréchaux-des-logis, seront employés suivant leur grade, dans la formation des compagnies; mais si leur nombre se trouvoit excéder celui de ladite formation, les maréchaux-des-logis restant serviront comme brigadiers. Dans le cas contraire, les brigadiers monteront aux places des maréchaux-de-logis, suivant leur ancienneté dans le grade de brigadiers.

VIII. Les plus anciens gendarmes pris sur le nombre total qui doit former les divisions, seront faits brigadiers jusqu'à la concurrence du complet de ce grade.

IX. Aucun sous-officier qui ne seroit point employé dans la nouvelle formation, suivant son grade, ne pourra prétendre à le conserver dans les nouvelles divisions, ni en porter les marques distinctives; mais il en conservera la solde et reprendra son grade à la paix, conformément à l'article VI du titre II des loix des 12 et 16 août dernier.

X. Les sous-officiers ou gendarmes que leurs infirmités ou leur grand âge empêchent de marcher, seront remplacés par les sous-officiers ou gendarmes que l'on auroit destinés à prendre leur poste; on leur accordera leur retraite si la loi l'autorise.

XI. Il sera procédé, par le maréchal-expert, en présence du colonel ou de son délégué, et d'un commissaire des guerres, au signalement et à l'estimation des chevaux des sous-officiers et gendarmes, dont il sera tenu un contrôle nominatif; et en cas de perte et de dépérissement desdits chevaux, qui nécessiteroient une réforme, ils seront remplacés, et il sera tenu compte au sous-officier ou gendarme qui aura éprouvé cette perte, de la différence du prix du cheval, d'après une nouvelle estimation; ou bien il sera remboursé du prix total constaté par la première expertise, à charge audit sous-officier ou gendarme de se monter convenablement à ses frais.

XII. Le sous-officier et gendarme à qui il aura été accordé un établissement pour loger sa famille, recevra une indemnité de huit livres par mois d'absence. Cette somme sera payée sur les fonds de la guerre, à sa famille qui sera tenue d'évacuer les casernes destinées à loger les gendarmes en activité dans les départemens.

XIII. Il sera procédé à l'organisation de ces divisions, aussitôt après la publication du présent décret.

Décret

*Décret pour le rapport de l'article XII de la
loi du 5 septembre, relatif au logement des
gendarmes surnuméraires.*

Du 9 octobre 1792. = 11 *du même mois.*

La convention nationale, après avoir entendu le rapport de son comité de la guerre,
prenant en considération la pétition de la gendarmerie à cheval des départemens, pour la conservation des logemens qui ont été précédemment accordés à leur famille, rapporte l'article
XII de la loi du 5 du présent mois, addition-
nelle à l'organisation de ladite gendarmerie,
et charge son comité de lui présenter un mode
pour le logement des gendarmes surnuméraires.

*Décret relatif aux certificats de civisme,
exigés des citoyens qui se présenteront pour
remplacer les gendarmes nationaux qui sont
aux frontières.*

Du 17 octobre 1792. = même jour.

La convention nationale décrète que les citoyens qui se présenteront aux directoires de
département pour faire le service de la gendarmerie, en remplacement des citoyens qui
sont actuellement aux frontières, devront,
s'ils ne l'ont déjà fait, outre les conditions exigées par les loix antérieures pour la formation
de la gendarmerie, exhiber un certificat de civisme souscrit par la majorité absolue des membres du conseil général de la commune sur laquelle ils sont domiciliés.

Tome III. P

Décrets qui prononcent la peine de mort contre toutes personnes qui s'opposeroient au libre accès de voitures chargées de subsistances pour Paris.

Du 6 décembre 1792. = *même jour.*

La convention nationale décrète que toutes personnes qui s'opposeroient au libre accès de voitures chargées de subsistances pour Paris, leurs émissaires, fauteurs et adhérens, seront punis de mort.

Du même jour.

La convention nationale, après avoir entendu la lecture d'une lettre du ministre de l'intérieur, et sur la proposition d'un de ses membres, qui a converti la proposition du ministre en motion, décrète que le ministre de l'intérieur est autorisé à envoyer sur toutes les routes qui aboutissent à Paris, la gendarmerie, à l'effet d'arrêter toutes personnes qui s'opposeroient au libre accès des voitures chargées de subsistances, de conduire les personnes ainsi arrêtées en flagrant-délit, à Paris, pour être jugées par le tribunal criminel du département.

Décret relatif à l'augmentation de traitement accordée aux gendarmes surnuméraires, pour leur tenir lieu de logement.

Du 21 décembre 1792. = 24 *du même mois.*

La convention nationale, après avoir entendu le rapport de son comité de la guerre, sur l'exécution de son décret du 9 octobre dernier,

portant révocation de l'article XII, de celui
du 6 du même mois, décrète ce qui suit.

Art. Ier. Chacun des gendarmes surnuméraires
qui remplaceront, pendant la guerre, les gendarmes destinés au renforcement des armées,
recevra en augmentation de traitement, pour
lui tenir lieu de logement, une somme de huit
livres par mois.

II. Cette dépense sera acquittée par la trésorerie nationale, sur les fonds de la guerre,
d'après les états qui seront adressés par le directoire du département au ministre de la
guerre, et ordonnancés par lui.

III. L'augmentation de traitement ci-dessus
n'aura lieu que pour les gendarmes établis dans
les villes et bourgs où il sera constaté par des
procès-verbaux annexés auxdits états, qu'il
n'existe point d'établissemens suffisans pour y
caserner les gendarmes surnuméraires, soit avec
les familles des gendarmes employés dans les
armées, auxquelles le logement en nature a
été conservé par le décret du 9 octobre, soit
séparément.

IV. Les procès-verbaux mentionnés dans l'article précédent, seront dressés par les municipalités, et visés par les directoires de district
et de département.

*Décret relatif aux conditions pour être admis
dans les divisions de gendarmerie.*

Du 12 janvier 1793, = 14 *du même mois.*

La convention nationale, sur le rapport de
son comité de la guerre, décrète ce qui suit :

Art. I.er I. Les soldats porteurs de congé absolu, qui se sont présentés pour être admis dans les divisions de gendarmerie, et réunissent les conditions d'admission requises par la loi, seront formés en compagnies.

II. Les soldats appelés par la loi du 16 juillet à jouir des mêmes avantages, et qui n'auroient pu profiter du bénéfice de la loi par des motifs légitimes de service dans les armées, pourront dans le délai d'un mois, à compter du jour de la publication du présent décret dans le lieu de leur résidence, adresser leurs réclamations au ministre de la guerre.

III. Tous les soldats qui se présenteront ainsi, et justifieront des conditions d'admission requises par la loi, seront incorporés dans les divisions ; aucuns autres ne pourront y être admis.

IV. Le ministre de la guerre sera tenu de vérifier sans délai, et justifier à la convention que tous les citoyens qui sont dans les divisions de gendarmerie, ont les conditions d'admission requises par la loi.

Décret relatif à la solde des gendarmes moins de 20 dieues de poste des frontières.

Du 7 mars 1793. ≡ 11 *du même mois.*

La convention nationale, s'étant fait rendre compte par son comité de la guerre des différentes réclamations qui lui ont été portées par les divisions de gendarmerie nationale, actuellement employées dans les armées ; et ayant reconnu que ce corps considéré, soit dans la

nature de sa composition, soit dans le but de
son institution, n'est pas traité dans le rapport
du service extraordinaire, que les besoins de la
patrie menacée ont exigé et exigent encore de
lui, décrète ce qui suit :

ART. 1er. A compter du premier septembre,
à moins de vingt lieues de poste, des frontières
du nord, de l'est et du midi, ou dans une
place forte en état de guerre à une plus grande
distance, et dans l'île de Corse, les gendarmes
de tout grade recevront en numéraire le tiers
de leur solde, déduction faite de 150 livres par
homme, destinées aux fourrages, dérogeant
à cet égard à l'article VIII du chapitre III de
la loi du 21 décembre dernier, relative au
mode de payement des troupes, pour l'année
1792.

II. Il sera remboursé en assignats à chaque
sous-officier et gendarme, à dater du 1er septembre dernier le surplus de la somme de 150
livres dont la retenue leur a été faite pour leur
fourrage.

III. A l'avenir le ministre de la guerre est chargé
de donner des ordres pour qu'il soit pourvu
en nature seulement, à la partie de fourrage
dont il est fait remise à chaque gendarme désigné dans l'article II du présent décret.

IV. A compter du 1er septembre dernier,
il sera tenu compte à chaque sous-officier et
gendarme employé dans les divisions qui sont
aux armées, d'une somme de 40 livres pour
l'habillement et l'équipement de l'homme, sans
préjudice de ce qui peut leur revenir sur leur
masse accordée par la loi du 16 février 1791,

sur la nouvelle formation de la gendarmerie nationale.

V. Cette somme sera versée chaque mois dans la caisse du conseil d'administration, que chaque division est tenue de nommer à cet effet, dans les formes prescrites par la loi du 16 février 1791, sur la nouvelle formation de la gendarmerie nationale.

VI. L'emploi de cette masse d'habillement et d'équipement sera confié aux soins du conseil d'administration, qui, à cet égard, tiendra un registre paraphé par le commissaire des guerres, et sur lequel sera l'état détaillé des dépenses faites pour l'habillement et l'équipement de chaque sous-officier et gendarme.

VII. A chaque revue, le commissaire des guerres arrêtera définitivement le compte des dépenses faites d'une revue à l'autre pour l'habillement et l'équipement des gendarmes ; cet arrêté sera signé de lui et de tous les membres du conseil d'administration.

VIII. La convention nationale renvoie à ses comités de la guerre et des finances, l'examen de la question de savoir s'il est juste que le décret du 21 décembre dernier, sur le mode de payement des troupes pour 1792, ait un effet rétroactif, et charge ses comités de lui en faire le rapport incessamment.

----

*Décret relatif aux détachemens de gendar-
merie nationale, employés pour l'exécution
des jugemens des tribunaux militaires, et
le maintien de la police dans les camps.*

Du 30 avril 1793. = 2 mai suivant.

La convention nationale, après avoir entendu son comité de la guerre, décrète ce qui
suit:

ART. Ier. Les détachemens de gendarmerie
nationale, employés pour l'exécution des jugemens des tribunaux militaires, et le maintien
de la police dans les camps, fixés à trente-trois
hommes, y compris les officiers, par la loi du
23 mai 1792, seront portés à cent cinquante
hommes dans chaque armée, excepté dans
celles des côtes et de l'intérieur où il ne sera
rien changé à cet égard.

II. Chaque détachement de cent cinquante
hommes, sera composé d'un lieutenant-colonel,
d'un capitaine, de trois lieutenans, de quatre
maréchaux-des-logis, de huit brigadiers et de
cent trente-trois gendarmes.

III. Les détachemens de gendarmerie nationale auprès des armées, dont la force excéde-
roit celle fixée par l'article Ier. du présent décret, seront réduits au nombre ci-dessus déterminé; et ceux qui se trouveroient inférieurs
à ce nombre y seront portés d'après les ordres qui seront donnés à cet effet par le ministre
de la guerre.

IV. Les lieutenans-colonels, les officiers et
sous-officiers employés dans lesdits détache-

P 4

mens, seront nommés par le conseil exécutif
provisoire, sur la proposition des généraux en
chef, qui seront tenus de les prendre, d'abord
parmi les officiers et sous-officiers de même
grade actuellement employés à la force publique des armées, et à leur défaut, parmi les
officiers et sous-officiers du même grade, soit
des divisions organisées en guerre, soit des divisions de l'intérieur. Il en sera de même pour
les gendarmes.

V. Les officiers, sous-officiers et gendarmes
employés à la police des armées, jouiront du
traitement accordé par la loi du 23 mai 1792.

VI. Les loix concernant la gendarmerie nationale, auxquelles il n'est pas dérogé par le
présent décret, continueront d'être exécutées.

Décret qui accorde aux sous-officiers en gen-
darmes montés, vingt livres par mois; à
ceux non montés, douze livres en sus de
leur solde.

Du 22 mai 1793. = 24 *du même mois.*

La convention nationale, après avoir entendu
son comité de la guerre, décrète :

ART. Ier. A compter du 1er janvier dernier,
les sous-officiers et gendarmes montés et en
activité dans les divisions de la gendarmerie
nationale employées dans l'intérieur, recevront,
jusqu'à ce qu'il en soit autrement ordonné,
vingt livres par mois en sus de leur solde.

II. Les gendarmes non montés recevront
douze livres par mois, sans néanmoins que
les divisions de la gendarmerie nationale à pied,

qui reçoivent des fournitures d'habillement ou des vivres en nature, puissent prétendre à l'augmentation accordée par le présent décret.

Décret relatif aux gendarmes qui ont fui à Perpignan et à Niort.

Du 29 mai 1793. = 8 *juin suivant.*

La convention nationale, après avoir entendu le rapport du comité de salut public, et la lecture des lettres écrites par les commissaires de la convention envoyés à Perpignan et à Niort, décrète ce qui suit :

Art. Ier. Ceux des gendarmes nationaux qui ont lâchement fui dans la journée du 19 à Perpignan, et du 26 à Fontenai-le-Peuple, seront dépouillés de leurs armes et uniformes, renvoyés dans leurs municipalités, et déclarés incapables de servir la république, sans préjudice des poursuites qui devront être faites, conformément au code pénal, contre ceux desdits gendarmes qui auroient donné le signal de la fuite, et qui l'auroient provoquée. Le ministre de la guerre est chargé de faire arrêter sur-le-champ les gendarmes et les officiers prévenus de cette trahison, et de les faire juger conformément aux loix militaires.

II. Les représentans du peuple envoyés près les armées, sont autorisés à nommer de concert avec les administrateurs des départemens, des gendarmes nationaux pour remplacer ceux qui seront destitués, et à leur faire délivrer les armes, équipemens et chevaux des gendarmes destitués, en faisant estimer la valeur pour être statué sur le remboursement.

III. Le licenciement desdits gendarmes sera prononcé à la suite du rapport et des informations faites par un conseil de guerre, composé de dix citoyens pris dans divers grades de l'armée.

IV. Il sera fait mention dans le procès-verbal, de la conduite courageuse tenue par les seize citoyens gendarmes qui se sont joints au général *Beaufranchet*, *Dayat* et le chef de brigade *Nouvion*, pour charger les rebelles et sauver une partie de l'armée.

Décret relatif aux sous-officiers et gendarmes qui touchoient partie de leur solde en numéraire.

Du 30 mai 1793. ═ 8 juin suivant.

La convention nationale, après avoir entendu le rapport de son comité des finances, décrète ce qui suit:

Art. 1er. Les sous-officiers et gendarmes nationaux qui, d'après les articles IV et VIII du chapitre III de la loi du 21 décembre 1792, touchoient du numéraire aux frontières du nord, de l'est et du midi, n'ont pas droit à l'indemnité réglée par la loi du 8 avril 1793.

II. Au moyen de la disposition de l'article précédent, tout le numéraire qui a été remis aux gendarmes nationaux, soit dans les résidences, soit dans les armées, leur sera imputé comme assignats, dans les décomptes.

SECTION DEUXIÈME.

GRENADIERS DE LA GENDARMERIE.

Décret relatif à la suppression de la compagnie de la prévôté de l'hôtel, et à sa recréation sous le titre de gendarmerie nationale.

Du 10 mai 1791. = 15 *du même mois.*

L'Assemblée nationale ayant ouï le rapport de ses comités de constitution et militaire réunis sur la compagnie de la prévôté de l'hôtel, décrète ce qui suit :

SECTION PREMIÈRE.

TITRE PREMIER.

Suppression et nouvelle création.

ART. I⁰ʳ. La compagnie de la prévôté de l'hôtel est et demeurera supprimée : mais elle est recréée sous le titre de gendarmerie nationale.

II. Ce nouveau corps participera aux grades, distinctions et récompenses établis pour la gendarmerie nationale, ainsi qu'à tous les avantages accordés par les décrets des vingt-deux, vingt-trois, vingt-quatre décembre 1790, et seize janvier 1791.

TITRE II.

Composition et formation.

ART. Ier. Ce nouveau corps sera composé d'un lieutenant-colonel, de deux capitaines, six lieutenans, six maréchaux-des-logis, douze brigadiers et soixante-douze gendarmes faisant ensemble quatre-vingt-dix-neuf hommes, formés en deux compagnies.

II. Chaque compagnie sera composée de trois maréchaux-des-logis, six brigadiers, trente-six gendarmes, et commandée par un capitaine et trois lieutenans.

III. Chaque compagnie sera partagée en trois brigades, composées d'un maréchal-des-logis, de deux brigadiers, de douze gendarmes, et sera commandée par un lieutenant, sous l'autorité du capitaine.

IV. Le lieutenant-colonel commandera les deux compagnies, mais il sera sous l'autorité du colonel de la gendarmerie nationale, servant au département de Paris.

V. Il sera attaché à cette troupe, un secrétaire-greffier.

TITRE III.

Admission, rang et avancement.

ART. Ier. Au moment de la formation actuelle, ce corps sera formé du fonds des officiers, sous-officiers et gardes de la prévôté de l'hôtel supprimés par le présent décret.

II. Les officiers du même grade prendront rang entr'eux de la date de leurs brevets ou

commissions, signés du roi et contre-signés par
le ministre de la guerre ; dans le cas d'une
même date, la préférence seroit accordée à
celui qui auroit le plus d'années de service.

III. Ceux des officiers et gardes qui vont se
trouver réformés par cette nouvelle organisation, seront conservés comme surnuméraires,
avec droit au remplacement, et avec le même
traitement que les autres gendarmes ou officiers du même grade.

IV. Pour recruter ces deux nouvelles compagnies, par la suite il n'y sera admis, après
l'extinction des surnuméraires, aucun gendarme qui n'ait trente ans accomplis, qui ne sache lire et écrire, qui ne soit en activité dans
l'une des compagnies de la gendarmerie nationale, et qui n'y ait servi au moins trois années
avec distinction.

V. Lorsqu'il vaquera une place de gendarme
dans ce nouveau corps, chaque département
dans chacune des vingt-huit divisions de la gendarmerie nationale fournira successivement
pour la remplir, un sujet qui réunisse les conditions prescrites par l'article précédent.

VI. Le colonel de la division de la gendarmerie nationale, qui devra fournir un sujet,
en présentera trois de sa division au directoire du département dont ce sera le tour,
lequel en choisira un qui sera pourvu par
le roi.

VII. Ce nouveau corps roulera sur lui-même
pour son avancement.

VIII. Pour remplir une place vacante de
brigadier, chacun des six maréchaux-des-logis

se réunira avec les deux brigadiers de sa brigade, pour choisir de concert avec un gendarme. La liste des six qui auront été ainsi choisis, sera remise au capitaine dans la compagnie duquel l'emploi sera vacant ; ce capitaine réduira la liste à deux, parmi lesquels le lieutenant-colonel nommera le nouveau brigadier.

IX. Pour remplir une place de maréchal-des-logis, les six maréchaux-des-logis se concerteront pour proposer ensemble quatre brigadiers ; cette liste réduite à deux pour le capitaine dans la compagnie duquel l'emploi aura vaqué, sera présentée par lui au lieutenant-colonel qui nommera parmi les deux, le nouveau maréchal-des-logis.

X. Sur deux places vacantes de lieutenant, l'une sera donnée au plus ancien maréchal-des-logis ; l'autre le sera, par le choix, à l'un des six maréchaux-des-logis ayant au moins deux années d'exercice dans ce grade. L'ancienneté aura le premier tour.

XI. Lorsqu'il s'agira de donner par le choix une place de lieutenant, tous les officiers des deux compagnies et le lieutenant-colonel nommeront, à la majorité absolue des suffrages, trois maréchaux-des-logis. Cette liste sera présentée par le colonel de la division de gendarmerie nationale servant dans le département de Paris, au directoire de ce département, lequel en nommera un qui sera pourvu par le roi.

XII. Les lieutenans parviendront, suivant leur ancienneté, à l'emploi de capitaine.

XIII. Les capitaines parviendront suivant leur ancienneté, à l'emploi de lieutenant-colonel.

XIV. Au moment de la présente organisation, le roi fera délivrer aux officiers, sous-officiers de gendarmes, qui composeront le corps, et par la suite à ceux qui auront été promus de la manière qui vient d'être expliquée, une nouvelle commission, suivant leurs grades respectifs.

XV. Le lieutenant-colonel concourra avec les officiers du même grade dans la gendarmerie nationale et aux mêmes conditions, pour parvenir à l'emploi de colonel, soit par ancienneté, soit par le choix du roi.

XVI. Le secrétaire greffier sera nommé par le directoire du département de Paris.

TITRE IV.

Ordre intérieur.

ART. Ier. Toutes les commissions des officiers et gendarmes, seront scellées sans frais.

II. Celles du lieutenant-colonel, des capitaines et lieutenans, seront adressées au directoire du département de Paris, devant lequel ils prêteront le serment prescrit par la loi; après quoi le colonel de la division de la gendarmerie nationale, servant au département de Paris, fera reconnoître le lieutenant-colonel, et celui-ci fera reconnoître les autres officiers dans leurs grades respectifs.

III. Le lieutenant-colonel recevra le même

serment des maréchaux-des-logis, des brigadiers et des gendarmes.

IV. Les sermens seront prêtés sans aucuns
frais, et enregistrés de même dans le directoire du département de Paris, et dans le secrétariat du corps.

V. Aucune destitution ne pourra être prononcée que selon la forme et de la manière
établie pour l'armée : des règles de la discipline seront les mêmes que celles des troupes
de ligne.

VI. Le conseil d'administration sera composé du lieutenant-colonel, des deux capitaines,
du plus ancien lieutenant, du plus ancien
maréchal-des-logis, du plus ancien brigadier,
et des deux plus anciens gendarmes.

VII. L'uniforme des officiers, sous-officiers
et gendarmes nationaux composant ce nouveau
corps, sera en tout semblable à celui de la
gendarmerie nationale, en y ajoutant la distinction que portent les grenadiers de cavalerie.

TITRE V.

Traitement.

Art. I.er Les appointemens de ce corps
seront payés au complet et par mois sur les
fonds publics dans le département de Paris,
d'après les mandats donnés par le directoire
de ce département, et en conséquence des états
qu'il recevra du ministre ayant la correspondance des départemens.

II. À compter du 15 du présent mois, les
appointemens

appointemens et solde des officiers, sous-officiers, gendarmes nationaux, de ce nouveau corps, demeureront fixés de la manière suivante :

SAVOIR;

Au lieutenant-colonel......................	5000 l.
A chaque capitaine......................	3500.
A chaque lieutenant......................	2300.
A chaque maréchal-des-logis......................	1250.
A chaque brigadier......................	1100.
A chaque grenadier gendarme......................	910.
Au secrétaire-greffier......................	900.

Il sera alloué deux cens livres au secrétaire-greffier, pour menus frais et dépenses du secrétariat.

III. Moyennant ces appointemens, les officiers, sous-officiers et gendarmes, seront chargés de leur habillement et petit équipement ; il ne leur sera fait d'autres retenues que celles qui seront arrêtées par le conseil d'administration.

IV. L'armement pour le service des sous-officiers et gendarmes, sera fourni et entretenu par les magasins nationaux.

V. Le casernement des sous-officiers et gendarmes, sera fourni en nature par le département de Paris, et déterminé par le directoire, sur l'avis du lieutenant-colonel ou du commandant.

VI. Le conseil d'administration réglera tous les ans le compte qui sera rendu par le lieutenant-colonel : 1°. des avances que les circonstances auront pu rendre nécessaires, et

Tome III. Q

qui devront être remboursées par retenue sur sa solde ; 2°. du bénéfice obtenu sur le paiement au complet.

VII. Le compte arrêté par le conseil d'administration sera présenté chaque année à la révision du directoire du département de Paris ; et si l'une, ou les deux compagnies demandent l'examen de la comptabilité, il ne sera fait qu'en présence du directoire du département.

SECTION SECONDE.

Fonctions des deux nouvelles compagnies de gendarmes nationaux.

TITRE PREMIER.

Fonctions près du corps législatif.

ART. Iᵉʳ. Ce nouveau corps continuera auprès de l'assemblée nationale, et des législatures suivantes, les fonctions remplies depuis le mois de 1789 par la ci-devant compagnie de la prévôté de l'hôtel.

II. Ces officiers, sous-officiers et gendarmes, maintiendront l'ordre et la police dans les issues et aux portes de la salle du corps législatif, concurremment avec les gardes nationales, et ils sont autorisés à repousser par la force toute violence ou voie de fait qui seroient employées contre eux, dans les fonctions qu'ils exercent au nom de la loi.

III. Lorsque les décrets seront portés à la sanction, un officier, un sous-officier, et quatre gendarmes nationaux accompagneront le président du corps législatif, ou les commissaires qui seront nommés à cet effet.

IV. Dans toutes les cérémonies publiques où le corps législatif assistera, soit en entier, soit par députation, les officiers, sous-officiers et gendarmes nationaux de ce nouveau corps, soit en totalité, soit en détachement suivant les circonstances, précéderont et termineront la marche.

TITRE II.

Fonctions auprès de la haute-cour nationale, du tribunal de cassation et du ministre de la justice.

ART. Iᵉʳ. Ce corps continuera de fournir un officier et deux gendarmes auprès du ministre de la justice, pour l'honneur et la sûreté du sceau de l'état.

II. Il fera, auprès de la haute-cour nationale et auprès du tribunal de cassation, le service que les compagnies ci-devant connues sous le nom de robe-courte, et aujourd'hui incorporées dans la gendarmerie nationale, font auprès des tribunaux de justice, séant à Paris.

III. Il prêtera toute main-forte dont il sera requis légalement.

IV. Les différens services confiés par les articles précédens aux gendarmes nationaux, seront faits indistinctement par ces deux compagnies, suivant l'ordre habituel du service militaire.

Décret qui accorde une augmentation de paye aux officiers, sous-officiers et gendarmes, pour service près la Haute-cour-nationale.

Du 17 avril 1792. = 22 *du même mois.*

L'Assemblée nationale après avoir entendu le rapport de son comité des décrets, considérant qu'il est instant de pourvoir à l'indemnité due aux gendarmes nationaux, détachés des deux compagnies de gendarmerie, de service près le corps législatif, pour faire celui de la haute cour nationale, séante à Orléans, décrète qu'il y a urgence.

L'assemblée nationale, après avoir décrété l'urgence, décrète qu'il sera accordé à titre d'indemnité, aux officiers de la gendarmerie nationale, envoyés près de la haute-cour nationale, un quart en sus de leurs appointemens, et aux sous-officiers et gendarmes qui ont fait et qui feront le service près de cette cour, pour le déplacement et le service extraordinaire qu'elle exige, et pendant la durée de ce service, une demi-solde en sus de ce qui leur est attribué par la loi du 15 mai dernier, desquels quarts, appointemens et demi-solde, ils seront payés d'après les formes prescrites par l'article premier du titre V de la même loi du 15 mai 1791 et sur un certificat du lieutenant-colonel, visé par les grands procurateurs de la nation.

Décret relatif à l'organisation du corps des gendarmes nationaux spécialement attachés au service de la nation près le corps législatif.

Du 11 septembre 1792. = 14 *du même mois.*

L'Assemblée nationale reconnoissant l'utilité et le zèle des deux compagnies de grenadiers de la gendarmerie nationale spécialement chargées de l'exécution de la police dans l'enceinte des lieux où siège le corps législatif, de la garde des archives nationales, du service près la haute cour nationale, et de celui près le tribunal de cassation ; voulant aussi donner à ce corps la facilité de faire un service dont l'extension nécessite une augmentation d'hommes, décrète qu'il y a urgence.

L'assemblée nationale, après avoir entendu le rapport de son comité militaire et de celui de l'inspection réunis, ayant décrété l'urgence, décrète ce qui suit :

TITRE PREMIER.

Composition et formation.

ART. Ier. Le corps des gendarmes nationaux spécialement attachés au service de la nation près le corps législatif, conservera la dénomination de grenadiers de la gendarmerie nationale, et sera composé ainsi qu'il suit :

SAVOIR,

1 Lieutenant-colonel.
2 Capitaines.

6 Lieutenans.
1 Quartier-maître-trésorier.
1 Chirurgien-major.
6 Maréchaux-des-logis.
18 Brigadiers.
144 Gendarmes.
2 Tambours.

II. Chaque compagnie sera divisée en trois divisions, et chaque division sera composée d'un lieutenant, d'un maréchal-des-logis, de trois brigadiers et de vingt-quatre gendarmes.

III. Chaque division sera partagée en trois brigades, composées chacune d'un brigadier et de huit gendarmes.

IV. Le lieutenant-colonel aura le commandement en chef des deux compagnies, et ne dépendra que de l'assemblée nationale.

V. Le quartier-maître-trésorier sera chargé de tous les détails de comptabilité et de distribution du corps, sous l'autorité du lieutenant-colonel et du conseil d'administration.

TITRE II.

Admission, rang et avancement.

ART. Ier. Pour porter les deux compagnies au complet auquel elles sont fixées, on nommera d'abord les surnuméraires ; ensuite, et pour cette fois seulement, le lieutenant-colonel de concert avec le comité d'inspection, choisira dans le corps de la gendarmerie de Paris nouvellement formé, les sujets dont on aura besoin pour remplir les places de grenadiers-gendarmes qui seront encore vacantes.

II. Lorsqu'il vaquera par la suite des places dans ces compagnies, elles seront remplies par des sujets pris dans la gendarmerie de tous les départemens, lesquels pourvoiront à ce remplacement à tour de rôle, en suivant l'ordre alphabétique dans la forme qui sera indiquée dans les articles ci-après.

III. Pour avoir droit à une place dans une de ces compagnies, il faudra être en activité dans le corps de la gendarmerie nationale depuis trois ans révolus, de la taille de cinq pieds six pouces au moins, pieds nuds, savoir lire et écrire, avoir trente ans accomplis, et pas plus de soixante.

IV. Lorsqu'il y aura une place de grenadier-gendarme à nommer, le comité d'inspection du corps législatif en donnera avis au directoire du département, qui sera dans le cas de pourvoir à ce remplacement, et il y sera procédé de la manière suivante :

Chaque brigade du département s'assemblera en présence des officiers-municipaux du lieu de sa résidence, et fera son choix au scrutin, à la pluralité absolue des suffrages. Ce scrutin sera dépouillé, et le résultat, après avoir été scellé, sera envoyé par les officiers-municipaux au directoire du département, qui fera le recensement et dépouillement général des scrutins des différentes brigades en présence des officiers, sous-officiers et gendarmes du lieu. Le procès-verbal qui en sera dressé, sera envoyé sur-le-champ au ministre de la guerre, lequel fera expédier au gendarme qui aura réuni la majorité des suffrages, les provisions de son emploi.

V. La moitié des places vacantes d'officiers et sous-officiers, excepté celle de lieutenant-colonel et du quartier-maître-trésorier, appartiendra de droit à l'ancienneté, l'autre moitié sera donnée par le choix des officiers, sous-officiers et grenadiers-gendarmes, aux sujets de leurs corps qu'ils jugeront les plus dignes de les occuper; mais leur choix ne pourra porter que sur ceux d'un grade qui suivra immédiatement la place vacante.

VI. La place de lieutenant-colonel sera donnée à l'un des deux capitaines choisis par tous les officiers à la pluralité absolue des suffrages.

Lorsqu'il sera question de nommer un quartier-maître-trésorier, les officiers présenteront trois sujets pris parmi les officiers et les gendarmes au lieutenant-colonel, lequel en désignera un pour occuper cette place; mais il ne l'exercera qu'après avoir été agréé par le comité d'inspection.

TITRE III.

Appointemens et traitemens.

ART. Ier. A compter du premier octobre prochain, les appointemens et la solde des officiers, sous-officiers et grenadiers-gendarmes, demeureront fixés ainsi qu'il suit;

SAVOIR:

Au lieutenant-colonel................. 5,000l.
A chaque capitaine................... 3,500.

A chaque lieutenant . . . . 2,400.
A chaque maréchal-des-logis . . . . 1,600.
A chaque brigadier . . . . 1,300.
A chaque grenadier-gendarme . . . . 1,100.
Au quartier-maître-trésorier . . . . 2,400.
Au chirurgien-major . . . . 2,400.

II. Moyennant ces appointemens, les officiers, sous-officiers et gendarmes seront chargés de leur habillement et petit équipement: il ne leur sera fait d'autres retenues que celles qui seront arrêtées par le conseil d'administration.

III. L'armement pour le service des sous-officiers et gendarmes, sera fourni et entretenu par les magasins nationaux.

IV. Le casernement des sous-officiers et gendarmes sera fourni en nature par le département de Paris, et déterminé par le directoire, sur l'avis du lieutenant-colonel ou du commandant.

V. Le conseil d'administration réglera tous les ans le compte qui sera rendu par le lieutenant-colonel, 1°. des avances que les circonstances auront pu rendre nécessaires, et qui devront être remboursées par retenue sur sa solde ; 2°. du bénéfice obtenu sur le payement au complet.

VI. Le compte arrêté par le conseil d'administration, sera présenté chaque année à la révision du directoire du département de Paris ; et si l'une ou les deux compagnies demandent l'examen de la comptabilité, il ne sera fait qu'en présence du directoire du département.

TITRE IV.

Habillement.

VII. L'uniforme des officiers, sous officiers gendarmes nationaux composant ce corps, sera semblable à celui de la gendarmerie nationale: l'épaulette sera rouge; il y aura des grenades sur le retroussis de l'habit; ils auront pour coëffure un bonnet de peau d'ours sans plaque.

Fonctions des deux compagnies de gendarmes nationaux.

ART. Ier. Ce corps remplira auprès de la convention nationale et des législatures suivantes, les fonctions qui seront déterminées dans un projet de règlement qui sera soumis incessamment à l'assemblée nationale, par le comité d'inspection.

II. Il fournira une garde pour la sûreté des archives nationales.

IIe. SECTION, TITRE II.

Fonctions auprès de la haute-cour nationale, du tribunal de cassation et du ministre de la justice.

ART. Ier. Ce corps continuera de fournir un lieutenant et deux gendarmes auprès du ministre de la justice pour l'honneur et la sûreté du sceau de l'état: le service de ce poste roulera alternativement sur les deux compagnies, et sera relevé tous les quinze jours. Le ci-devant cent-suisse attaché au sceau de l'état, est supprimé.

II. Les grenadiers-gendarmes feront auprès de la haute cour nationale et auprès du tribunal de cassation, le service que les autres divisions de la gendarmerie nationale font auprès des tribunaux de justice.

III. L'assemblée nationale déroge à la loi d'un mai 1791, concernant ladite compagnie, dans tout tout ce qui seroit contraire aux dispositions du présent décret.

Décret relatif à la gendarmerie de service auprès de la convention, du tribunal de cassation et du ministre de la justice.

Du 14 mars 1793. = *même jour.*

La convention nationale décrète ce qui suit :

ART. Ier. Le corps de gendarmerie, composé de cent quarante-six hommes, créé par la loi du 11 septembre 1792, continuera son service auprès des représentans de la nation.

II. Il cessera celui qu'il fait auprès du tribunal de cassation, ainsi qu'auprès du ministre de la justice.

III. Il sera remplacé dans le service auprès du tribunal de cassation, par la gendarmerie affectée à la garde et au service auprès des tribunaux, et dans celui auprès du ministre de la justice, par la gendarmerie à cheval.

SECTION TROISIÈME.

GENDARMERIE DE PARIS ET DES TRIBUNAUX.

Décret relatif à la gendarmerie nationale.

Du 22 juillet 1791 = 28 *du même mois.*

Articles additionnels sur la gendarmerie nationale.

L'Assemblée nationale décrete ce qui suit :

Art. 1er. Il sera fourni par le ci-devant commandant de la compagnie de Robe-courte, un état des surnuméraires employés dans ladite compagnie à la date du 1er. janvier 1791, et cet état sera certifié par le commissaire des guerres, inspecteur de ladite compagnie. Le directoire du département de Paris inscrira lesdits surnuméraires sur le registre ordonné par l'article II du titre II, afin qu'ils soient remplacés, de préférence à tous autres sujets, dans les deux compagnies de gendarmerie nationale attachées au service des tribunaux, sans qu'aucun desdits surnuméraires puisse être recherché sur le temps de service qui lui manqueroit pour y être admis.

II. Les gendarmes de la ci-devant Robe-courte ne recevant plus d'extraordinaire, sont rappelés de leur traitement, à compter du 1er. janvier 1791, sur le pied fixé par l'article IV du titre VI de la loi sur la gendarmerie nationale. L'assemblée nationale amendant en ce point l'article VII de son décret du 22 juin 1791, le ministre de l'intérieur est autorisé à donner pour leur payement des mandats sur le trésor public.

III. Il sera attaché un commis du secrétaire-greffier au service des deux compagnies de gendarmerie nationale servant auprès des tribunaux de Paris; son traitement sera de 600 livres, conformément à l'article II du titre V.

IV. Les commis au secrétariat seront choisis par le secrétaire-greffier, qui en répondra. Le secrétaire-greffier et les commis seront pourvus de commissions par le ministre de l'intérieur, sur le présentation du colonel qui recevra leur serment.

V. Dans la formation actuelle, la distribution des brigades, et les résidences des officiers, sous-officiers et gendarmes nationaux, seront faites ainsi qu'il est prescrit par les articles VIII et XVI du titre Ier.; mais le placement des officiers, sous-officiers, et gendarmes sera fait par le ministre de la guerre.

VI. Les officiers, sous-officiers et gendarmes de la gendarmerie nationale, faisant leur service à cheval, ne pourront rester plus de quinze jours sans être montés; et cependant le colonel, sur les raisons qui lui seront alléguées, pourra étendre ce terme jusqu'à un mois et non au-delà.

Dans le cas où aucun officier, sous-officier ou gendarme ne se conformeroit pas à cette loi, il sera défalqué; savoir, aux officiers de tout grade, quarante sous par jour, et aux sous-officiers et gendarmes, trente-cinq sous, à compter du jour où il aura cessé d'être monté.

Enfin, s'il négligeoit de se monter dans le cours du second mois, il sera censé avoir re- noncé à son état, et le colonel sera tenu d'en rendre compte au ministre de la guerre, lequel destituera le delinquant sans préjudice de la retenue : lesdites retenues tourneront au profit de la masse.

VII. Les lettres de passe dans le corps de la gendarmerie nationale, auront lieu comme par le passé, d'une résidence à une autre, toutes les fois que les circonstances l'exige- ront ; les sous-officiers et gendarmes seront tenus de s'y conformer sous peine de desti- tution.

Décret relatif aux deux compagnies de gen- darmerie nationale, destinées pour le service des tribunaux et la garde des Prisons.

Du 7 avril 1792. = 13 *du même mois.*

I. L'assemblée nationale considérant qu'il est du plus grand intérêt pour le service des tri- bunaux, la garde des prisons et les transfé- remens des prisonniers, d'augmenter le nombre des gendarmes destinés au service ;

Considérant encore qu'il est de sa justice de donner aux gardes des ports et de la ville, une preuve de sa reconnoissance pour les ser- vices qu'ils ont rendus à la révolution, décrète qu'il y a urgence.

L'assemblée nationale, après avoir décrété l'urgence, décrète définitivement :

Art. I°. Les deux compagnies de gendarmerie nationale, créées par les articles II et III du titre VI de la loi du 16 février 1791, seront portées provisoirement à trois cent soixante hommes, en y comprenant les officiers et sous-officiers.

II. Il sera pris dans les compagnies des gardes des ports et de la ville, au choix du département, le nombre d'hommes nécessaire pour compléter les deux compagnies, en les portant à trois cent soixante hommes, en y comprenant les officiers et sous-officiers.

III. Les sous-officiers des gardes des ports, ne pourront entrer dans les deux compagnies de gendarmerie, qu'en qualité de gendarmes.

IV. Les places de gendarmes qui viendront à vaquer par mort, démission ou retraite, ne seront remplies que lorsque les compagnies seront réduites au pied fixé par la loi du 16 février 1791.

V. Les gardes des ports et de la ville, qui aux termes du présent décret ne seront point admis dans les compagnies de gendarmerie, seront réformés, conformément à la loi des 3, 4 et 5 août 1791. Il leur sera accordé une retraite proportionnée à leurs services, indépendamment de la liquidation qui sera due aux gardes de la ville, pour leurs charges.

VI. La loi du 5 février 1791, sera exécutée dans toutes les autres dispositions qui n'auront pas été abrogées ou modifiées.

Décret relatif à l'organisation définitive de deux compagnies de gendarmerie natio-nale, faisant le service des tribunaux et des prisons.

Du 17 juin 1792. = 24 *du même mois.*

L'assemblée nationale après avoir entendu le rapport de son comité militaire, et considé-rant qu'il est de la plus grande nécessité d'or-ganiser définitivement les deux compagnies de gendarmerie nationale, faisant le service des tribunaux et des prisons, qui ne peuvent plus suffire au service pénible dont elles sont char-gées, décrète qu'il y a urgence.

L'assemblée nationale, après avoir décrété l'urgence, décrète ce qui suit :

ART. Ier. Le département de Paris demeure autorisé à choisir dans les ci-devant corps des gardes des ports de la ville le nombre de cent cinquante-huit hommes, pour porter au complet décrété le 10 avril dernier, les deux compagnies de gendarmerie nationale, fai-sant le service près les tribunaux et les pri-sons.

II. Pourront être admis pour completter les deux susdites compagnies de gendarmerie, tous gardes des ports et de la ville qui étoient en activité avant l'époque de leur suppression, et qui auront la taille de cinq pieds trois pouces au moins, dérogeant quant à ce, et pour cette fois seulement, à la loi, du 16 février 1791.

III. Nul ne pourra être admis au-dessus de l'âge

de l'âge de quarante cinq ans, ni être choisi, qu'il ne sache lire et écrire, et ne se conforme au mode d'habillement et équipement décrété par l'article V du titre IV de la loi du 16 février 1791.

Le présent décret ne sera envoyé qu'au département de Paris.

Décret additionnel à celui du 5 août 1791, (1) portant création de deux nouvelles divisions de gendarmerie nationale.

Du 23 juin 1792. = 27 *du même mois.*

« L'Assemblée nationale, après avoir entendu le rapport de son comité militaire, considérant que le décret du 5 août 1791, portant création de deux nouvelles divisions de gendarmerie nationale ne s'explique point sur l'avancement des adjudans qui y sont attachés; voulant rectifier cet oubli et faire quelques changemens que le bien du service et l'avantage de ces deux divisions nécessitent, décrète qu'il y a urgence.

L'assemblée nationale, après avoir décrété l'urgence, décrète ce qui suit.

ART. Ier. Les maréchaux-des-logis nommés aux places d'adjudans, concurront du moment de leur nomination, avec tous les lieutenans (sans cependant être brevetés) pour arriver à la compagnie, et ils pourront rester adjudans jusqu'à ce que leur ancienneté les y porte.

_____

(1) Voyez ce décret dans le *code des gardes nationales*, édition de Prault, pag. 342.

II. Lorsqu'il vaquera une place de lieutenant dans l'une des vingt-neuvième ou trentième divisions de gendarmerie nationale, et qu'elle appartiendra au tour des maréchaux-des-logis, les deux adjudans concourront au choix comme les maréchaux-des-logis.

III. Dans le cas où un maréchal-des-logis, moins ancien que les adjudans, sera nommé à une lieutenance, les adjudans jouiront en gratification, par supplément d'appointemens, des appointemens de lieutenans : s'il n'y avoit qu'un des adjudans qui se trouvât plus ancien que le maréchal-des-logis, il jouiroit seul de ladite augmentation.

IV. Il y aura un quartier-maître-trésorier attaché à chacune des vingt-neuvième et trentième divisions de gendarmerie nationale; en conséquence, celui qui remplit ces deux places sera tenu de déclarer la division à laquelle il désire rester fixé, et l'autre division procédera à la nomination du sien, en se conformant à l'article IX du titre II du décret du 23 septembre 1790.

Leurs appointemens seront les mêmes que dans les troupes de ligne.

V. Il sera en outre attaché à chacune desdites divisions un secrétaire greffier, qui sera nommé conformément à la loi du 16 février 1791, et jouira du traitement fixé par ladite loi.

Ce traitement sera payé à compter du jour de la formation de chaque division; au moyen de quoi il ne sera accordé aucune autre somme pour tenir lieu d'indemnité à ceux qui ont rem-

pli jusqu'à ce moment les fonctions de secrétaire-greffier.

Décret relatif à l'organisation de la gendar-
merie nationale à pied.

Du 16 juillet 1792. = 18 *du même mois.*

L'Assemblée nationale considérant que les
troupes de ligne sont destinées particulièrement à préserver le territoire Français de toute
invasion ; qu'il importe à la sûreté de l'Empire de rapprocher des frontières celles qui
sont en garnison à Paris et dans l'intérieur du
royaume ; qu'il n'est pas moins essentiel de
maintenir l'ordre dans une ville où résident le
corps législatif et le roi ; qu'il est nécessaire
de dissiper les craintes des citoyens sur l'éloignement des régimens qui ont résidé jusqu'à
présent à Paris , et qui ont joui d'une confiance méritée ; qu'il importe cependant à la
sûreté et à la tranquillité de cette ville ; que
les postes les plus importans occupés par les
troupes de ligne soient gardés ; considérant
enfin qu'on ne peut d'une manière plus prompte
et plus convenable pourvoir à ces remplacemens , qu'en rappelant au service de la nation
les hommes du 14 juillet , qui ont concouru ,
avec la garde nationale , à la conquête de la
liberté , qui ont bien mérité de la patrie ; voulant leur procurer l'honneur de donner de
nouvelles preuves de civisme ; en défendant
la constitution , décrète qu'il y a urgence.

L'assemblée nationale, après avoir entendu

le rapport de son comité militaire, et décrété
l'urgence, décrète ce qui suit :

ART. 1er. Les ci-devant gardes-françaises qui
ont servi la révolution à l'époque du 1er. juin
1789, les officiers, sous-officiers, canonniers
et soldats de divers régimens qui se sont réunis
sous les drapeaux de la liberté, à compter du
12 juillet de la même année, qui ont été inscrits ou enrôlés, soit à la municipalité,
soit dans les districts de Paris, jusqu'au 1er.
novembre 1789, les gardes des ports et ceux de
la ville de Paris, les cent-suisses de la garde
ordinaire du roi, les suisses licenciés qui ont
servi dans la ci-devant maison militaire des
Princes, et qui, depuis leur licenciement, ont
fait un service personnel et continu dans la
garde nationale, s'inscriront volontairement
ainsi qu'il suit, pour être de suite organisés en
gendarmerie nationale à pied.

II. Tous ceux dénommés en l'article précédent, qui ont contracté des engagemens dans
les troupes de ligne, ne seront admis, sous
aucun prétexte, dans les nouvelles divisions
de gendarmerie nationale, qu'après l'expiration de leurs engagemens : ils pourront néanmoins se faire inscrire dès-à-présent.

III. Ne seront point admis ceux qui auroient
été destitués de leurs emplois, ou renvoyés
de leurs corps par un jugement légal.

IV. Il sera de suite ouvert au greffe de la municipalité de Paris, un registre d'inscription
volontaire, sur lequel ne pourront être inscrits
que ceux qui justifieront réunir les qualités
exigées par le présent décret.

V. Ce registre ne demeurera ouvert, pour ceux qui résident à Paris, que pendant quinze jours; et pendant deux mois au plus pour ceux des autres départemens, qui enverront aussi leurs inscriptions, titres ou cartouches à la municipalité de Paris; le tout à dater de la publication du présent décret.

VI. Dans le délai ci-dessus prescrit, et plus tôt s'il est possible, la municipalité adressera au ministre de l'intérieur l'état nominatif de ceux qui se seront fait inscrire, ainsi que leurs titres ou cartouches certifiés véritables.

VII. L'état nominatif, titres ou cartouches des citoyens inscrits au greffe de la municipalité de Paris, seront adressés sur le champ à l'assemblée nationale par le ministre de l'intérieur.

VIII. L'assemblée nationale charge son comité militaire de lui présenter un projet d'organisation pour ces nouvelles divisions de gendarmerie nationale, vingt-quatre heures après que les états nominatifs et autres pièces relatives lui auront été envoyés.

Décret relatif aux sous-officiers de la gendarmerie nationale Parisienne.

Du 13 août 1792. = *même jour.*

Les sous-officiers de la gendarmerie nationale parisienne, exposent qu'ils ont présenté, conjointement avec les gendarmes, une adresse pour solliciter le licenciement de leur état-major et de leurs officiers; et que, par erreur, ils ont été compris eux-mêmes dans le licen-

R 3

ciement; l'assemblée nationale décrète que le licenciement de l'état-major et des officiers de la gendarmerie nationale du département de Paris, ne comprend pas les sous-officiers de ce corps.

Décret relatif au licenciement des officiers de la gendarmerie du département de Paris.

Du 13 août 1792. = *même jour.*

L'Assemblée nationale considérant qu'il est de sa justice d'assurer les mêmes avantages aux citoyens qui par leur conduite y ont acquis les mêmes droits, décrète qu'il y a urgence.

L'assemblée nationale, après avoir décrété l'urgence, décrète que tous les officiers des corps de gendarmerie existant dans l'étendue du département de Paris, sont licenciés; que les gendarmes nationaux sont autorisés à se réunir pour procéder à la nomination des nouveaux officiers, et qu'ils pourront cependant élire ceux desdits officiers actuellement en exercice, qui par leur civisme et leur patriotisme, ont su mériter leur confiance.

L'assemblée nationale charge le comité militaire de lui présenter dans le jour un mode d'élection.

Décret qui établit le mode de remplacement de l'état-major de la gendarmerie nationale.

Du 15 août 1792. = *même jour.*

L'assemblée nationale ayant licencié l'état-

major et les officiers de tous les corps de la
gendarmerie nationale du département de Paris, ainsi que les officiers des deux compagnies
de gendarmerie qui exercent leurs fonctions auprès du corps législatif, de la haute cour nationale, du tribunal de cassation et du ministre
de la justice;

Considérant qu'il est instant d'établir le mode
de remplacement desdits états majors et officiers, décrète qu'il y a urgence.

L'assemblée nationale, après avoir décrété
l'urgence, décrète :

ART. Ier. Les sous-officiers et gendarmes des
différens corps de la gendarmerie nationale
du département de Paris, s'assembleront par
division et sous la surveillance de la municipalité qui sera prévenue du jour, du lieu et
de l'heure du rassemblement; et là, en présence d'un commissaire nommé par elle, les
sous-officiers et gendarmes, après avoir élu parmi eux un président, un secrétaire et trois scru-
teurs dans les formes prescrites par les articles
X et XI du décret du 14 décembre 1789 concernant la constitution des municipalités, procéderont par le scrutin individuel et à la pluralité absolue des suffrages, à la nomination
des officiers de l'état major, ensuite à celle des
officiers de leurs compagnies respectives.

II. Les sous-officiers et gendarmes réunis pourront choisir les officiers de l'état major dans
leur sein ou hors de leur sein, pourvu que,
dans le premier cas, ils ayent fait un service
actif dans la gendarmerie depuis le commencement de son organisation; et dans le second

cas, pourvu qu'ils ayent fait un congé de huit
ans dans les troupes de ligne, ou qu'ils ayent
servi le même espace de temps en qualité d'officiers.

III. Après que chaque division aura procédé
à l'élection des officiers de son état-major, chaque compagnie procédera à l'élection de ses
officiers qu'elle pourra également prendre dans
son sein ou hors de son sein, pourvu qu'ils
réunissent les conditions exigées par l'article
précédent.

IV. Conformément au décret du 13 du présent mois, les officiers de gendarmerie licenciés
pourront être réélus.

V. Le mode d'élection qui vient d'être prescrit pour les officiers de chaque division de gendarmerie nationale, et les conditions exigées
pour être susceptible d'être porté au grade
d'officier, seront communs aux deux compagnies de gendarmerie nationale attachées au
service près du corps législatif, excepté pour
ce qui concerne le commissaire en présence
de qui se fera la nomination des officiers, qui
sera pris parmi les députés inspecteurs et
commissaires de la salle de l'assemblée.

VI. L'assemblée nationale charge son comité militaire de lui présenter incessamment
le mode de traitement à faire aux officiers de
gendarmerie qui ont été licenciés, ainsi que
la nouvelle organisation des deux compagnies
attachées à son service: néanmoins ces deux
compagnies sont autorisées à nommer un même
nombre d'officiers que celui qui existe par leur
composition actuelle.

VII. L'assemblée nationale conserve dans leur intégrité toutes les loix qui ont été portées jusqu'à ce jour sur la gendarmerie nationale, et qui ne sont pas formellement exceptées ou abrogées par le présent décret.

VIII. L'assemblée nationale casse et annulle toutes les élections et nominations qui auroient pu être faites avant la publication du présent décret.

Décret relatif à l'organisation des nouvelles compagnies de gendarmerie nationale à pied.

Du 17 août 1792 — 18 *du même mois.*

L'assemblée nationale considérant que d'après son décret du 16 juillet dernier, il doit être formé de nouvelles compagnies de gendarmerie nationale à pied, composées des mêmes hommes qui ont servi la cause de la liberté en 1789, et qui, en remplissant les conditions prescrites par ce décret, se sont fait enregistrer à la municipalité de Paris, considérant que quoique les tableaux d'enregistrement n'ayent point encore été adressés à l'assemblée nationale il n'en est pas moins instant de procéder à l'organisation de ceux qui ont satisfait à la loi en se faisant enregistrer dans les délais prescrits, décrète qu'il y a urgence.

L'assemblée nationale, après avoir entendu son comité militaire et décrété l'urgence, décrète définitivement ce qui suit:

ART. Ier. Les citoyens qui, d'après les dispositions de l'article premier du décret du 16

juillet dernier, se sont fait enregistrer à la municipalité de Paris, pour faire partie des nouvelles compagnies de gendarmerie à pied, créées
par le même décret, se réuniront sans aucun
délai à la maison commune, pour procéder à
la formation desdites compagnies de gendarmerie nationale.

II. Chaque compagnie sera composée *d'un
capitaine, trois lieutenans, quatre maréchaux-
des-logis, douze brigadiers, quatre-vingt-douze
gendarmes et un tambour.*

III. Pour parvenir à la formation de ces
compagnies, la municipalité de Paris fera, sous
sa responsabilité, l'état exact et nominatif des
citoyens enregistrés en vertu du décret du 16
juillet dernier, et qui réuniront en même-temps
toutes les conditions prescrites par ce décret;
en conséquence, elle fera passer sous huit jours
à l'assemblée nationale, l'état de ces citoyens,
ainsi que leurs titres et cartouches.

IV. D'après cet état arrêté par la municipalité, elle fixera le nombre des compagnies
qui pourront être organisées, en calculant sur
le pied de 113 hommes par chaque compagnie,
et elle en donnera sur-le-champ connoissance
aux citoyens inscrits et ayant les conditions
prescrites,

V. Ces citoyens se concerteront entre eux
pour se diviser en compagnie, et dans le cas
où, dans les trois jours, ils ne parviendroient
point à s'organiser de concert entre eux, il
sera procédé par la voie du tirage au sort, en
présence de trois commissaires de la munici-

palité, à la formation entière des compagnies qui n'auroient pu parvenir à se former.

VI. Aussitôt après leur formation, ces compagnies s'assembleront pour choisir leurs officiers et sous-officiers, conformément au décret du 15 de ce mois, et en ce qui ne seroit pas prévu par ce décret, conformément aux loix sur l'organisation des bataillons de volontaires nationaux.

VII. L'uniforme et la solde de ces compagnies seront les mêmes que ceux de la trentième division de la gendarmerie nationale à pied, créée à Paris par la loi du 18 août 1791; elles demeureront assimilées aux divisions de la gendarmerie nationale de France, et jouiront des mêmes honneurs et avantages.

VIII. En attendant que le corps législatif puisse prononcer sur l'organisation définitive de ces compagnies en division de gendarmerie, la trésorerie nationale tiendra à la disposition du ministre de l'intérieur une somme de six cent mille livres pour les soldes, masses, équipemens et armemens desdites compagnies.

IX. Le département de Paris pourvoira à leur logement, de la même manière qu'à celui des gendarmes nationaux de la trentième division de gendarmerie nationale à pied, résidant à Paris.

Décret relatif à la formation de nouvelles compagnies de gendarmerie à pied.

Du 25 août 1792. = même jour.

L'Assemblée nationale considérant que les

citoyens qui contribuèrent le plus efficacement à la première conquête de la liberté, doivent être de préférence appelés pour la défendre, et s'empressant de seconder le zèle de ceux dont les noms sont transmis à la postérité par une liste déposée dans les archives nationales, décrète qu'il y a urgence.

L'assemblée nationale, après avoir décrété l'urgence, décrète ce qui suit :

ART. Ier. Les citoyens reconnus par l'assemblée constituante pour s'être distingués le 14 juillet 1789 à la prise de la bastille, et dont les noms sont consignés dans une liste déposée aux archives nationales, seront admis à former des compagnies de gendarmerie à pied, comme l'ont été les ci-devant gardes-françaises et les autres citoyens qui ont servi la cause de la liberté dès les premiers momens de la liberté.

II. Aucun autre citoyen que ceux qui se trouveront inscrits sur la liste déposée aux archives, ne pourra être admis à la formation de ces compagnies.

III. La formation de ces compagnies sera la même que celle prescrite par le décret du 17 de ce mois.

IV. Les citoyens ayant déjà reçu des armes de la nation, seront tenus de se présenter avec leurs armes pour la formation des compagnies.

V. Ces compagnies feront partie de la même division de gendarmerie nationale.

*Décret relatif à la solde provisoire de la gen-
darmerie nationale, formée des hommes
du 14 juillet 1789.*

Du 26 août 1792. = 27 *du même mois.*

L'assemblée nationale, considérant qu'il importe de fixer la solde provisoire de la gendarmerie nationale formée des hommes du 14
juillet 1789, d'une manière uniforme pour tous
les individus, jusqu'à l'organisation de ce corps,
qui doit avoir lieu pour le 1er. septembre prochain, après avoir décrété l'urgence, décrète
ce qui suit :

Art. Ier. Le paiement de la solde et des masses
réglées pour la nouvelle gendarmerie nationale
formée des hommes du 14 juillet 1789, aura
lieu pour tous ceux qui composent ce corps,
à compter seulement du 7 août présent mois,
jusqu'au 1er. septembre prochain, quel que soit
le grade auquel chaque soldat puisse être pro-
mu, la solde devant être, jusqu'au 1er. septembre, égale indistinctement pour tous.

II. Sur les fonds que la trésorerie nationale
tient à la disposition du ministre de l'intérieur,
conformément au décret du 17 août présent
mois, il sera délivré par ce ministre, des ordonnances de comptant, suivant l'état effectif
de la masse des compagnies desdites divisions
de la gendarmerie, visé par le maire de Paris,
et signé du colonel, sous sa responsabilité personnelle.

Décret relatif au paiement des soldes et masse des trois divisions de gendarmerie nationale, créées par le décret du 26 juillet.

Du 2 septembre 1792. = *même jour.*

L'assemblée nationale, après avoir entendu le rapport de son comité militaire, considérant qu'il importe de compléter promptement l'entière organisation des trois divisions de gendarmerie formées par les ci-devant gardes-françaises et autres soldats du centre, et créées par le décret du 16 juillet, pour les mettre en état de marcher suivant leurs désirs au secours de la patrie, décrète qu'il y a urgence.

L'assemblée nationale, après avoir décrété l'urgence, décrète ce qui suit :

Art. Ier. Le ministre de l'intérieur est autorisé à faire délivrer les fonds nécessaires pour la solde et masse du mois de septembre, des trois divisions de gendarmerie nationale.

II. Ce paiement s'effectuera comptant sur les états qui seront fournis du complet des compagnies de chacune des trois divisions, et chaque état sera certifié par le colonel-commandant et par un capitaine.

III. Le ministre fera remettre également entre les mains du colonel commandant, les fonds nécessaires pour l'habillement et l'équipement, sur les états signés par les capitaines et sur leur responsabilité.

IV. Conformément aux loix militaires qui ordonnent que chaque jour du mois sera payé aux troupes de ligne, le 31 août qui avoit été retenu sur le paiement fait à ces trois divisions, leur sera remboursé comptant sur la quittance du colonel, à raison de deux mille deux cent quarante hommes.

Décret relatif aux deux compagnies à cheval de la Gendarmerie de la première division du département de Paris.

Du 2 septembre 1792, = 29 *du même mois.*

L'assemblée nationale ayant entendu le rapport de son comité militaire, sur les observations présentées par les sous-officiers et gendarmes nationaux des deux compagnies à cheval de la première division du département de Paris, destinées à servir à la guerre, considérant qu'il est instant de lever tous les obstacles qui peuvent s'opposer à leur départ, décrète qu'il y a urgence.

L'assemblée nationale, après avoir décrété l'urgence, décrète ce qui suit :

Art. Ier. Le pouvoir exécutif provisoire s'occupera, sans délai, des mesures à prendre pour que les compagnies de gendarmes nationaux à cheval, lorsqu'elles seront réunies aux armées, soient commandées par le nombre d'officiers supérieurs nécessaire, et en attendant qu'ils soient nommés, le plus ancien capitaine commandera.

II. Les brigades formant les deux compagnies des gendarmes nationaux à cheval de la première division du département de Paris, qu'elles soient ou non portées au complet, se mettront en marche dès qu'elles en recevront l'ordre; et s'il y manque des sous-officiers, les gendarmes les nommeront, ainsi qu'ils ont nommé leurs officiers.

III. Les officiers et sous-officiers qui n'auront point encore reçu leur brevet, se feront délivrer l'extrait du procès-verbal de leur nomination, qui leur tiendra lieu provisoirement desdits brevets. Les uns et les autres seront reçus par le plus ancien officier de la compagnie, et en son absence, par le plus ancien officier de la résidence où la réception aura lieu.

IV. Tout officier, sous-officier et gendarme, de quelque division, compagnie ou brigade qu'il soit, qui refuseroit de marcher après en avoir reçu l'ordre, sera destitué par l'effet seul de son refus.

V. Le pouvoir exécutif donnera des ordres pour que le décompte de la masse desdites compagnies soit fait dans le plus court délai, sans que le retard que pourroit éprouver cette opération, empêchât lesdites compagnies de se mettre en marche.

VI. Les gendarmes nationaux ayant une paye particulière, et étant chargés de s'habiller et de s'équiper à leurs frais, seront indemnisés des pertes que le nouveau service auquel ils sont tenus, pourroit leur occasionner, conformément aux dispositions des décrets des 12 et 16 août dernier, concernant la formation des deux nouvelles divisions de gendarmerie nationale destinées à marcher à l'ennemi; lesquelles dispositions serviront également de règle pour

le

le traitement, dont lesdits gendarmes jouiront pendant la campagne.

Décret relatif aux gendarmes de la vingt-neuvième division de la gendarmerie nationale à cheval.

Du 3 septembre 1792. = *même jour.*

L'assemblée nationale décrète que le pouvoir exécutif provisoire est autorisé à prendre dans la gendarmerie nationale à cheval de la vingt-neuvième division, le nombre de gendarmes qu'il jugera nécessaires à envoyer aux frontières, en se concertant pour cet objet, avec la commune de Paris.

Décrète, en outre, que les gendarmes sont autorisés à porter pendant la durée de la guerre, une aiguillette aux trois couleurs.

Décret relatif à l'état-major et aux officiers des trois divisions de gendarmerie nationale, formées par le décret du 16 juillet.

Du 3 septembre 1792. = 4 *du même mois.*

L'assemblée nationale considérant que les trois divisions de gendarmerie nationale, formées par le décret du 16 juil et, ont le droit de nommer leurs officiers comme les autres divisions de gendarmerie nationale de Paris, et que l'organisation doit leur être en tout assimilée, décrète qu'il y a urgence.

L'assemblée nationale, après avoir décrété l'urgence, décrète :

Art. Ier. Elle confirme les nominations d'officiers faites par les trois divisions de gendar-

Tome III. S

merie nationale, et ordonne au pouvoir exécutif provisoire de reconnoître les officiers, tant de l'état-major-général, que des compagnies, pourvu que l'organisation soit en tout point conforme à celles des autres divisions de la gendarmerie nationale.

II. Les appointemens de l'état-major et des officiers des compagnies des trois divisions, compteront du 21 août, jour auquel ils ont prêté leur serment dans le sein de l'assemblée nationale.

III. Le pouvoir exécutif fera payer le prêt du mois de septembre, et fera les fonds nécessaires pour l'habillement.

Décret qui autorise le pouvoir exécutif provisoire à faire partir pour les frontières les gendarmes en exercice auprès des tribunaux de Paris.

Du 5 septembre 1792. ⇐ même jour.

L'assemblée nationale considérant que tous les moyens d'augmenter la force armée destinée à combattre les ennemis de la France, doivent être saisis avec empressement, décrète qu'il y a urgence.

L'assemblée nationale, après avoir décrété l'urgence, décrète ce qui suit :

Art. Ier. Le pouvoir exécutif provisoire est autorisé à faire partir pour les frontières, tous les gendarmes en exercice auprès des tribunaux de Paris, qui n'y sont pas absolument nécessaires pour le service de ces tribunaux.

II. Le pouvoir exécutif pourra former des

compagnies de cavalerie, de ceux desdits gendarmes qui ont servi dans la cavalerie, et qui sont en état d'en justifier par des congés en bonne forme.

Décret relatif aux gendarmes à cheval de la vingt-neuvième division.

Du 5 septembre 1792. = *même jour.*

Les gendarmes à cheval de la vingt-neuvième division, annoncent qu'ils partent après demain pour se rendre aux frontières. Ils exposent qu'étant équipés à leurs frais, ils ont été obligés de faire des dettes ; ils demandent que le ministre de l'intérieur soit autorisé à leur avancer la somme de soixante mille livres escomptées sus les parties de masse à écheoir.

Un membre convertit leur demande en motion, et l'assemblée considérant qu'il importe de faciliter le départ de ces militaires, décrète l'urgence.

L'assemblée, après avoir décrété l'urgence, décrète que le ministre de l'intérieur est autorisé à avancer la somme de soixante mille livres aux gendarmes à cheval de la vingt-neuvième division, laquelle somme sera retenue sur les parties de leur masse qui sont à écheoir.

Décret relatif à l'expédition des brevets des officiers de la gendarmerie et des compagnies franches.

Du 5 septembre 1792. = 6 *du même mois.*

L'Assemblée nationale, considérant qu'il est essentiel de compléter l'organisation de la gendarmerie nationale de Paris, et des compagnies franches, tant à pied qu'à cheval, de seconder le desir qu'ils manifestent d'entrer en campagne et de combattre les ennemis de la liberté et de l'égalité, décrète qu'il y a urgence.

L'assemblée nationale, après avoir décrété l'urgence, décrète ce qui suit :

Les officiers de la gendarmerie nationale de Paris, ceux des compagnies franches, tant à pied qu'à cheval, dont les emplois sont à la nomination de leurs frères d'armes, obtiendront sans délai du pouvoir exécutif provisoire, les brevets ou commissions de leurs grades respectifs, sur l'expédition du procès - verbal de leur élection.

Décret relatif à l'habillement et à l'équipement des citoyens reconnus pour s'être distingués à la prise de la Bastille.

Du 11 septembre 1792. = *même jour.*

L'Assemblée nationale, considérant qu'il est juste que les citoyens reconnus par l'assemblée constituante pour avoir concouru le plus efficacement à la prise de la Bastille, et qui ont été autorisés par la loi du 25 août dernier à former des compagnies de gendarmerie à pied, jouissent des mêmes avantages que les ci-devant gardes françaises, avec lesquels ils ont servi d'une manière aussi distinguée la cause de la liberté, décrète qu'il y a urgence.

L'assemblée nationale, après avoir décrété l'urgence, décrète ce qui suit :

Le pouvoir exécutif est autorisé à faire les

dépenses nécessaires pour l'habillement et
l'équipement des citoyens reconnus par l'assemblée constituante pour s'être distingués le 14 juillet 1789 à la prise de la Bastille, et qui, en conséquence de la loi du 25 août dernier, se sont
formés en compagnie de gendarmerie à pied.

Décret relatif aux pensions des officiers licenciés de la gendarmerie nationale du département de Paris.

Du 11 septembre 1792. = 13 *du même mois.*

L'assemblée nationale ayant par son décret du 13 août dernier, licencié les officiers de la gendarmerie nationale du département de Paris, et leur ayant donné par son décret du 15 août dernier, le droit de prétendre à des pensions proportionnées à leurs services;

Considérant que la plupart de ces officiers sont pères de familles, sans fortune, et qu'ils ont besoin d'un prompt et juste secours, décrète qu'il y a urgence.

L'assemblée nationale, après avoir décrété l'urgence, décrète ce qui suit :

ART. I^e. Tous les officiers de la gendarmerie nationale licenciés par le décret du 13 août dernier, recevront pour pension annuelle autant de cinquantièmes parties des appointemens respectifs de leur grade, qu'ils ont d'années de service.

II. Les campagnes ou embarquemens compteront pour deux années de service, d'après le mode établi par la loi du 22 août 1790.

S 3

III. Dans le cas où lesdits officiers obtiendroient des places dans les armées, leurs pensions cesseront du jour où ils toucheront les appointemens de l'emploi qu'ils auroient obtenu; et ceux qui prendront du service dans les volontaires nationaux, conserveront la moitié de leurs pensions.

IV. Les appointemens affectés aux grades de ces officiers, leur seront payés jusqu'au jour de leur licenciement, ou de la cessation de leurs services inclusivement; et leurs pensions commenceront à courir dès le lendemain.

Décret relatif à la solde provisoire des trois compagnies de la trente-deuxième division de la gendarmerie nationale.

Du 2 octobre 1792. = 5 *du même mois.*

La convention nationale, après avoir entendu le rapport de son comité de la guerre, considérant que toutes les compagnies de la gendarmerie nationale, formées des hommes du 14 juillet, doivent participer de la même manière aux dispositions de la loi du 26 août dernier, décrète ce qui suit:

Les trois compagnies de la trente-deuxième division de la gendarmerie nationale, qui ont été formées après la publication de la loi du 26 août, ainsi que les gendarmes qui ont été admis depuis la même époque pour completter les compagnies précédemment formées, jouiront, à compter du 7 août jusqu'au premier septembre dernier, de la solde provi-

soire fixée par les dispositions de la loi du
26 août.

Décret pour la formation d'un escadron de
cavalerie, attaché aux divisions de gen-
darmerie commandées par le citoyen Ver-
rières.

Du 9 octobre 1792. = 11 *du même mois.*

La convention nationale, après avoir entendu le rapport de son comité de la guerre,
sur la pétition du citoyen *Verrières*, d'attacher un escadron de cavalerie aux divisions
de gendarmerie à pied qu'il commande; considérant que ce corps, composé de ci-devant
gardes françaises, peut rendre des services
plus utiles par ce mélange d'armes, lorsque
les généraux jugeront convenable de l'employer en masse et isolément, décrète ce qui
suit :

Art. Ier. Les ci-devant gardes françaises qui
seront jugés susceptibles de servir dans les
troupes à cheval, seront formés en compagnie, dont l'organisation sera en tout conforme à celle de la cavalerie de ligne, et
dont les masses seront réglées de la même
manière.

II. Il ne pourra être attaché auxdites divisions de gendarmerie, que deux compagnies
de cavalerie qui formeront un escadron.

III. La solde de gendarmerie à cheval sera
la même que celle des gendarmes à pied,
formant lesdites divisions.

IV. Le pouvoir exécutif prendra les mesures

nécessaires pour accélérer la formation dudit escadron, et le faire monter et équiper.

Décret relatif à la formation d'une trente-cinquième division de gendarmerie nationale à Paris.

Du 27 février 1793. = 28 *du même mois.*

La convention nationale, après avoir entendu le rapport de son comité de la guerre, décrète :

ART. Ier. Les deux compagnies de gendarmerie nationale qui ont été autorisées à se former, seront réunies aux six compagnies formées à Paris, en vertu du décret du 25 août dernier.

II. Ces huit compagnies formeront la trente-cinquième division de gendarmerie ; mais il ne pourra être procédé à aucune autre nomination d'officiers d'état-major.

III. Le ministre de l'intérieur est chargé de pourvoir à l'habillement et à l'équipement desdites deux compagnies aux termes du décret, sur les fonds qui ont été mis entre ses mains pour la gendarmerie nationale.

Décret concernant le paiement du supplément de solde accordé aux gendarmes de la trentième division, qui ont servi dans la garde nationale soldée de Paris.

Du 20 mars 1793. = 25 *du même mois.*

La convention nationale, après avoir entendu ses comités des finances et de la guerre, décrète que les gendarmes nationaux de

la trentième division, qui justifieront avoir
servi la révolution jusqu'au mois d'août 1791,
dans la garde nationale soldée de Paris, continueront de percevoir, en outre du traitement
déterminé par la loi du 16 février 1791, le
supplément qui leur étoit accordé par les décrets des 3, 4 et 5 août de la même année.

Décret relatif aux gratifications accordées
aux gendarmes de la trente-cinquième di-
vision formée des vainqueurs de la bas-
tille.

Du 24 mars 1793. = 25 *du même mois.*

La convention nationale, après avoir entendu le rapport de son comité de la guerre,
sur la pétition présentée par les gendarmes de
la trente cinquième division de la gendarmerie nationale, formée des vainqueurs de la bastille et autres compagnies de gendarmes nationaux, décrète ce qui suit :

ART. Ier. Il sera accordé à titre de gratification aux gendarmes de la trente cinquième
division de la gendarmerie nationale qui justifieront être du nombre des vainqueurs de la
bastille, une somme équivalente à un mois de
leur solde. Cette somme ne sera payée que
sur le vu des listes ci-devant formées, et légalement certifiées des citoyens reconnus pour
être au rang des vainqueurs de la bastille.

II. A l'égard des réclamations formées par
les gendarmes réunis aux vainqueurs de la
bastille, qui ont pour objet l'exécution des
loix des 19 et 24 août 1792 ; de celles qui sont

relatives à l'habillement et équipement des cent vingt gendarmes réunis à la trente-cinquième division de la gendarmerie nationale, par le décret du 17 de ce mois, et au paiement des sommes attribuées aux officiers pour leur équipage de campagne, la convention nationale renvoie au conseil exécutif; et sur le surplus de la pétition, passe à l'ordre du jour.

Décret relatif à l'incorporation dans les différentes divisions de gendarmerie, des gendarmes logés à la caserne de l'ancien séminaire Saint-Nicolas de Paris.

Du 28 avril 1793. = 3 *mai suivant.*

La convention nationale; après avoir entendu son comité de la guerre, décrète ce qui suit :

ART. Ier. Les trois cents gendarmes logés à la caserne de l'ancien séminaire Saint-Nicolas; et qui doivent partir incessamment pour l'armée du Nord, seront aussitôt leur arrivée, incorporés dans les différentes divisions de gendarmerie à pied, et qui font déjà partie de cette armée.

II. Ceux de ces trois cents gendarmes qui prouveront qu'ils n'ont aucune interruption dans leurs années de service, prendront dans la compagnie où ils seront incorporés, leur rang d'ancienneté, sans qu'il puisse leur être fait aucune réclamation.

III. Si parmi ces trois cents gendarmes, il s'en trouve qui soient en grade par ancienneté de service, ceux-là seuls conserveront la paye du grade qu'ils exercent, et passeront de droit, après leur incorporation, aux premières places qui viendroient à vaquer, correspondantes à leur grade.

IV. Ces trois cents gendarmes seront traités comme les autres, soit pour la paye, soit pour la gratification, en justifiant de leurs titres.

V. Le ministre de la guerre est chargé de se faire rendre compte par les héritiers du citoyen Verrière, ci-devant commandant de la gendarmerie à pied des armées du nord, ou par qui de droit, des motifs qui occasionnent le non-paiement de l'habillement et équipement des gendarmes en dépôt aux casernes Saint-Nicolas, et en attendant, il prendra les mesures convenables pour qu'aucune réclamation à cet égard ne puisse retarder leur départ, quand il sera jugé nécessaire.

VI. Le présent décret aura aussi son entière application pour les trois cents autres gendarmes restant au dépôt, et qui, faute d'être complettement habillés ou équipés, ne peuvent point encore partir.

SECTION IVᵉ.

GENDARMERIE DU CLERMONTOIS.

Décret relatif à la ci-devant maréchaussée du Clermontois.

De 14 mai 1791 = 20 *du même mois.*

L'Assemblée nationale, après avoir entendu son comité militaire décrète ce qui suit :

ART. Ier. Conformément aux dispositions du décret du 24 décembre 1790, la division de la gendarmerie nationale qui portoit ci-devant le nom de *maréchaussée du Clermontois*, sera payée, à compter du premier janvier 1791, par le trésor public, sur le même pied que les brigades de gendarmerie nationale du département de la Meuse.

II. Le sieur Beaugeois, commandant la division de gendarmerie nationale ci-devant connue sous le nom de *maréchaussée du Clermontois*, a droit d'être incorporé avec le grade de lieutenant lors de la nouvelle organisation de ce corps, et les appointemens du grade de lieutenant lui seront payés, à compter du premier janvier 1791.

SECTION Vᵉ.

GENDARMERIE DE CORSE.

Décret relatif à la gendarmerie du département de Corse.

Du 3 juin 1791. = 8 *du même mois.*

L'Assemblée nationale considérant que dans le département de Corse il n'y avoit point de maréchaussée, que le ci-devant régiment provincial en a toujours fait le service ; après avoir entendu ses comités de constitution et militaire, sur les observations faites par le directoire du département de Corse, décrète que la gendarmerie nationale de ce département sera composée au moment de cette première formation, d'officiers, sous-officiers et soldats qui aient servi dans le régiment provincial Corse ou dans les troupes de ligne ; qu'attendu la localité, cette gendarmerie au lieu de vingt-quatre brigades à cheval, sera composée de trente-six brigades à pied, lesquelles seront divisées en trois compagnies, sous les ordres d'un colonel et de deux lieutenans-colonels ; qu'au surplus les décrets rendus sur l'organisation de la gendarmerie en général, seront exécutés en Corse comme dans tous les autres départemens.

CHAPITRE XXVI.

INVALIDES.

Décret concernant la solde des invalides détachés.

Du 9 mai 1790. = 16 *du même mois.*

L'ASSEMBLÉE NATIONALE décrète que les invalides détachés recevront, à compter du 1er mai présent mois, l'augmentation de solde que l'assemblée nationale a décrétée pour l'armée.

Décret relatif aux invalides.

Du 28 mars 1791. = 17 *avril snivant.*

L'Assemblée nationale décrète ce qui suit :

Art. Ier. Il ne sera reçu désormais à l'hôtel des invalides, conformément à l'édit de création, que des militaires qui auroient été estropiés, ou qui auroient atteint l'âge de caducité, étant sous les armes au service de terre ou de mer, et qui n'auroient d'ailleurs aucun moyen de subsister.

Ceux qui sont actuellement à l'hôtel seront les maîtres d'y rester ; ceux qui voudront en sortir auront pour pension de retraite,

SAVOIR;

Les lieutenans - colonels...........	1,200 l.	s.	d.
Les commandans de bataillons......	1,000	«	«
Les capitaines................	800	«	«
Les lieutenans.................	600	«	«
Les maréchaux-des-logis en chef....	422	3	4
Tous les sous-officiers...........	300	10	«
Tous les soldats...............	227	10	«

II. L'état-major de l'hôtel est supprimé ; l'administration sera réformée. Le comité militaire présentera incessamment ses vues sur cet objet, ainsi que sur les moyens de conserver quelques compagnies détachées de vétérans.

Décret relatif au ci-devant hôtel des Invalides, conservé sous la dénomination d'hôtel national des militaires invalides.

Du 30 avril 1792. = 16 *mai suivant.*

L'Assemblée nationale après avoir entendu dans les séances du 17 décembre 1791, du 7 janvier, du 29 février, et 30 avril 1792, la lecture d'un projet de décret relatif aux invalides, et avoir décidé qu'elle se trouve en état de rendre un décret définitif, décrète ce qui suit :

ART. Ier. L'établissement connu sous le nom *d'hôtel des invalides*, est conservé sous la dénomination *d'hôtel national des militaires invalides*.

II. Il ne sera désormais reçu à l'hôtel national des militaires invalides, que des officiers, sous-officiers et soldats qui auront été estropiés, ou qui auront atteint l'âge de caducité, étant sous les armes au service tant de terre que de mer.

III. Les officiers, sous-officiers et soldats tant de terre que de mer, qui ayant été jugés admissibles à l'hôtel national des militaires invalides, aimeront mieux se retirer dans leurs familles, ou dans quelqu'autre partie de l'empire, obtiendront des pensions destinées à représenter le traitement de l'hôtel ; lesdites pensions seront proportionnées aux grades qu'ils occuperont, et leur seront payées ainsi qu'il sera dit article XIV et suivant du présent décret.

IV. Sont dès-à-présent admissibles à l'hôtel ou aux pensions destinées à le représenter,

1°. Les invalides actuellement retirés à l'hôtel ;

2°. Les gendarmes retirés dans l'hospice militaire de Lunéville ;

3°. Les invalides formant les compagnies détachées ;

4°. Les invalides retirés dans les départemens ;

5°. Les sous-officiers ou soldats qui ont obtenu la récompense militaire ;

6°. Ceux qui ont obtenu le brevet de vétéran de l'armée ;

7°. Ceux qui ont obtenu la pension de retraite désignée par le mot *solde* ;

8°. Enfin ceux qui ont obtenu la pension de retraite connue sous le nom de *demi-solde*.

V. Il sera annuellement, en vertu d'un décret du corps législatif, versé par la trésorerie nationale

nationale dans la caisse de l'hôtel national des
militaires invalides, la somme qui sera jugée
nécessaire à l'entretien des édifices de l'hôtel,
à la subsistance, à l'habillement et à l'équipement des invalides qui y seront retirés, aux
frais de l'administration générale de cet établissement, et l'aquittement des pensions destinées
à le représenter.

VI. La somme qui, en vertu de l'article V,
aura été fixée par le corps législatif pour l'hôtel
national des militaires invalides, ne sera susceptible d'aucune espèce de retenue; elle sera
payée d'avance, mois par mois, en douze payemens égaux.

VII. Le nombre des militaires qui seront
admis à l'hôtel, sera annuellement fixé par le
corps législatif. Il sera pour l'année 1792 porté à
trois cents places d'officiers, et à dix sept cents
pour les sous-officiers ou soldats.

VIII. Le nombre des pensions destinées à
représenter le traitement de l'hôtel, sera fixé
chaque année par le corps législatif, d'après
les besoins de l'armée et le compte que lui
rendra le ministre chargé de cet établissement.

Dans aucune circonstance les militaires qui
les auront obtenues, ne pourront en être privés, les réductions ne devant jamais être exercées que dans le cas de vacance.

Pour l'année 1792, le nombre des pensions
sera fixé à deux mille.

En exécution de l'article V du présent décret,
il sera versé par la trésorerie nationale, pour
l'année 1792, une somme de deux millions

Tome III.   T

dans la caisse de l'hôtel national des militaires invalides.

IX. Il sera, pendant la paix, constamment réservé cent places et cent pensions destinées aux officiers, sous-officiers ou soldats que des événemens imprévus forceroient à quitter le service.

X. Les officiers, sous-officiers ou soldats qui auront été admis à l'hôtel national des invalides, auront toujours la liberté d'en sortir; ils jouiront alors des pensions fixées par l'article XIV du présent décret.

XI. Les officiers, sous-officiers ou soldats qui ayant été jugés admissibles à l'hôtel, auront opté pour la pension destinée à le représenter, auront toujours la faculté d'y rentrer, mais ils concourront pour cet objet, avec le reste des officiers, sous-officiers et soldats.

XII. Les officiers, sous-officiers et soldats qui auront été jugés admissibles à l'hôtel ou à la pension qui le représente, seront conduits à l'hôtel ou dans le lieu qu'ils auront choisi pour leur retraite, aux dépens de la caisse des invalides. Il en sera de même de ceux qui, après être entrés à l'hôtel, demanderont à jouir de la pension, et enfin de ceux qui ayant opté pour la pension, obtiendront d'entrer à l'hôtel.

XIII. Les officiers, sous-officiers et soldats qui, après avoir été admis à l'hôtel national des militaires invalides, et en être sortis pour jouir de la pension, demanderont à y rentrer, pourront en obtenir l'agrément; mais ils s'y rendront à leurs frais. Ceux qui après avoir opté pour la pension, auront obtenu d'entrer à l'hôtel, et demanderont néanmoins de nouveau à jouir de la pension qui le represente, voyageront de même à leurs frais.

XIV. Les pensions destinées à représenter l'hôtel seront,

Pour les colonels.	1,800l	» id
Pour les lieutenans-colonels.	1,200	» »
Pour les commandans de bataillons	1,000	» »
Pour les capitaines.	800	» »
Pour les lieutenans, sous-lieutenans et porte-drapeaux.	600	» »
Pour les maréchaux-des-logis en chef et sergens-majors.	422	3 4
Pour les sous-officiers.	300	10 »
Pour les soldats.	240	» »

XV. Les invalides admis à l'hôtel ou à la pension, n'obtiendront dans aucun cas, après leur admission, une pension ou traitement plus fort que celui du grade auquel ils étoient élevés au moment de leur admission.

XVI. Les pensions destinées à représenter l'hôtel, seront payées mois par mois, toujours d'avance, sans aucune espèce de retenue, aux dépens dudit établissement, et à la diligence des ses administrateurs, par le receveur du district dans lequel le pensionnaire fera sa résidence.

L'administration de l'hôtel présentera au corps législatif, les moyens d'exécution du présent article, pour en obtenir l'approbation.

XVII. Tout payement fait par anticipation à un invalide pensionné, sera regardé comme non avenu.

XVIII. Les trois quarts des pensions destinées à représenter l'hôtel, seront insaisissables,
même pour fournitures d'alimens.

XIX. L'assemblée nationale confie les invalides pensionnés aux soins paternels de tous les
fonctionnaires publics, et particulièrement à
ceux des officiers municipaux et procureurs des
communes.

XX. Immédiatement après la réception du
présent décret, le directoire du département
de Paris s'occupera de la formation du tableau
général des officiers, sous-officiers et soldats
qui devront être admis à l'hôtel national des
militaires invalides, ou à la pension destinée à
le représenter. Il se conformera dans la composition de ce tableau, aux dispositions des
articles suivans.

XXI. Seront d'abord admis à l'hôtel ou à la
pension qui le représente;

1o. Tous les invalides qui étoient retirés à
l'hôtel à l'époque du 28 mars 1791;

2o. Les gendarmes retirés dans l'hospice militaire de Lunéville;

3o. Les invalides formant les compagnies détachées qui seront réformés;

4o. Les invalides formant les compagnies détachées qui seront dans le cas prévu par l'article II du présent décret;

5o. Les officiers, sous-officiers et soldats,
tant dans les troupes de ligne et gardes nationales volontaires, que dans les troupes, et
gens de mer qui se trouveront dans le cas
prévu par ledit article II;

6o. Les invalides retirés dans les départemens;

7°. Les sous-officiers et soldats qui se sont retirés avec la récompense militaire ou le brevet de vétéran ;

8°. Les sous officiers ou soldats qui se sont retirés avec la solde ;

9°. Les sous-officiers ou soldats qui se sont retirés avec la demi-solde ; lesquels se trouveront dans le cas prévu par l'article II du présent décret.

On observera d'accorder la préférence aux plus âgés de ceux qui auront été mutilés à la guerre, jusqu'au dernier, ensuite par rang d'ancienneté de service, en préférant, à égalité de service, ceux qui seront les plus âgés.

Les invalides qui ont été admis à l'hôtel depuis l'époque du 28 mars 1791, n'y seront conservés, que s'ils réunissent les conditions prescrites par le décret dudit jour ; dans le cas contraire, ils rentreront dans la classe dont ils faisoient partie à ladite époque du 28 mars, et ils ne concourront, pour être de nouveau admis à l'hôtel, qu'avec les militaires de la classe dans laquelle ils se trouvoient.

XXII. Pour mettre le directoire du département de Paris à portée de comparer ce tableau, les ministres de la guerre et de la marine adresseront à ce corps administratif, quinze jours après la proclamation du présent décret, l'état de tous les officiers, sous-officiers et soldats actuellement en activité de service, et celui de tous les autres militaires qui, conformément au présent décret, seront dans le cas d'être admis à l'hôtel ou à la pension qui le représente.

T 3

XXII. Les états que les ministres de la guerre et de la marine adresseront au directoire du département de Paris, seront conformes aux modèles annexés au présent décret, et appuyés sur les pièces justificatives mentionnées dans l'article XXXIV.

Pour accélérer et assurer encore davantage la confection du tableau des invalides, l'administration de l'hôtel remettra, immédiatement après la publication du présent décret, les contrôles de l'hôtel au directoire du département.

XXIV. Le directoire du département de Paris ne portera, ainsi qu'il est prescrit articles VII et VIII, le tableau général de l'année 1792, qu'à quatre mille places, y compris les pensions représentant l'hôtel; mais il y joindra un état rédigé dans le même ordre, de cinq cents militaires destinés à occuper les places qui vaqueront dans le cours de l'année. Les suppléans entreront en jouissance, au plus tard, un mois après la vacance de la place ou de la pension.

XXV. Avant de former l'état particulier des invalides qui devront être admis à l'hôtel, et de ceux qui jouiront de la pension, le directoire du département s'assurera du vœu de chacun d'eux, et pour cela, il leur adressera une invitation d'opter entre l'hôtel et la pension.

XXVI. Tout invalide qui n'aura pas fait connoître son vœu dans l'espace d'un mois, à dater du jour de l'invitation, sera censé avoir préféré la pension.

XXVII. Six semaines après le départ des invitations d'opter, le directoire du département dressera l'état définitif des invalides qui devront habiter l'hôtel, et de ceux qui jouiront de la pension.

XXVIII. Si le nombre des invalides qui désireront habiter l'hôtel, est plus grand que celui des places à donner, le directoire choisira parmi eux, et donnera la préférence à ceux qui par leur âge, leurs infirmités, leurs blessures et leur isolement social, mériteront le plus d'obtenir les places de l'hôtel.

XXIX. Si le nombre des invalides qui désireront habiter l'hôtel, est moins grand que celui des places à donner, lesdites places resteront vacantes, et il leur sera de suite substitué un nombre au moins égal de pensions.

Il en sera usé de même toutes les fois qu'un invalide habitant à l'hôtel aura demandé par écrit et huit jours d'avance, l'agrément qui jamais ne pourra lui être refusé, d'aller jouir de sa pension.

XXX. Dès que la liste que le directoire du département de Paris, aura dressée en vertu du présent décret, aura été approuvée par le corps législatif, elle sera rendue publique par la voie de l'impression, et trois exemplaires en seront adressés par les soins du ministre de l'intérieur, à chaque district du royaume, par l'intermédiaire de leurs départemens respectifs. Cette liste contiendra tous les détails qui auront été fournis au directoire par les ministre de la guerre et de la marine, et par l'admi-

T 4

nistration de l'hôtel, et sera rédigée conformément au modèle prescrit par l'article XXIII.

L'impression de ladite liste sera faite aux dépens de l'administration de l'hôtel.

XXXI. Le directoire du département de Paris formera de même chaque année, dans le cours du mois de décembre, sur la présentation de l'administration de l'hôtel, une liste semblable qui sera mise sous les yeux du corps législatif, par le ministre chargé de l'hôtel des invalides.

XXXII. Une des listes que le directoire du département de Paris, aura fait passer à chaque district de l'empire, sera, à la diligence du procureur-syndic du district, successivement adressée à chaque municipalité de son territoire, et y restera déposée pendant un mois, afin que tous les citoyens, et sur-tout tous les militaires qui pourroient avoir des prétentions à l'hôtel ou à la pension, puissent juger de la validité de leurs droits.

Ceux qui se croiront lésés, ou qui penseront avoir des réclamations à faire, les adresseront à leurs municipalités, qui, après avoir délibéré sur les faits exposés, les feront passer au directoire du département par l'intermédiaire du district. Le directoire du département les adressera avec son avis à l'administration générale de l'hôtel.

XXXIII. Les officiers, sous-officiers et soldats invalides, actuellement retirés dans les départemens, les sous-officiers et soldats qui, ayant obtenu la récompense militaire, la solde, la demi-solde ou la vétérance, se croiront fon-

dés à être admis à l'hôtel ou à la pension destinée à le représenter, adresseront leurs demandes à leurs municipalités respectives, qui
les feront parvenir, ainsi qu'il est dit article
XXXII, au directoire de leurs départemens,
par l'intermédiaire des directoires de district.

Les directoires de département rédigeront
la demande des militaires, dans la forme prescrite
par l'article XXIII, et joindront à l'appui toutes
les pièces justificatives qu'on leur aura fournies.

Lesdits états et pièces justificatives seront à l'a-
venir adressés à l'administration de l'hôtel, avant
l'époque du 1er. décembre de chaque année.

XXXIV. Le ministre de la guerre et celui
de la marine adresseront chaque année, et le
premier décembre au plus tard, à l'administration de l'hôtel, un état visé et signé par
ceux des officiers, sous officiers et soldats qu'ils
jugeront devoir être admis à l'hôtel. Cet état
sera rédigé de la même manière que celui
qui est prescrit article XXIII du présent décret.

A cet état seront jointes les pièces suivantes:

1º. Le mémoire de l'officier, sous officier ou
soldat, dans lequel il fera connoître son âge,
le nombre de ses années de service, le grade
dans lequel il sert, les campagnes qu'il a faites,
les blessures qu'il a reçues, les infirmités dont il
est affecté. Il y exposera encore l'objet de sa demande, et les motifs sur lesquels elle est fondée;

2º. L'avis des officiers de la compagnie sur
cette demande;

3º. L'avis des officiers de santé du régiment
et de l'hôpital militaire;

4º. L'avis du conseil d'administration;

5°. Le vu du commissaire des guerres;

6°. L'approbation de l'officier général chargé de l'inspection.

Ces différens avis ou certificats seront mis au bas du mémoire, et dans l'ordre ci-dessus indiqué.

XXXV. Si les faits énoncés dans les pièces mentionnées article XXXIV, sont reconnus et constatés, ou faux ou exagérés, les personnes qui auront signé lesdits certificats, en seront personnellement et solidairement responsables. En conséquence, outre la punition de discipline qui leur sera infligée, en vertu des ordres du ministre de la guerre, ils seront condamnés, à la diligence de l'administration de l'hôtel, à verser dans la caisse dudit hôtel, et pendant la vie entière du militaire pensionné, une somme égale à la pension qui lui aura été indûement attribuée. Les signataires desdits certificats contribueront au payement de cette pension, au prorata de leurs appointemens.

XXXVI. L'État s'étant, par l'article V du présent décret, chargé de pourvoir à l'entretien et à la subsistance des invalides, ainsi qu'au payement des pensions, les indemnités dont jouissoit l'hôtel des invalides sur les fermes générales, sont supprimées; il en est de même des pensions d'oblat. Les deux millions placés sur l'État sont censés acquittés; les terrains, ci-devant en location au profit de l'hôtel, sont déclarés nationaux, et seront vendus ou loués comme tels, en observant néanmoins de conserver tous ceux qui pourront contribuer à l'agrément ou à la salubrité de l'hôtel.

XXXVII. Toutes les pensions qui étoient ci-devant payées par la caisse des invalides, le seront à l'avenir sur les fonds destinés aux pensions. Il en sera de même de toutes les retraites accordées à l'état-major des invalides, et aux agens de l'administration qui ne seront point conservés dans leurs fonctions.

Il ne pourra à l'avenir et sous aucun prétexte, être accordé aux agens de l'administration aucune espèce de pension de retraite sur les fonds de l'hôtel, et nul ne pourra en tirer un traitement plus fort que celui qui aura été fixé par les décrets du corps législatif.

XXXVIII. L'état-major de l'hôtel des invalides supprimé par le décret du 28 mars 1791, et qui a continué ses fonctions jusqu'à ce jour, continuera d'être payé du traitement dont il jouissoit jusqu'au jour où le conseil d'administration tiendra sa première session.

XXXIX. Il sera accordé auxdits officiers, des retraites dont la valeur sera déterminée tant en conséquence du traitement dont ils jouissent, que de l'ancienneté de leurs services. On prendra pour base le décret du 3 août 1790, relatif aux pensions, et celui du premier juillet, relatif à la conservation et classement des places de guerre.

L'hôtel des invalides sera considéré comme ayant fait partie des places de première ligne.

XL. Les officiers de santé actuellement en activité de service et qui seront conservés par l'administration de l'hôtel, jouiront du même traitement dont ils jouissent actuellement :

quant à ceux qui les remplaceront, leur traitement sera fixé par le conseil.

XLI. Les officiers de santé de l'hôtel qui demanderont ou obtiendront leur retraite, recevront une pension proportionnée au traitement dont ils jouissent et à l'ancienneté de leurs services ; on prendra pour base les ordonnances relatives aux pensions de retraite des officiers de santé des hôpitaux militaires.

XLII. Si des anciens officiers de l'état-major de l'hôtel, ou des officiers de santé dudit hôtel, ou des agens de son administration, ou enfin des citoyens employés dans les armées, avoient légalement obtenu pour retraite ou supplément de retraite, un logement dans l'hôtel des invalides, ils obtiendront une indemnité en argent. Cette indemnité sera fixée par l'assemblée nationale, d'après le rapport du commissaire du roi, liquidateur général.

XLIII. Tous les agens actuels de l'administration de l'hôtel videront dans le délai d'un mois après la promulgation du présent décret, les logemens qu'ils occupent dans ledit hôtel.

Nul des citoyens employés à l'avenir à l'administration de l'hôtel, ne logera dans son intérieur ou dans les bâtimens qui en dépendront, qu'en vertu des décrets du corps législatif.

Les citoyens employés à l'administration de l'hôtel, et qui y seront logés en vertu des décrets du corps législatif, n'occuperont que le nombre des pièces qui sera fixé par les administrateurs de l'hôtel, et ce nombre sera réduit au pur et absolu nécessaire.

Le directoire du département de Paris s'occupera sans délai, à faire dresser un état et un plan général des logemens, et à faire dans l'intérieur de l'hôtel les réparations et distributions qui pourront contribuer à rendre les logemens des soldats plus commodes, plus sains et plus agréables.

XLIV. Aucun des citoyens employés à l'administration de l'hôtel, ne pourra, sous aucun prétexte, s'attribuer ni obtenir un jardin ou portion des jardins appartenant à l'hôtel.

Les jardins actuellement cultivés seront, ainsi que les cours et les terrains vacans, susceptibles d'être mis en culture, divisés en petits carreaux, et distribués par le sort entre les officiers, sous-officiers et soldats résidant à l'hôtel.

Les officiers, sous-officiers et soldats qui jouissent actuellement de jardins ou portions de jardins, seront maintenus en possession pendant tout le temps où ils résideront à l'hôtel.

Les invalides pourront, dans tous les temps, disposer de leurs jardins en faveur de ceux de leurs camarades retirés à l'hôtel, qu'ils voudront choisir, mais dans aucun cas nul individu ne pourra en conserver deux.

L'administration de l'hôtel rédigera les réglemens qu'elle jugera nécessaires pour l'exécution du présent article.

XLV. Les invalides demeurant à l'hôtel recevront pour leurs menus besoins, indépendamment des fournitures ordinaires, les pensions suivantes :

Les colonels...............	50 liv. par mois.	600 l.
Les lieutenans-colonels.......	30.............	360.
Les commandans de bataillons..	24.............	288.
Les capitaines...............	16.............	192.
Les lieutenans...............	12.............	144.
Les maréchaux-des-logis en chef.	8.............	96.
Les sous-officiers............	6.............	72.
Les soldats.................	5.............	60.

Ces pensions seront payées chaque mois, en payemens égaux, qui seront faits le premier, le 8, le 15 et le 22 de chaque mois.

TITRE II.

De l'administration intérieur de l'hôtel.

SECTION PREMIÈRE.

Du conseil d'administration.

Art. Ier. Les citoyens admis à l'hôtel des invalides ne seront tenus à aucune espèce d'exercice, ni de service militaire ; chacun d'eux conservera néanmoins, à l'instar des vétérans nationaux un esponton pour arme.

II. A dater du jour de la publication du présent décret, l'hôtel des invalides fera partie du département du ministre de l'intérieur.

III. L'administration générale de l'hôtel sera confiée, sous la surveillance du département de Paris, à un conseil électif qui sera composé ainsi qu'il sera dit ci-après.

IV. Les membres de l'administration générale de l'hôtel seront divisés en deux sections, l'une connue sous le nom de *Conseil géné-*

ral d'administration, et l'autre sous celui de *Bureau administratif.*

V. Le conseil général d'administration sera composé de trente-six membres; savoir, six notables de la commune de la ville de Paris, et trente militaires retirés à l'hôtel.

VI. Il y aura de plus dans l'administration de l'hôtel national des militaires invalides, un syndic d'administration; il sera nommé ainsi qu'il sera dit article XIII.

VII. Les notables de la commune de Paris seront élus par le conseil général de ladite commune, au scrutin individuel et à la pluralité absolue des suffrages. Il en sera renouvelé trois chaque année, la première fois au sort, et ensuite à tour d'ancienneté.

VIII. Les militaires résidant dans l'hôtel, qui devront avec les membres de la commune de Paris former le conseil général de l'hôtel, seront élus par tous les invalides, au scrutin individuel et à la pluralité absolue des suffrages.

IX. Les assemblées que les invalides devront tenir pour élire leurs administrateurs, se formeront le premier lundi de chaque année; tous les invalides résidans à l'hôtel auront le droit d'y voter. On suivra pour les élections les formes prescrites pour les assemblées primaires.

X. Les conditions nécessaires pour être éligible seront de résider dans l'hôtel depuis un an, et de savoir lire et écrire.

XI. Les administrateurs élus seront renouvelés par moitié tous les ans, la première fois au sort, et ensuite à tour d'ancienneté.

XII. Les administrateurs pourront être continués par une nouvelle élection, mais ensuite ils ne pourront être réélus qu'après un intervalle de deux ans.

XIII. Le syndic d'administration sera aussi nommé par les invalides, au scrutin, et à la pluralité absolue des suffrages. Il sera élu pour deux ans; il pourra être continué par une nouvelle élection; mais ensuite il ne pourra être réélu qu'après un intervalle de deux ans.

Le syndic d'administration ne pourra être choisi que parmi les citoyens étrangers à l'hôtel; il devra réunir les conditions nécessaires pour être élu membre des corps administratifs.

XIV. Le conseil d'administration nommera, dès sa première séance, un président et un vice-président. Ils seront choisis au scrutin individuel, et à la pluralité absolue des suffrages, parmi les membres du conseil.

XV. Le conseil nommera ensuite, au scrutin individuel, et à la pluralité absolue des suffrages, un économe de l'hôtel, un trésorier, et un secrétaire.

Le premier sera élu pour quatre ans, les deux autres pour six; les uns et les autres pourront être continués par de nouvelles élections.

L'économe, le trésorier et le secrétaire ne pourront être choisis que parmi les citoyens étrangers à l'hôtel; ils devront réunir les condi-
dition,

ditions nécessaires pour être élus membres des corps administratifs.

XVI. L'économe de l'hôtel fournira un cautionnement en immeubles, qui s'élevera à la somme de quarante mille livres.

Le trésorier fournira un cautionnement aussi en immeubles, qui s'élevera à la somme de deux cent cinquante mille livres.

Ces différens cautionnemens seront soumis aux mêmes formalités que les cautionnemens des receveurs de district, ils seront vérifiés à la diligence du syndic d'administration.

XVII. Le traitement de l'économe sera de cinq mille livres, celui du trésorier de six mille livres, celui du secrétaire, de deux mille livres; les uns et les autres seront logés dans l'hôtel.

XVIII. Le conseil d'administration tiendra une séance le premier lundi de chaque mois, et plus souvent s'il le juge convenable, ou s'il en est requis, soit par le bureau, soit par le syndic d'administration.

XIX. Le conseil fixera les règles de l'administration, ordonnera les dépenses, et prescrira les règles générales de police; il recevra tous les mois les comptes du bureau, et vérifiera l'état des différentes caisses.

XX. Le syndic d'administration assistera à toutes les séances du conseil et du bureau, mais sans voix délibérative; il ne pourra être pris aucune délibération sans qu'il y ait été entendu; il fera toutes les réquisitions qu'il croira utiles. Ces réquisitions sur lesquelles le conseil délibérera toujours, seront, si le syndic d'administration le demande, inscrites sur le registre des délibérations.

XXI Le syndic d'administration sera chargé de suivre l'exécution de tous les arrêtés du conseil, de défendre les intérêts et de poursuivre les affaires de l'hôtel.

XXII. Le traitement du syndic d'administration sera de trois mille livres; il sera logé à l'hôtel.

XXIII. Le conseil nommera un de ses membres pour remplacer momentanément le syndic d'administration en cas d'absence, de maladie ou autre empêchement.

XXIV. Les délibérations du conseil ne pourront être mises à exécution, qu'autant qu'elles auront été revêtues de l'approbation du directoire du département de Paris; 1°. Quand il s'agira de faire des changemens au régime de l'administration générale de l'hôtel, ou aux réglemens de la police intérieure; 2°. de faire des achats autres que ceux nécessaires à la subsistance journalière des personnes qui doivent vivre à l'hôtel; 3°. d'augmenter ou diminuer la quantité des alimens; 4°. d'augmenter ou de diminuer le nombre des agens salariés de l'administration; 5°. de faire faire des augmentations, des changemens ou des réparations aux édifices de l'hôtel; 6°. enfin, de statuer sur des objets étrangers à l'hôtel, tels que l'habillement et la solde des invalides et autres militaires qui, aux termes du présent décret, doivent être soldés par les soins de l'administration de l'hôtel.

XXV. Dans tous les cas prévus par l'article précédent, le syndic de l'administration sera tenu d'adresser, dans vingt-quatre heures, au directoire du département de Paris, une copie en forme, de la délibération du conseil; le directoire du département statuera, sous huitaine au plus tard, sur les objets contenus dans ladite délibération.

XXVI. Toutes les fois que le directoire du département de Paris, devra statuer sur les délibérations du conseil d'administration de l'hôtel, il préviendra ledit conseil du jour et de l'heure où il s'en occupera; le conseil pourra charger deux de ses membres de se rendre au directoire, pour y faire connoître les motifs de sa détermination; ils y auront voix consultative.

XXVII. Le syndic d'administration sera appelé au directoire du département, toutes les fois qu'il devra y être traité des objets relatifs à l'hôtel; il y sera entendu sur lesdits objets, toutes les fois qu'il le demandera, ou lorsqu'il sera requis de donner des renseignemens.

XXVIII. Le syndic d'administration sera tenu de dénoncer au conseil général de l'hôtel, tous les arrêtés que le bureau aura pris, et qui lui paroîtront outre-passer les pouvoirs délégués audit bureau, ou être contraires, soit aux loix, soit aux intérêts des administrés ou de la nation, soit aux arrêtés du conseil, soit à ceux du directoire du département.

XXIX. Le syndic d'administration sera tenu de même, de dénoncer au directoire du département de Paris, tous les arrêtés que le conseil de l'hôtel aura pris, et tous les ordres qu'il aura donnés, lorsqu'ils lui paroîtront outre-passer les pouvoirs délégués audit conseil, ou être contraires, soit aux loix, soit aux intérêts des administrés ou de la nation, soit aux arrêtés du département de Paris, ou aux ordres qu'il lui aura transmis.

XXX. Si le syndic d'administration négligeoit de dénoncer au conseil de l'hôtel les arrêtés du bureau administratif, ou au directoire du département, les arrêtés du conseil qui seront contraires, soit aux loix, soit aux intérêts des administrés ou de la nation, soit aux ordres ou arrêtés du directoire, le directoire, pourra, sous sa responsabilité, après avoir entendu ledit syndic, le suspendre provisoirement de ses fonctions, mais à la charge d'en instruire aussitôt le pouvoir exécutif, lequel lèvera ou laissera subsister ladite suspension.

XXXI. Lorsque le pouvoir exécutif laissera subsister la suspension prononcée par le directoire du département de Paris contre le syndic de l'administration, ledit directoire nommera pour le remplacer un commissaire pris parmi les membres du conseil de l'administration de l'hôtel.

XXXII. Lorsque le pouvoir exécutif laissera subsister la suspension prononcée par le directoire du département, il en instruira sur le champ le corps législatif qui lèvera ou approuvera la suspension, ou renverra le syndic au tribunal criminel du département.

XXXIII. Le bureau et le conseil d'administration de l'hôtel seront d'ailleurs assujettis
envers le directoire du département de Paris,
aux dispositions prescrites pour la subordina-
tion des districts envers les départemens, par
l'article XXV et suivans, de la loi du 27
mars 1791.

XXXIV. La fourniture des denrées nécessaires à la subsistance des invalides retirés à
l'hôtel, telles que le pain, vin, viande, beur-
re, œufs, fromages, légumes secs, bois, char-
bon, chandelles, et de tous les autres objets
qui en seront susceptibles, sera donnée à l'entreprise.

Il en sera de même de la fourniture des
étoffes, toiles, et autres objets nécessaires à
l'habillement, à l'équipement et à l'entretien
des invalides.

Ces adjudications seront faites au rabais par
devant le directoire du département de Paris,
en présence du syndic de l'administration de
l'hôtel, et de deux membres de l'administration : on suivra pour ces adjudications, les
dispositions des articles VII, VIII et IX de la
loi du 14 octobre 1791.

XXXV. Le secrétaire sera chargé de tenir
registre de toutes les délibérations du conseil
et du bureau administratif : il sera chargé de
plus, de ce qui est relatif aux archives.

XXXVI. Le trésorier ne fera aucun achat
ni marché ; il ne pourra, dans aucun cas,
faire un paiement au dessus de cent livres,
si le mandat de l'économe n'est visé par le
président ou le vice-président du bureau ad-

V 3

ministratif. Tout mandat au-dessus de trois
cents livres, devra être ordonnancé par le
bureau administratif.

XXXVII. Le trésorier recevra de la trésorerie nationale, tous les fonds qui seront
confiés par les décrets à l'administration de
l'hôtel, il fera tous les paiemens d'après les
mandats de l'économe de l'hôtel, visés ainsi
qu'il est dit ci-dessus.

XXXVIII. L'économe de l'hôtel sera chargé
de tous les achats ; mais dans aucun cas, il ne
fera aucun paiement : ses comptes seront vérifiés sur pièces et registres, le premier lundi
de chaque semaine, par le bureau administratif ; ils seront visés par le conseil, le premier lundi de chaque mois, et définitivement
arrêtés chaque année par le directoire du département de Paris.

Les marchés faits par l'économe qui s'élé-
veront au-dessus de trois cents livres, ne seront obligatoires que lorsqu'ils auront été
approuvés par le bureau administratif.

XXXIX. L'économe et le trésorier seront
entendus dans le conseil et dans le bureau,
toutes les fois qu'ils le demanderont, sur les
objets de leur administration, ou lorsqu'ils
seront requis de donner des renseignemens ;
ils pourront, lorsque le conseil ou le bureau
le jugeront convenable, être entendus sur des
objets étrangers à ceux qui leur seront confiés.

XL. Les séances du conseil et du bureau
seront publiques. Toute délibération prise à
huis-clos sera nulle, et les dépenses qui en
auront résulté, seront à la charge du syndic

de l'administration, s'il ne s'y est pas formellement opposé. Dans le cas d'opposition de la part du syndic de l'administration, elles seront à la charge des membres du conseil qui ne se seront point inscrits contre la délibération en refusant de la signer.

XLI. Le directoire du département de Paris vérifiera et arrêtera chaque année, les comptes de recette et de dépense de l'hôtel, sur registres, journaux et pièces, et il prescrira les règles d'administration; nulle dépense extraordinaire ne pourra être faite sans son autorisation préalable.

Les comptes de recette et dépense de l'hôtel seront, chaque année, rendus publics par la voie de l'impression, après qu'ils auront été définitivement arrêtés par le corps législatif.

SECTION II.

Du bureau administratif.

Art. Ier. Le bureau administratif de l'hôtel sera composé de trois des notables de la commune de Paris, membres du conseil d'administration, et de six militaires pris dans l'hôtel.

Le bureau nommera dans son sein un président et un vice président.

II. Les membres du bureau seront élus au scrutin individuel et à la pluralité absolue des suffrages par le conseil d'administration et parmi ses membres.

III. Les fonctions du bureau seront :

1°. De faire jouir les invalides des avantages

V 4

attachés à la salubrité de l'air et à la propreté
des édifices, cours, etc.

2°. De veiller sur la quantité, la qualité, la
préparation et la distribution des alimens et des
remèdes.

3°. De faire donner aux malades, aux estropiés et aux infirmes, tous les soins que leur
état exige et que l'humanité commande.

4°. De surveiller les achats et toutes les con-
sommations.

5°. De porter une attention particulière à
l'achat des toiles et étoffes, et à la fabrication
des habits et du linge.

6°. D'empêcher les petites déprédation des
édifices, et de prévenir les grandes, par une
continuelle surveillance ; en un mot, de faire
exécuter avec exactitude et ponctualité les loix
et les réglemens, ainsi que les ordres donnés,
soit par le directoire du département, soit par
le conseil d'administration.

IV. Le bureau distribuera entre ceux de ses
membres pris dans l'hôtel, les différens détails
d'administration, afin que chacun d'eux soit
plus particulièrement chargé d'une ou plusieurs
parties, dont il sera personnellement responsable au bureau.

V. Le bureau s'assemblera le lundi et jeudi
de chaque semaine ; il s'assemblera plus souvent, s'il le juge convenable, s'il en est requis
par le syndic de l'administration, ou si l'ordre
lui en est donné par le conseil.

SECTION II.

Tribunal de conciliation.

ART. Ier. Toutes les contestations qui s'élèveront dans l'hôtel des invalides entre les militaires qui y sont retirés, seront portées en première instance, par-devant un tribunal qui sera désigné par le nom de *Tribunal de conciliation.*

II. Le tribunal de conciliation sera composé de trois notables de la commune de Paris, qui ne seront point membres du bureau administratif, et de six militaires qui habiteront dans l'hôtel.

III. Les six militaires qui devront composer le tribunal de conciliation, seront élus après les membres du conseil d'administration, par les mêmes électeurs, pour le même temps et de la même manière.

IV. Le tribunal de conciliation nommera au scrutin et parmi ses membres, un président et un vice-président.

V. Le tribunal de conciliation s'assemblera deux fois par semaine, les lundi et jeudi.

Le tribunal s'assemblera extraordinairement toutes les fois qu'il en sera requis par un des habitans de l'hôtel, ou par le syndic d'administration.

VI. Le tribunal de conciliation prononcera dans les affaires contentieuses, après avoir entendu les parties, pris les connoissances qu'il croira nécessaires, et entendu le syndic d'administration.

VII. Toutes les fois qu'un habitant de l'hôtel aura contrevenu aux règlemens de police ou de discipline intérieure, il sera traduit devant le tribunal de conciliation, qui, après avoir entendu les témoins, fait vérifier les faits et ouï le syndic d'administration, prononcera, 1°. si la faute a été commise; 2°. si le citoyen accusé en est coupable; 3°. quelle est la peine que le coupable a encourue.

VIII. Les jugemens portés par le tribunal de conciliation seront exécutoires par provision, sauf l'appel dans l'ordre prescrit ci-après.

IX. L'appel de toutes les affaires contentieuses sera porté devant le tribunal de district dans l'arrondissement duquel l'hôtel des invalides est situé.

L'appel de toutes les contestations relatives à l'administration sera porté devant le conseil administratif; il en sera de même des appels des jugemens contre les habitans de l'hôtel accusés d'avoir manqué aux règlemens de l'hôtel.

X. Le tribunal de conciliation renverra aux tribunaux compétens, tous les coupables accusés d'actions placées par les loix du royaume au rang des délits ou crimes.

XI. Le tribunal de conciliation ne pourra sous aucun prétexte, connoître que comme arbitre, des affaires dans lesquelles un citoyen étranger à l'hôtel seroit impliqué ou intéressé.

XII. Toutes les fois qu'un habitant de l'hôtel aura des plaintes à porter contre l'un des membres du bureau, ou contre le bureau lui-même, en matière d'administration et de police, il se pourvoira par-devant le conseil d'administration.

XII. Toutes les fois qu'un habitant de l'hôtel aura des plaintes à porter contre les membres du conseil, ou contre le conseil lui-même, en matière d'administration et de police, il se pourvoira par-devant le directoire du département de Paris, qui prononcera définitivement et en dernier ressort.

SECTION IV.

De la formation des règlement de police et d'administration intérieures, et de la réception des comptes des précédens administrateurs.

Art. Ier. L'assemblée nationale adressera au conseil d'administration de l'hôtel des invalides, immédiatement après sa formation, toutes les plaintes, pétitions et mémoires qui lui ont été envoyés, soit par les citoyens qui ont voulu concourir à la perfection de cet établissement soit par les invalides qui ont porté des plaintes ou dénoncé des abus, soit par le ministre de la guerre.

Les précédens administrateurs de l'hôtel remettront de même au conseil, lors de la première session, tous les papiers, cartons, livres et registres relatifs à l'administration; les créanciers de l'hôtel lui feront parvenir, sous quinzaine, la note des sommes qu'ils ont à répéter.

II. Immédiatement après son organisation, le conseil procédera par des commissaires pris dans son sein, à l'inventaire général des meu-

bles et effets et denrées existant dans l'hôtel.
Ces commissaires en fourniront leur récépissé
aux anciens administrateurs, qui dès-lors cesseront toutes les fonctions dont ils sont actuellement chargés.

III. L'une des premières fonctions du conseil, sera de rédiger les réglemens qu'il jugera
nécessaires. Il s'occupera principalement de la
police intérieure, de l'ordre à établir dans la
comptabilité, des détails de l'administration,
de tous les objets, en un mot, qui pourront
assurer aux citoyens retirés dans cet asyle, la
tranquillité et le sort agréable que la patrie leur
doit et dont elle veut les faire jouir.

A mesure que le conseil statuera sur chacun
des différens objets qui lui sont délégués, il
adressera une copie en forme de sa délibération, au département de Paris.

IV. Le directoire du département de Paris,
après avoir délibéré, ainsi qu'il est prescrit par
les articles XXVI et XXVII de la section première du titre 2 du présent décret, sur les
projets de règlement qui lui auront été présentés par le conseil d'administration de l'hôtel,
les adressera au corps législatif avec son avis,
aux fins d'être décrétés et présentés à la sanction du roi.

V. Dès que le conseil d'administration aura
rédigé tous les réglemens nécessaires à l'hôtel,
il s'occupera de la réception des comptes des
précédens administrateurs. Ces comptes, lorsqu'ils auront été visés par le conseil, seront
vérifiés par le directoire du département de

Paris, et par lui adressés au corps législatif,
pour être définitivement arrêtés.

VI. Le conseil présentera de même chaque
année au corps législatif, par l'intermédiaire
du directoire du département de Paris, la note
des changemens qu'il croira utiles, afin de conduire avec promptitude cet établissement au
degré de perfection qu'il est susceptible d'at-
teindre.

TITRE LII.

Compagnies de vétérans.

ART. Iᵉʳ. Il sera formé un corps composé
de cinq mille hommes, destinés à remplacer
les compagnies d'invalides détachées.

II. Nul ne devant être admis dans ce corps,
avant d'avoir servi vingt-quatre ans et obtenu
la vétérance militaire, les membres qui le composeront seront nommés *Vétérans nationaux.*

III. Le corps des vétérans sera divisé en
cent compagnies de cinquante hommes chacune, y compris les officiers, sous-officiers et
tambours.

IV. Douze de ces compagnies seront uni-
quement formées d'officiers, sous-officiers et
soldats qui auront servi dans l'artillerie, et
les quatre-vingt-huit restantes, d'officiers, sous-
officiers et soldats qui auront servi dans les autres corps de l'armée, sans que les militaires
actuellement décorés du titre d'invalides ou
qui auront obtenu la récompense militaire, solde
ou demi-solde, soient tenus d'être décorés du
signe de la vétérance.

V. Chacune de ses compagnies sera composée de

1 Capitaine.
1 Lieutenant.
1 Sergent-major.
2 Sergens.
1 Caporal-fourrier.
4 Caporaux.
1 Tambour.
39 Fusiliers.
————
50

VI. Lors de la prochaine formation des compagnies de vétérans, on n'y admettra que des officiers, des sous-officiers et soldats actuellement employés dans les compagnies d'invalides détachées.

Dans le cas où les compagnies détachées ne pourroient fournir un nombre assez grand d'officiers, sous-officiers ou soldats, pour compléter les corps des vétérans, on y admettra des invalides retirés dans les départemens.

VII. Pour compléter les compagnies de vétérans, on donnera la préférence aux officiers, sous-officier et soldats les plus en état de servir. Le choix des hommes qui devront les composer, est confié au pouvoir exécutif, qui le fera d'après les états formés par les municipalités, et qui lui seront adressés avec les avis des districts, par l'intermédiaire des directoires de département.

VIII. Les places de capitaines seront données à des capitaines ; celles de lieutenant à des lieutenans ; celles de sergent-major à des sous-officiers désignés par le nom de maréchaux-des-logis en chef, ou sergens-majors; celles de sergens à des sergens ou maréchaux-des-logis; et celles de caporaux à des caporaux ou brigadiers.

IX. Les militaires qui seront compris dans les compagnies de vétérans, seront considérés comme en activité de service, et en cette qualité, ils seront susceptibles d'obtenir les décorations militaires et les autres récompenses que la nation accorde aux défenseurs de la patrie.

X. Les vétérans, lorsqu'ils ne pourront plus continuer leur service, obtiendront, ou l'hôtel s'ils doivent y être admis, ou leur pension de retraite sur le pied fixé par la loi du 3 août 1790. Tout militaire qui sera admis dans les compagnies de vétérans nationaux, aura l'hôtel ou sa retraite, du moment où il aura atteint sa soixantième année.

XI. Les officiers, sous-officiers ou soldats formant actuellement les compagnies d'invalides, se trouvant dans le cas prévu par l'article XI du titre premier du présent décret, et qui ne seront point compris dans la nouvelle formation de vétérans, seront à leur choix admis, ou à l'hôtel des invalides, ou à la pension qui le représente.

XII. Jusqu'au moment où tous les invalides retirés dans les départemens auront été appelés à l'hôtel ou à la pension qui le représente, ils concourront pour moitié dans les remplacemens à faire dans les compagnies de vétérans. Les sous-officiers et soldats qui ont obtenu la vétérance, la récompense militaire, la solde ou la demi-solde, concourront dans le même remplacement pour un quart, et l'armée pour l'autre quart. Du moment où les différentes classes de militaires seront épuisées, la totalité des remplacemens appartiendra à l'armée.

XIII. On n'occupera jamais, en entrant dans les compagnies de vétérans, que le grade que l'on remplissoit dans l'armée, depuis deux ans au moins. Celui qui n'aura pas deux ans de service dans ce grade, ne sera employé que dans le grade inférieur.

Seront exceptés de la présente disposition les officiers ci-devant dits de fortune, lesquels pourront être employés dans un grade égal à celui qu'ils occupoient au moment de leur admission aux compagnies de vétérans.

XIV. La moitié des places d'officiers et sous-officiers qui, à l'avenir, deviendront vacantes, sera donnée dans chaque compagnie au plus ancien officier ou sous-officier du grade inférieur; l'autre moitié sera donnée par le pouvoir exécutif, en suivant les formes prescrites par les articles 2 et 8 du présent titre, aux plus anciens des officiers et sous-officiers de l'armée qui auront été jugés devoir y être admis.

XV. Nul militaire en activité ne sera admis dans les compagnies de vétérans, qu'il n'ait vingt-quatre ans de service révolus, et qu'il n'ait été reconnu dans l'impossibilité de continuer son service dans l'armée de ligne. Cette impossibilité sera constatée dans les formes, et certifiée de la manière prescrite dans les articles XXXIV et XXXV du titre premier du présent décret.

XVI.

XVI. La solde des compagnies de canonniers sera réglée sur le pied du corps de l'artillerie ; celle des compagnies de fusiliers le sera sur le pied de celle de l'infanterie : il en sera de même des masses d'habillement, de réparations, de boulangerie, de bois et lumières, et d'hôpitaux. Les appointemens des capitaines seront les mêmes que ceux des capitaines de la cinquième classe, et ceux des lieutenans, les mêmes que ceux des lieutenans de la seconde classe.

XVII. La totalité de la solde et des masses destinées aux compagnies de vétérans nationaux, sera versée chaque année, par la trésorerie nationale, en douze payemens égaux, entre les mains du ministre de la guerre : la totalité de cette somme sera répartie entre les différentes compagnies, et versée par le ministre de la guerre, entre les mains des receveurs des districts dans lesquels ces compagnies seront en garnison.

XVIII. Chaque compagnie sera administrée par un conseil composé de deux officiers, deux sous-officiers et deux soldats vétérans. Ce conseil sera présidé par l'un des membres du directoire du district ; le procureur-syndic y assistera, et sera entendu sur toutes les affaires qui s'y traiteront.

Le secrétaire du district servira auprès de ce conseil, et en tiendra les registres.

Les deux sous-officiers et les deux soldats vétérans, membres du conseil, seront choisis chaque année par la compagnie entière, au scrutin individuel et à la pluralité absolue des suffrages.

Lorsque les sous-officiers ou vétérans élus, seront absens ou malades, ils seront remplacés par ceux qui auront obtenu le plus de suffrages.

Lorsque les officiers, membres du conseil, seront absens ou malades, ils seront remplacés par les premiers des sous-officiers.

XIX. Ce conseil sera chargé de tout ce qui concerne la nourriture, l'habillement, l'équipement et le logement de la compagnie; il sera chargé encore de tout ce qui sera relatif à l'habillement des invalides, soldés, demi-soldés et récompenses militaires, retirés dans le département.

Les réglemens de discipline et de police des vétérans nationaux, seront proposés au corps législatif, par le ministre de la guerre.

XX. Les directoires des départemens vérifieront chaque année les comptes de l'administration des compagnies, et les adresseront au corps législatif pour être définitivement arrêtés.

XXI. Les compagnies de vétérans nationaux ne changeront de garnison, et ne sortiront de l'étendue du département dans lequel elles seront fixées, qu'en vertu d'un décret du corps législatif. Les commandans militaires pourront néanmoins, sur la réquisition des directoires des départemens voisins, les transporter momentanément où la tranquillité publique l'exigera.

XXII. Les commandans militaires inspecteront les compagnies de vétérans au moins deux fois chaque année ; les commissaires des guerres les passeront en revue quatre fois par an, et aux mêmes époques que les troupes de ligne.

XXIII. Le commandant militaire fixera de concert avec les corps administratifs, le service ordinaire des vétérans nationaux ; il l'établira de telle manière qu'ils ne montent jamais la garde plus d'une fois par semaine, et qu'ils ne fassent de patrouille que lorsqu'ils seront de garde.

XXIV. Cet ordre ne sera interverti que lorsque la tranquillité publique l'exigera, et d'après les réquisitions formelles du directoire du département.

XXV. Le logement sera fourni aux compagnies de vétérans, par les départemens dans lesquels elles seront en garnison.

XXVI. Les invalides seront reçus dans les hôpitaux du lieu de leur résidence, au moyen de leur paye journalière.

XXVII. Il sera placé une compagnie de vétérans nationaux, dans chacun des chefs-lieux de département.

Les douze compagnies de canonniers seront répandues sur les côtes, et les cinq compagnies restantes seront placées là où le pouvoir exécutif le jugera convenable, en se conformant néanmoins aux dispositions des articles suivans.

XXVIII. Les compagnies détachées seront remplacées dans les villes et châteaux qu'elles gardent actuellement, et où il sera jugé nécessaire de tenir une garnison, par des détachemens de troupes de ligne fournis par les garnisons les plus voisines.

XXIX. Les compagnies de canonniers seront placées sur les côtes et répandues dans les différens ports, de préférence dans les lieux où il n'y a point de troupes de ligne en garnison; elles ne pourront néanmoins, hors le temps de guerre, être placées dans les forts ou châteaux bâtis dans la mer, tels que le château du Taureau, le Mont-Saint-Michel, Perquerolle, etc.

XXX. Les compagnies de canonniers vétérans nationaux seront administrées et régies de la même manière que les compagnies de fusiliers vétérans nationaux.

XXXI. Chaque compagnie de vétérans nationaux sera désignée par un numéro différent, à commencer par le numéro 1er; leur rang sera tiré au sort.

XXXII. Les vétérans nationaux porteront l'habit national, veste et culotte bleues, boutons blancs, sur lesquels on lira ces mots: *Vétéran national.*

XXXIII. On placera, autant que faire se pourra, les vétérans nationaux dans les départemens pour lesquels ils opteront, ou dans lesquels ils auront pris naissance.

XXXIV. Conformément à l'article LVIII du décret des 24 mai, 25, 27 et 30 juin, 2, 4, 5 et 8 juillet 1791, les officiers, sous-officiers et soldats, formant les compagnies de vétérans, ne seront imposés aux rôles des contributions directes et personnelles dans leurs garnisons, qu'autant qu'elles seront en même temps le

lieu de leur domicile ou de leurs propriétés , ou
qu'ils y exerceront un métier, ou qu'ils y feront
quelque commerce ou négoce.

XXXV. Les vétérans nationaux jouiront dans
tout le royaume , des avantages accordés par
l'article XXXIV de la section II du décret du
28 juillet 1791 ; mais ils ne pourront prétendre
à être placés et appelés qu'immédiatement après
les vétérans des gardes nationales du lieu.

XXXVI. Il sera donné par forme d'indemnité,
lors du prochain changement de garnison , un
demi-mois de solde à chacun des invalides formant les compagnies détachées, un mois entier à ceux qui seront mariés et auront leur
femme avec eux, un mois et demi à ceux qui
auront des enfans avec eux, et deux mois entiers à ceux qui auront plus de trois enfans
avec eux.

XXXVII. Les officiers formant l'état major
de la compagnie d'invalides détachée à Ver-
sailles , obtiendront une pension de retraite proportionnée à leur grade et à leurs services. On
prendra pour base le décret du 3 avril 1790.

Les officiers de santé attachés à ladite compagnie , obtiendront une retraite proportionnée
à leurs services ; on prendra pour base le traitement accordé par les ordonnances militaires
aux officiers de santé attachés aux régimens.

XXXVIII. Les officiers , sous-officiers ou
soldats invalides , et actuellement employés
dans les compagnies détachées, qui en passant
dans les vétérans nationaux , éprouveroient une
diminution d'appointemens ou de solde , conserveront celle dont ils jouissent aujourd'hui :

X 3

il leur sera fait tous les trois mois un décompte particulier dudit supplément de paye. Ledit supplément cessera du moment où les officiers, sous-officiers ou soldats invalides jouiront d'appointemens d'une somme égale à celle dont ils jouissent aujourd'hui.

TITRE IV.

Invalides retirés dans les départemens.

Art. Ier. Les militaires qui se sont retirés dans les départemens, après avoir été admis à l'hôtel des invalides ou en avoir obtenu le brevet, seront appelés à l'hôtel ou à la pension qui le représente, à mesure qu'il y aura des places ou des pensions vacantes, pourvu toutefois que par leur âge, leurs infirmités, leurs blessures et leurs services, ils se trouvent dans le cas prévu par les articles II et XXI du titre Ier. du présent décret; ils pourront de même, au terme des articles XII et XIV du titre III du présent décret, être admis dans les compagnies de vétérans.

II. Les officiers des invalides, actuellement retirés dans les départemens, jouiront d'une pension de six cents livres.

Les sous-officiers, désignés par le nom de maréchaux-des-logis en chef, jouiront d'une pension de deux cent cinquante livres; le reste des sous-officiers, d'une pension de deux cents livres; et tous les soldats invalides d'une pension de cent cinquante livres.

III. Les officiers, sous-officiers et soldats invalides, retirés dans les départemens, qui avoient obtenu, soit à titre de pension, soit à titre de gratification annuelle, un traitement plus considérable que celui qui est fixé par l'article précédent, continueront à jouir desdites gratifications ou pensions ; mais dans aucun cas, la totalité de leur traitement ne pourra s'élever au-dessus de la somme attribuée par l'article XIV du titre premier du présent décret, aux différens pensionnaires de l'hôtel.

IV. Les pensions des invalides actuellement retirés dans les départemens, leur seront payées de la même manière et aux mêmes époques qu'aux invalides faisant partie de l'hôtel.

V. Les invalides retirés dans les départemens, continueront à recevoir, aux mêmes époques et de la manière que par le passé, l'habillement qui leur a été accordé par les ordonnances militaires.

Les conseils d'administration des compagnies des vétérans, seront chargés de l'achat des étoffes, de la fabrication et de l'envoi desdits habits.

Pour subvenir à l'achat des étoffes, aux frais de la confection, et à l'envoi des habits des invalides retirés dans les départemens, il sera par la trésorerie nationale, en vertu d'une ordonnance du ministre de la guerre, versé chaque année, dans la caisse de chacune des quatre-vingt trois compagnies de vétérans nationaux, dont la résidence est fixée dans les chef-lieux de départemens, une somme de neuf livres pour chacun des invalides retirés dans l'étendue du département auquel ladite compagnie sera affectée.

VI. Les officiers, sous-officiers et soldats, formant actuellement les compagnies d'invalides détachées ; pourront , au lieu de continuer leurs services dans le corps des vétérans nationaux se retirer dans les départemens ; ils conserveront leurs droits à l'hôtel et la pension qui le représente ; mais ils ne jouiront , jusqu'au moment où ils seront admis à l'hôtel ou à la pension , que du traitement fixé par l'article du titre IV du présent décret pour les invalides retirés dans les départemens.

VII. Le ministre de la guerre donnera des ordres , afin que les officiers , sous-officiers et soldats invalides soient payés sans délai des appointemens et soldes qui peuvent leur être dûs , et il rendra compte dans la huitaine , de l'exécution des ordres qu'il aura donnés pour l'exécution du présent article.

TITRE V.

Des soldes , demi-soldes des vétérans.

Art. 1er. Les militaires qui ont obtenu la solde , la demi-solde , ou le brevet de vétéran , seront appelés à l'hôtel ou à la pension qui le représente , lorsque , par leur âge , leurs blessures , leurs infirmités et leurs services , ils se trouveront dans le cas prévu par les articles II et XXI du titre 1er. du présent décret; ils pourront de même , aux termes des articles XII et XIV du titre III du présent décret , être admis dans la compagnie des vétérans.

II. Il sera versé chaque année dans la caisse des invalides , une somme d'un million trois cent vingt-deux mille vingt-huit livres , pour servir au payement des soldes , demi-soldes ,

pensions et récompenses militaires accordées
avant le 1er. août 1790.

III. Avec cette somme on payera d'abord à
chacun des militaires retirés, la solde, demi-
solde, pension ou récompense qu'il a précédemment obtenue ; l'excédant sera réparti ainsi
qu'il suit :

IV. La récompense militaire des citoyens retirés avec quarante-cinq livres de pension,
ne sera augmentée que lorsque ceux qui ne
jouissent actuellement que de quarante livres,
jouiront de quarante-cinq livres ; ceux qui ont
quarante-six livres dix sous, que lorque ceux
des classes inférieures jouiront du même traitement ; ainsi de suite, toujours en remontant,
jusqu'au moment où ils jouiront tous de la pension attribuée aux invalides par l'article XIV
du titre Ier. du présent décret.

V. Du moment où tous les militaires dénommés ci-dessus jouiront de la pension fixée par
l'article XIV du titre Ier. l'excédant sera divisé par égale portion entre tous les vétérans
de l'armée qui se sont retirés sans aucune
pension.

Lorsque ces vétérans jouiront tous d'une pension égale à celle des invalides, la somme qui
excédera tournera au bénéfice de l'état.

VI. Les soldes, demi-soldes et récompenses
militaires, continueront à recevoir aux mêmes
époques et de la même manière que par le passé,
l'habillement qui leur a été accordé par les ordonnances militaires.

Les conseils d'administration des compagnies
des vétérans seront chargés de l'achat des

étoffes, de la fabrication et de l'envoi desdits habits.

Pour subvenir à l'achat des étoffes, aux frais de la confection et à l'envoi des habits, des soldes, demi-soldes et récompenses militaires, il sera par la trésorerie nationale, en vertu d'une ordonnance du ministre de la guerre, versé chaque année dans la caisse de chacune des quatre vingt-trois compagnies de vétérans nationaux, dont la résidence est fixée dans les chef-lieux de département, une somme de sept livres, pour chacune des soldes, demi-soldes et récompenses militaires dans l'étendue du département auquel ladite compagnie sera affectée.

VII. L'administration de la caisse des soldes, demi-soldes, ect. sera confiée à l'administration générale de l'hôtel des invalides.

VIII. Les articles XVI, XVII, XVIII et XIX, du titre Ier. du présent décret relatifs au payement des pensions des invalides, sont et demeureront communs au payement des soldes et demi-soldes, ect.

TITRE VI.

Des suisses et des autres étrangers retirés hors de la France avec une pension militaire.

Art. Ier. Les officiers, sous-officiers et soldats étrangers retirés hors du royaume avec une pension, continueront à en jouir; elle leur sera payée de la même manière qu'elle l'a été jusqu'à ce jour.

II. Les officiers, sous-officiers et soldats

étrangers qui, après avoir obtenu une pension
de retraite, s'établiront en France, obtiendront
une augmentation de pension égale au tiers de
celle dont ils jouissent.

III. Les officiers, sous-officiers et soldats
étrangers pensionnés par l'état, qui s'établiront
en France avec leur femme et enfans, obtiendront une augmentation égale à la moitié de
celle dont ils jouissent.

IV. Du moment où tous les officiers, sous-
officiers ou soldats étrangers habiteront hors
du royaume, ils seront réduits à leur pension
primitive.

V. Les retraites des officiers, sous-officiers
et soldats étrangers seront dorénavant payées
par la caisse des pensions, et par les soins des
agens de la nation auprès du corps Helvétique
et des autres puissances; en conséquence, les
sommes accordées jusqu'à ce jour à la personne chargée de faire payer lesdites pensions,
et les faux frais que leur payement occasionne,
seront rayés des états de dépenses.

TITRE VII.

Des gendarmes retirés dans l'hospice militaire de Lunéville.

ART. Ier. L'hospice militaire de Lunéville destiné aux invalides de la gendarmerie, est réformé;
les terrains, édifices, meubles et effets qui lui
appartiennent, sont déclarés nationaux.

II. Les gendarmes du ci-devant corps de la
gendarmerie retirés dans ledit hospice, seront
considérés comme habitant l'hôtel des inva-

lides avant l'époque du 8 mars 1791 ; lesdits gendarmes seront en conséquence placés par le directoire du département de Paris dans le tableau qu'il dressera en vertu de l'article XXIV et suivans du titre Ier. du présent décret. Les maréchaux-des-logis seront traités comme les lieutenans-colonels, les brigadiers comme capitaines, et les gendarmes comme lieutenans; le chirurgien-major de l'hospice sera traité comme capitaine, et le portier invalide comme maréchal des-logis en chef.

TITRE VIII.

Des gendarmes retirés dans les départemens.

Art. Ier. Il sera versé chaque année, dans la caisse des invalides, une somme de cinquante-quatre mille trois cents livres pour servir au payement des retraites des gendarmes de la ci devant gendarmerie française ; avec cette somme, on payera d'abord les pensions de retraite sur le pied actuel, et l'excédant sera réparti de la manière suivante ;

II. Les gendarmes qui ont obtenu une pension de quatre-vingt-une livres, n'auront part à la répartition que lorsque ceux qui n'ont obtenu que soixante-dix-huit livres, jouiront de quatre-vingt-une livres ; ceux qui jouissent de cent livres, que lorsque les classes inférieures jouiront de cent livres, ainsi de suite.

III. Ne pourront plus prétendre à la répartition et augmentation annuelle prescrite par

l'article précédent, les gendarmes qui jouiront
d'une pension de six cents livres.

IV. Au moment où tous les gendarmes jouiront de la pension de six cents livres fixée par l'article précédent, il ne sera plus versé chaque année pour eux, dans la caisse des invalides, que la somme nécessaire à l'acquittement desdites pensions, l'excédant tournera au profit de l'état.

V. Les gendarmes seront payés de la manière prescrite dans les articles XVI, XVII, XVIII et XIX du titre Ier. du présent décret.

VI. Il sera versé chaque année, dans la caisse des invalides, une somme de dix-huit cent soixante-douze livres pour servir au payement des valets de la ci-devant gendarmerie. Avec cette somme, on payera d'abord leurs pensions de retraite sur le pied actuel, et l'excédant sera réparti ainsi qu'il suit :

VII. Les valets des gendarmes qui ont obtenu une pension de cent huit livres, n'auront part à la répartition que lorsque les classes inférieures jouiront de cette somme.

VIII. Au moment où tous les valets de gendarmes jouiront d'une pension de cent huit liv., l'excédant sera également réparti entr'eux, et ce jusqu'au moment où ils jouiront chacun d'une pension de deux cents livres ; et alors il ne sera fait à la caisse des invalides que les fonds nécessaires pour l'acquittement desdites pensions de deux cents livres.

IX. Les valets de gendarmes seront payés ainsi qu'il est dit dans les articles XVI, XVII, XVIII et XIX du titre Ier. du présent décret.

TITRE IX.

Des grenadiers à cheval.

ART. 1er. Il sera versé chaque année, dans la caisse des invalides, une somme de dix-huit mille trois cents livres pour servir au payement des pensions de retraite des ci-devant grenadiers à cheval. Avec cette somme, on payera d'abord les pensions de retraite sur le pied actuel, et l'excédant sera réparti ainsi qu'il suit :

II. Les grenadiers à cheval qui ont obtenu une pension de retraite qui s'élève au-dessus de cent dix-sept livres, n'auront part à la répartition que lorsque les grenadiers qui n'ont que cent dix livres jouiront de cent dix-sept livres; ceux qui ont cent trente-quatre livres huit sous, que lorsque les classes inférieures jouiront de cette somme, ainsi de suite.

III. Ne pourront plus prétendre à la répartition et augmentation annuelle, les grenadiers à cheval qui jouiront d'une pension de six cents livres.

IV. Du moment où tous les grenadiers à cheval jouiront d'une pension de six cents livres, il ne sera plus versé dans la caisse des invalides que la somme nécessaire à l'acquittement desdites pensions ; l'excédant tournera au profit de l'état.

V. Les grenadiers à cheval seront payées de la manière prescrite par les articles XVI, XVI, XVIII et XIX du titre Ier. du présent décret.

TITRE X.

Des officiers retirés à la suite des places.

ART. Ier. Il sera versé chaque année dans la caisse des invalides, une somme de cent soixante-dix-huit mille cinq cent vingt-trois livres, destinée au payement des pensions de retraites des officiers, guides et infirmiers retirés à la suite des places.

II. Avec la somme de cent soixante dix-huit mille cinq cent vingt-trois livres, destinée aux officiers retirés à la suite des places, on payera d'abord les pensions de retraite sur le pied actuel; l'excédant sera réparti ainsi qu'il sera dit ci-après.

III. Ce qui excédera le payement des pensions actuelles, sera destiné à ajouter auxdites pensions dans l'ordre suivant :

1°. A porter les pensions des infirmiers, à . . . . . . 200 l.
2°. Les pensions des guides à 300,
3°. Les pensions des sous-lieutenans et porte-drapeaux, à . . . . 400.
4°. Les pensions des lieutenans, à . . . . 500.
5°. Les pensions des capitaines, à . . . . 600.
6°. Les pensions des commandans de bataillons, à . . 1,000.
7°. Les pensions des majors, à . . . . 1,200.
8°. Les pensions des lieutenans-colonels, à . . . . . . 1,500.
9°. Les pensions des colonels, à . . . . 1,800.
10°. Les pensions des officiers-généraux, à . . . . . . 3,000.

IV. Les classes supérieures ne pourront prétendre à une augmentation, que lorsque les classes inférieures jouiront du *minimum* fixé par l'article précédent.

V. Si l'excédant ne suffit point à porter une

classe entière au *minimum* fixé par l'article
VII , la somme à répartir sera divisée par
égales portions entre tous les membres de ladite
classe qui n'auront point atteint ce *minimum*.

VI. Le *maximum* pour les différentes classes
de militaires retirés à la suite des places , sera,

Pour les officiers généraux.................. 4,000 l.
Pour les colonels.......................... 3,000.
Pour les lieutenans-colonels................ 2,400.
Pour les majors............................ 2,000.
Pour les commandans de bataillons.......... 1,500.
Pour les capitaines........................ 1,200.
Pour les lieutenans........................ 800.
Pour les sous-lieutenans et porte-drapeaux .. 600.
Pour les caporaux des guides............... 450.
Pour les guides............................ 350.
Pour les infirmiers........................ 250.

VII. Du moment où les différens militaires
retirés à la suite des places , jouiront des pensions fixées par l'article précédent , l'état ne
versera plus pour eux dans la caisse des invalides
que la somme nécessaire à l'acquittement desdites pensions.

VIII. Les pensions des militaires retirés à
la suite des places , seront payées de la manière prescrite , articles XVI , XVII , XVIII
XIX du titre Ier. du présent décret.

TITRE XI.

Des veuves et des enfans , des mortes-payes.

Art. Ier. Du moment où les invalides retirés
dans les départemens jouiront du *maximum*
de traitement qui leur est accordé par le présent décret, et où l'état commenceroit à béné-
ficier

ficier par la diminution du nombre des individus, il sera accordé des pensions aux veuves
des invalides de toutes les classes, ainsi qu'à
celles des militaires qui ont obtenu des soldes,
demi-soldes et récompenses militaires ou la véte-
rance. Il sera accordé de même des supplémens
de solde aux invalides ou autres mortes-payes,
qui privés des moyens de subsister, auront
des enfans à élever.

II. Les fonds destinés aux pensions des veuves, s'élèveront provisoirement à cent mille
livres.

III. Les fonds destinés aux supplémens de
solde pour les invalides qui auront des enfans,
s'élèveront provisoirement à cent mille livres.

IV. Les premiers bénéfices que l'état fera
par la diminution du nombre des militaires
retirés dans les départemens, seront également repartis entre la classe des veuves et
celle des enfans.

V. La pension destinée à une veuve d'invalide, ne s'élèvera jamais au-dessus de cent
livres, et ne pourra être moindre de cinquante
livres.

VI. Le supplément de solde pour un enfant
d'invalide, ne s'élèvera jamais au-dessus de
trente-six livres, et ne pourra être moindre de
vingt-quatre livres.

VII. Les veuves des invalides ne pourront
obtenir des supplémens de solde pour les
enfans qu'elles ont eus de leur mariage avec
des mortes-payes.

Tome III. Y

VIII. Les enfans des invalides, orphelins de père et mère, pourront obtenir de même des supplémens de solde, ils leur seront accordés de préférence.

IX. Les supplémens de solde pour les enfans des invalides, cesseront du moment où lesdits enfans auront atteint leur douzième année.

X. Les supplémens de solde seront accordés de préférence aux invalides qui auront un plus grand nombre d'enfans ; à nombre égal à ceux qui auront le moins de moyens de subsister.

XI. L'administration générale de l'hôtel des invalides est chargée de distribuer, et de faire payer les pensions des veuves et les supplémens de solde pour les enfans des invalides ; lesdites pensions et lesdits supplémens seront payés ainsi qu'il est prescrit, articles XVI, XVII, XVIII et XIX du titre Ier. du présent décret.

TITRE XII.

De l'administration des pensions de retraite.

Art. Ier. Le conseil général de l'hôtel des invalides, fera dresser, dès ses premières séances, un contrôle général de chacune des classes des militaires pensionnés. Ce contrôle qui contiendra.

1°. Le nom du pensionnaire ;

2°. Son grade ;

3°. Son âge ;

4°. Le lieu de sa résidence ;

5º La pension dont il jouit,
sera conforme au modèle annexé au présent
décret.

Ces différens états seront imprimés aux frais
des différentes classes de pensionnaires : un
exemplaire en sera envoyé à chacun d'eux,
et un à chaque district du royaume.

II. Chaque année l'administration de l'hôtel
fera imprimer le nom des pensionnaires de
chaque classe qui seront morts, ou qui n'auront plus droit à la pension de cette classe.
Dans une seconde colonne, on placera le
montant de la pension dont chacun d'eux jouissoit. Au bas de chaque état, on imprimera le
résultat de l'augmentation qu'aura produite
pour les autres individus de cette classe,
l'extinction des pensions pendant l'année.

L'administration générale de l'hôtel fera connoître enfin dans ces états annuels, les dépenses auxquelles l'administration de chaque
classe aura donné lieu.

III. Il sera passé le 1ᵉʳ. juillet prochain,
une revue générale des invalides, soldes,
demi-soldes, récompenses militaires et vétérans.

Tout invalide, solde, demi-solde, récompense militaire et vétéran qui ne passera pas
cette revue, et qui ne produira pas un certificat de résidence sans interruption dans e
royaume depuis six mois au moins, sera irré-
vocablement privé de sa pension ou de son

traitement, et de tout espoir aux récompenses nationales.

Seront exceptés des dispositions du présent décret, les invalides, soldes, demi-soldes, récompenses militaires et vétérans qui auront obtenu avant le 1er. janvier 1792, une permission légale de passer ou de s'établir en pays étrangers, et qui seront compris comme tels dans les états fournis par le ministre de la guerre.

Seront encore exceptés les officiers, sous-officiers et soldats qui constateront par des extraits de revue, qu'ils servent actuellement dans les troupes de ligne, ou dans les gardes nationales.

IV. La revue de rigueur sera passée dans le chef-lieu du district, par un commissaire des guerres, en présence de deux commissaires de la municipalité, chef-lieu du district.

Le commissaire des guerres ne pourra, d'après la demande du ministre de la guerre, être supplée par un commissaire de l'administration du district désigné à cet effet par le directoire, d'après l'avis que le ministre lui en donnera.

V. Le commissaire des guerres ou son suppléant inscriront sur un registre à ce destiné, et dont le modèle est annexé au présent décret, les nom, surnom, âge, taille, service, campagnes, blessures, infirmités, domicile et traitement actuel des mortes-payes.

Il sera dans le registre, ouvert un tableau

particulier pour chacune des différentes classes
de mortes-payes. Un double de ce registre sera
adressé à l'administration de l'hôtel.

VI. Les mortes-payes qui par leur âge ou
leurs blessures seront dans l'impossibilité de
se rendre au chef-lieu du district, se présenteront à leur municipalité ; ils se feront délivrer
un certificat de vie et de résidence, qui cons-
tatera leur nom, surnom, âge, taille, service,
campagnes, blessures, infirmités, domicile et
traitement actuel ; ils adresseront ce certificat
au directoire de leur district.

Modèle des états et listes que les ministres de la guerre
25 et 34, et que le directoire de département

et de la marine doivent fournir en vertu des articles
de Paris doit former en vertu de l'article 31.

NOMS de FAMILLE.	Noms de guerre ou surnoms.	ÉPOQUES et lieux de la NAISSANCE.	au service.		GRADES actuels.		Blessures.	Infirmités.	Demandes.	OBSERVATIONS.
Pierre le Duc	Dit la Terreur	Né en janvier 1760, à Nogent.	Le 31 mars 1781.	Aubert.	Sergent Major 1781.	1783 1786 1790 1795 1768 1779	Une à la tête Une jambe cassée	Un rhumatisme, goutte	La pension.	Ce militaire est sans fortune et sans profession.

Décret concernant les invalides de Waïs
et Nasen-Poder.

Du 14 août 1792. = *même jour.*

L'assemblée nationale, sur la motion d'un
de ses membres, décrète que les invalides
Waïs et Nasen-Poder, seront admis à l'infirmerie de l'hôtel des invalides, jusqu'à ce
que la nouvelle organisation soit achevée;
charge le ministre de l'intérieur de l'exécution du présent décret.

Décret relatif aux invalides ou blessés aux-
quels les eaux thermales ou minérales
peuvent être nécessaires.

Du 20 août 1792. = *même jour.*

Sur la motion d'un membre, l'assemblée
nationale décrète que le pouvoir exécutif est
autorisé à envoyer dans les différens lieux où
il y a des eaux thermales ou minérales sans
hospices établis, les militaires invalides ou
blessés à qui elles seront jugées nécessaires,
et de leur accorder en ce cas une indemnité
équivalente aux frais de route et de séjour
qu'ils seront forcés de faire audit lieu.

Décret relatif au traitement des vétérans
nationaux.

Du 29 août 1792. = 1er. *septembre suivant.*

L'assemblée nationale considérant qu'il est
de sa justice de lever tous les doutes que peut
laisser l'article XXXVIII du titre III de la
loi du 16 mai dernier, sur le traitement qu'elle

a voulu conserver aux vétérans nationaux qui jouissoient d'un supplément de solde, considérant encore que les actes de reconnoissance de la patrie envers ceux qui l'ont bien servie, doivent encourager les citoyens qui se vouent à la défense de la liberté et de l'égalité, décrète qu'il y a urgence.

L'assemblée nationale, après avoir décrété l'urgence, décrète définitivement ce qui suit :

Art. Ier. Tout vétéran national, officier, sous-officier et soldat, qui, à raison d'un supplément de paye pris sur les domaines, ou sur tous autres fonds, jouissoit d'un traitement supérieur à celui qui est fixé par la loi du 16 mai dernier, le conservera en entier durant son activité de service, soit que lors de la prochaine organisation des compagnies de vétérans nationaux, il demeure dans celle où il est attaché aujourd'hui, soit qu'il passe dans une autre.

II. Ledit traitement sera payé par la trésorerie nationale, comme il l'a été sur l'extraordinaire des guerres, ou sur le domaine, jusqu'à la formation des nouvelles compagnies de vétérans; et à cette époque le mode de paiement du supplément prescrit par l'article XXXVIII du titre III de la loi citée, sera exécuté.

Décret relatif au service des infirmeries invalides et des hospices militaires.

Du 19 septembre 1792. = 21 *du même mois.*

L'assemblée nationale considérant qu'il est instant de pourvoir au remplacement des personnes qui, sous le nom de Sœurs de la charité, s'étoient particulièrement dévouées au service de l'infirmerie de l'hôtel national des militaires invalides, considérant que les veuves et les orphelines des défenseurs de l'état, qui ont péri les armes à la main, ont des droits particuliers à la reconnoissance nationale, décrète qu'il y a urgence. L'assemblée nationale, après avoir décrété l'urgence, décrète ce qui suit :

ART. Ier. Les veuves et orphelines des défenseurs de la patrie tués à la guerre, seront de préférence employées pour le service des infirmeries invalides et des hospices militaires.

II. Le conseil d'administration de l'hôtel national des militaires invalides, procédera sans délai à l'organisation du service des infirmeries dudit hôtel, en se conformant à l'article Ier du présent décret.

Décret qui met à la disposition du ministre de l'intérieur, la somme de quatre cent mille livres pour les dépenses de l'hôtel des invalides.

Du 8 janvier 1793. = 9 *du même mois.*

La convention nationale, après avoir entendu le rapport de ses comités de la guerre et des finances réunis, décrète ce qui suit :

Art. 1er. La trésorerie nationale tiendra à la disposition du ministre de l'intérieur, la somme de quatre cent mille livres, pour fournir aux dépenses de l'hôtel national des militaires invalides.

II. Cette dépense sera imputée sur la somme qui sera décrétée pour l'entretien de cet établissement pendant l'année 1793.

III. Le ministre de l'intérieur rendra compte à la convention nationale, dans le plus bref délai, de la totalité des dépenses faites dans toute la république pendant l'année 1792, pour solde et entretien des invalides, solde et demi-solde et récompenses militaires.

IV. Le ministre rendra compte, en outre de l'exécution du décret du 16 mai 1792, dans toutes ses parties.

Décret relatif aux invalides des compagnies détachées dans les départemens.

Du 11 janvier 1793. = 13 *du même mois.*

La convention nationale décrète que le

ministre de de la guerre prendra sans délai
les mesures les plus efficaces pour faire jouir
les officiers, sous-officiers et soldats invalides
des compagnies détachées dans les départemens, de l'augmentation de solde ou de pension qui leur est accordée par la loi du 16 mai
dernier ; qu'il rendra compte dans quinzaine
de l'exécution des ordres qu'il aura donnés aux
administrations de département à ce sujet.

Décret relatif aux militaires invalides.

Du 6 février 1793. ᴇ 12 *du même mois.*

La convention nationale, sur la proposition
d'un de ses membres, autorise le ministre de
l'intérieur à accorder aux militaires invalides
portés sur le tableau dressé par le département de Paris, et dont la vie seroit compromise
par un plus long séjour a l'hôtel, les secours
dont ils peuvent avoir besoin, tant pour se rendre que pour subsister aux lieux qui leur seront
indiqués par les officiers de santé, et ce provisoirement seulement, et jusqu'à ce qu'ils ayent
pu faire l'option de la pension qui leur est
accordée par la loi du 16 mai dernier.

*Décret relatif au changement des boutons
des habits des militaires invalides.*

Du 6 février 1793. ᴇ 12 *du même mois.*

La convention nationale, décrète que le
ministre de l'intérieur fera changer sur-le-
champ les boutons qui se trouvent sur les

habits des militaires invalides retirés à l'hôtel national.

Décret relatif aux chirurgiens et pharmaciens de l'hôtel national des invalides.

Du 23 février 1793 = 25 du même mois.

La convention nationale, décrète que les chirurgiens et pharmaciens attachés à l'hôtel national des militaires invalides, ainsi que leurs élèves, qui se rendront aux armées françaises, pourront reprendre leurs places à leur retour à la paix, et jouiront des avantages que leur service continu à l'hôtel auroit pu leur procurer.

Décret concernant les militaires invalides.

Du 3 mars 1793 = 7 du même mois.

La convention nationale, oui le rapport de son comité de liquidation, décrète ce qui suit :

Art. Ier. La convention nationale approuve le tableau dressé par le directoire du département de Paris, en vertu de la loi du 16 mai 1792, des militaires invalides qui ont droit d'être admis à l'hôtel national qui leur est destiné, ou à la pension qui le représente.

II. En conséquence, les deux cent quarante-trois officiers, y compris les huit présentés sur un tableau particulier, et les dix-sept cents sous-officiers ou soldats portés sur la liste des militaires invalides qui ont désiré et qui ont droit d'habiter l'hôtel national, y seront admis; et les cent huit officiers, ainsi que les dix sept cents sous-officiers ou soldats invalides dont les noms sont établis sur la liste de ceux qui ont opté et qui ont des titres pour obtenir la pension qui représente l'hôtel, jouiront de ladite pension à dater de l'époque de la nouvelle organisation, chacun suivant son grade, conformément à ce qui est fixé par l'article XIV de la loi du 16 mai 1792.

Les uns et les autres, avant de jouir des avantages qui leur sont accordés par le présent article, seront tenus de produire à l'appui de leurs droits, toutes les pièces justificatives exigées par ladite loi.

III. La convention nationale dérogeant à la rigueur de la loi en faveur des seize officiers que le directoire du département de Paris a présentés comme non-admissibles à l'hôtel ni à la pension, parce qu'ils n'ont été reçus à l'hôtel que depuis le 28 mars 1791, et qu'ils ne réunissent pas les conditions prescrites par le décret dudit jour, voulant dédommager lesdits seize officiers du déplacement qu'ils vont éprouver par la nouvelle organisation de l'hôtel, décrète qu'ils jouiront dès cette époque, et chacun suivant son grade, de la pension qui le représente.

IV. Les dispositions de la loi du 16 mai 1792, concernant la fixation de la somme à verser par la trésorerie nationale à la caisse de l'hôtel national des militaires invalides, et le nombre de ces militaires qui seront admis, soit à l'hôtel, soit à la pension qui le représente, auront leur exécution pour la présente année 1793.

V. Le directoire du département de Paris est expressément chargé de présenter incessamment à la convention nationale, le tableau des cinq cents militaires suppléans qui doivent être désignés, conformément à l'article XXIV du titre premier de la loi du 16 mai dernier, pour occuper les places qui viendront à vaquer dans le cours de l'année, soit pour l'hôtel, soit pour la pension.

VI. Les ministres de la guerre et de l'intérieur seront tenus, chacun pour ce qui les concerne, de rendre compte à la convention nationale, sous quinzaine, des mesures qu'ils auront prises pour l'exécution de toutes les loix relatives aux militaires invalides.

Décret relatif au traitement des militaires qui seront admis provisoirement à l'hôtel des invalides.

Du 15 mars 1793 = 19 *du même mois.*

La convention nationale décrète que les citoyens militaires qui, d'après les dispositions de la loi du 12 janvier dernier, sont ou seront admis provisoirement à l'hôtel national des invalides, y jouiront aussi provisoirement, à compter du jour de leur admission, du même traitement que les autres citoyens militaires invalides définitivement admis, quant au logement, à l'habillement, à la nourriture et à la solde.

Décret relatif aux militaires invalides.

Du 30 mai 1793 = 8 *juin suivant.*

La convention nationale, après avoir entendu le rapport de son comité de liquidation, sur le travail présenté par le ministre de l'intérieur concernant les militaires invalides, décrète ce qui suit :

Art. Ier. La convention nationale approuve les nouveaux tableaux dressés par le directoire du département de Paris, en vertu de la loi du 16 mai 1792, des militaires invalides qui ont droit d'être admis à l'hôtel national qui leur est destiné, ou à la pension qui le représente, pour compléter le nombre déterminé par la loi.

II. Les 600 places affectées aux officiers militaires invalides par la loi du 16 mai 1792, tant à l'hôtel qu'à la pension, seront réduites à 400, moitié à l'hôtel et l'autre moitié à la pension représentative ; les 200 places excédantes seront affectées aux sous-officiers et soldats.

Et néanmoins le tableau des officiers invalides, approuvé soit par le présent décret, soit par celui du 3 mars dernier, et dont le nombre est porté à 436, sera maintenu pour cette fois seulement, et sans tirer à conséquence, pour être réduit par le bénéfice des extinctions, à 400, auquel nombre il est définitivement arrêté.

III. La convention nationale dérogeant à la rigueur de la loi en faveur des vingt quatre officiers

ficiers que le directoire du département de Paris a présentés comme non admissibles à l'hôtel ni à la pension, parce qu'ils n'ont été réunis à l'hôtel que le 28 mars 1791; considérant que seize autres officiers qui se trouvoient dans le même cas, ont été, par le décret du 3 mars dernier, admis à la pension, décrète que les vingt-quatre officiers dont il s'agit, seront admis à habiter l'hôtel national des invalides.

IV. Les vingt-six autres officiers et les dix-sept sous-officiers et soldats portés sur les nouvelles listes des militaires invalides qui ont desiré et qui ont droit d'habiter l'hôtel national, y seront admis; les dix-neuf officiers et les cent soixante sous-officiers et soldats, dont les noms sont établis sur les nouvelles listes de ceux qui ont opté, et qui ont des titres pour obtenir la pension qui représente l'hôtel, jouiront de ladite pension à dater de l'époque de la nouvelle organisation, chacun suivant son grade, conformément à ce qui est fixé par l'article XIV de la loi du 16 mai dernier.

V. Les uns et les autres désignés dans l'article précédent, avant de jouir des avantages qui leur sont accordés, seront tenus de produire, à l'appui de leurs droits, toutes les pièces justificatives exigées par ladite loi.

VI. La convention nationale approuve les deux tableaux dressés par le directoire du département de Paris, en conséquence de l'article XXIV du titre Ier. de la même loi, des 500 militaires invalides destinés à remplir les places qui vaqueront dans la présente année, soit à l'hôtel, soit à la pension.

VII. Le ministre de l'intérieur est chargé de faire faire incessamment, par le directoire du département de Paris, le recensement de tous les militaires invalides admis à l'hôtel ou à la pension par le présent décret et par celui du 5 mars, afin de faire jouir sans délai ceux des suppléans qui, en cas de décès, sont admis les premiers au remplacement.

Fin du tome troisième.

TABLE DES MATIÈRES
DU CODE MILITAIRE.

(*Nota.* Le chiffre romain indique le volume ; le chiffre arabe désigne la page.)

A

Proclamation que leur adresse la convention sur la trahison qu'elles ont essuyée dans la Belgique, III, 69 et 70. Il leur est envoyé des commissaires pour instruire les soldats sur les événemens du 10 août, 564. Division de l'armée en onze parties, 531. Nombre des commissaires de la convention qui les surveilleront, 533. Instruction relative à leurs fonctions, 542. Commandement des armées, 594, il sera fait une fête pour célébrer leurs succès, 144.

Armée des *Alpes* : 100,000 livres mises à la disposition du général, II, 175.

——————— *Alpes maritimes* : payement des troupes, II, 84. Six commissaires y sont envoyés, 524.

——————— des *Ardennes* : 100,000 livres mises à la disposition du général, II, 175.

——————— de la *Belgique* : elle a bien mérité de la patrie, I, 459. Adresse que lui envoye la convention pour l'éclairer sur la trahison de Dumouriez, II, 356 et suiv. et III, 61 et suiv. Mesures pour que les soldats rejoignent leurs drapeaux, II, 415 et 416.

——————— des *côtes de Brest*, 50,000 liv. mises à la disposition du général, II, 175.

——————— des *côtes de Cherbourg* : 100,000 liv. à la disposition du général, II, 175.

——————— des *côtes de la Rochelle* : fonds mis à la disposition du général, II, 175. Il est adjoint de nouveaux commissaires à ceux qui ont été envoyés, 571.

——————— d'*Italie* : 100,000 livres mises à la disposition du général, II, 175.

——————— de l'*Intérieur* : est une des 8 armées, I, 17

——————— du *midi* : il est attaché une compagnie de guides et une légion franche, I, 159 et 160. Augmentation des guides, 182 ; mode de payement de ses appointemens, solde et masses, II, 63 et 64. Les gratifications et traitemens auront lieu sur le même pied que ceux de l'armée du nord, II, 66. Nomination d'un payeur et d'un contrôleur de ses dépenses, 143. Fonds mis à la disposition du ministre de la guerre pour ses dépenses extraordinaires de la campagne de 1792, 168 et 169. Il y est envoyé des commissaires pour examiner la conduite du général Montesquiou, 515.

Armée de la *Moselle*, fait une des huit armées, II, 17.

——————— du *Nord* : 200,000 liv. mises à la disposition du général, II, 175. Rappel des anciens commissaires, II, 523. Cinq nou-

1791, I, 9. Seize milli(ns) 790,000 liv. seront employés aux dépenses de 1793, 105 et 106. Mesures prises par le département des Landes pour augmenter l'artillerie, II, 98 *et suiv.*

Artillerie : (équipages d') les employés sont exempts du recrutement, I, 393.

Aspirans du *génie* : leurs examens, I, 124 et 25.

Assas : Brevets de pensions de sa famille, 565.

Assaut : (place prise d') jugement et punition du militaire qui quittera son poste pour s'y livrer au pillage, II, 310.

Assesseurs du *grand juge militaire* : les suppléans juges militaire en rempliront les fonctions, II, 269.

Assignats : payement en cette monnoie, de la partie de la solde et des appointemens qui étoient payés en numéraire, II, 87.

Associations délibérantes : celles établies dans les régimens sont abolies et défendues, II, 250.

Ateliers : il en sera établi pour la confection de l'habillement et équipement des troupes, II, 95.

——— de *Paris* : ils seront convertis en manufactures d'armes, II, 103.

Attroupemens : punition des auteurs, II, 313. Ils seront dissipés par les troupes sur la réquisition des municipalités, 469. Réquisition et action de la force publique pour les dissiper, 479 et *suiv.*

Auberges : la gendarmerie a droit de les visiter, III, 177.

Aumôniers : leur logement chez l'habitant, I, 455. Payement de ceux des places de guerre, 547. Masse pour l'entretien de leur logement, II, 53. Leur traitement en campagne, 54.

Auxiliaires : leur nombre est porté à 100,000 hommes, I, 126 et 127. Ils compléteront l'armée, 127. Durée de leur engagement, et qualités requises pour être reçu, *ibid.* leur solde pendant la paix, 128. Leur levée et payement de leur solde, 128 et *suiv.* leur répartition dans chaque département, 130 et *suiv.*

Avancement militaire (les Législatures votent sur les règles de l') I, 6. Son mode, 36 et *suiv.* 262 et *suiv.* Exécution du décret qui en prescrit les règles, 286.

——— dans *l'artillerie* : il aura lieu pendant la guerre suivant le mode décrété pour l'avancement pendant la paix, I, 105; et aura lieu conformément à la loi du 27 avril, 112 et 113.

Aversberg (le comte d') sera mis en otage jusqu'à ce qu'a

la liberté ait été rendue aux commissaires de la convention et au ministre de la guerre, III, 120.

B.

Baillages : (lieutenans de roi de) suppression de leur emploi, I, 489.

Bastille : pensions accordées à ceux qui ont été blessés au siége de cette forteresse, I, 272. Voyez *vainqueurs de la Bastille.*

Bataillon , (chef de) nom que portera le lieutenant-colonel d'infanterie, I, 36. Sa nomination, 37.

Bataillons (les) seront composées d'une compagnie de grenadiers et de huit fusiliers, I, 33.

Bataillons de garnison (suppression des 78.) , I, 237. Voyez *Troupes provinciales.*

Bataves : organisation en corps d'infanterie légère de ceux présentés par le citoyen Makenstros, I, 222. Voyez *Provinces-unies.*

Bâtimens militaires : les corps administratifs ne peuvent en disposer , I, 511.

Batteries (les) sont déclarées propriétés nationales , I, 472.

———— des *côtes*. Deux millions pour leur rétablissement, armement , garde et service, I, 110.

Baudoin : résiliation du bail à lui fait pour le transport des effets militaires, II, 120, 132 et 133.

Bayonne : suspension de l'exécution de l'arrêté des commissaires, qui accordoit deux sols de haute-paye, II, 69.

Beauharnois , ministre de la guerre, II, 582. Il est nommé commandant de l'armée du Rhin, 595.

Beaurepaire : Son corps sera transféré au Panthéon Français , II, 583.

Béfort : informations à prendre contre les crimes commis dans cette ville par les régimens de Lauzun et Liégeois, III, 86. Les délits ne peuvent leur être imputés , 89.

Belges : les drapeaux qui leur ont été enlevés et repris à la journée de Vifton, leur seront remis, I, 456 ; ainsi que ceux trouvés à Malines, 457 ; cinq cent mille livres pour l'entretien et l'armement de ceux qui se rangeront sous les drapeaux français, III, 93 et 94.

Belgique : il y est envoyé des commissaires, II, 517 et 518. Approbation des arrêtés qu'ils ont pris, 520 et 521. Mesures à prendre pour envoyer des secours dans ce pays , II, 522

Aa 2

la cour martiale, 308. Ils rempliront les fonctions de juge
de paix à l'armée, 328 et 529. Ils seront au nombre de
23, 419. Ils exerceront sous les ordres des ordonnateurs,
ibid. Fonctions qu'ils rempliront pour la poursuite des délits et pour l'administration militaire, 425. Leur nombre
est porté à vingt-cinq, 455. Le titre de commissaire-au-
diteur est supprimé, 457 et 458. Ses fonctions dans les
cours martiales seront remplies par le plus ancien commissaire ordinaire, 459.

Commissaires-ordonnateurs : ils feront passer chaque mois
au pouvoir exécutif les états de situation des armées et de
leurs besoins, II, 447. Ils auront le titre de grand juge militaire dans les cours martiales, 268. Voyez *Juge-militaire.*
Ils sont au nombre de 23, 418. Leurs fonctions dans les
cours martiales et dans l'administration militaire, 418 *et*
suiv. Leur nombre est porté à 25, 455.

Commissaires ordinaires : ils seront assesseurs du grand-
juge, II, 430. Leurs fonctions, 430 *et suiv.* Leur nombre
est porté de cent trente-quatre à cent quarante-deux, 455.

Commissaires des tribunaux : ils sont exempts du recrutement, I, 82.

Compagnies-franches, (levée de 54) I, 154. Leur organisation, 157. Leur solde, uniforme et armement, 158 et
159. Couleur de leur uniforme, 160 et 161. Formation en
bataillon d'infanterie legère de la troisième compagnie de
l'armée de la Moselle, 236. Les soldats de ligne qui sont
entrés dans ces compagnies, pourront y rester, 326. Les
troupes coloniales employées dans le Morbihan, serviront
à leur formation, 258. Les corps qui se formeront ne pourront s'y recruter, 386 et 387, Ceux qui en sortiront sans
permission pour passer dans de nouveaux corps, seront
punis comme déserteurs, 387. Il n'en pourra être formé
avec le contingent des départemens, 406.

Comptes des régimens : mode de leur vérification depuis six
ans, II, 256.

Condamné (le) a le droit de demander la cassation du jugement de la cour martiale, II, 308.

Condamnation à mort, (il faut l'unanimité de trois voix
pour la) II, 284.

Confiscation des biens : elle aura lieu contre les auteurs et
participes des émeutes qui auront lieu à l'époque du recrutement, I, 396.

Congés, (il ne sera plus exigé des officiers, aucun homme

D

E

F

Fautes

H.

I

K

L

Ff

M

P

un détachement de gendarmerie pour veiller à son maintien, II, 333.

——————— des *places de guerre* en état de paix, de guerre ou de siège, I, 470, 471, 472 et 476.

Ponts et chaussées : les ingénieurs complèteront le corps du génie, I, 44. Emploi des élèves dans les armées, 61. Les trésoriers sont supprimés, II, 134.

Porcs salés : le ministre de la guerre est autorisé à en acheter chez l'étranger, II, 111.

Porentruy, (garde des forts et frontières du côté de) I, 530. Pouvoirs des commissaires qui y seront envoyés, II, 521 et 522.

Porte-drapeaux : remplacement de ceux réformés, I, 271 et 272. Leurs pensions, 570.

Portiers des *places de guerre*, (payement des frais des) I, 547.

Poste : jugement et punition du militaire qui l'aura abandonné à la guerre, ou qui l'aura quitté dans une place prise d'assaut pour se livrer au pillage, II, 310 ; contre celui qui l'aura quitté sans permission, 311.

Postes avancés : peine contre le militaire convaincu de les avoir passés sans permission, II, 312.

Postes militaires : leur division en trois classes, I, 469.

Poudres et salpêtres : les ouvriers employés à leur fabrication, sont exempts du recrutement, I, 52. Leur fabrication et leur vente, II, 176. Organisation de la régie, 179 et 180. Fonctions des employés, 181. admission et avancement des emplois, 182 et 183. Traitement des employés, 185 et 186. Distribution des poudres françaises ou étrangères, 185 et 187 ; continuation de leur fabrication et exploitation conformément au décret du 27 septembre 1791, 189. Prix auquel seront vendues leurs différentes qualités, 193 et 194. La sortie de la poudre de chasse à l'étranger, est défendue, 195.

Pouvoir exécutif : peine contre les corps administratifs qui modifieront ou suspendront l'exécution de ses ordres, I, 67. Il pourra nommer aux places, tous les citoyens capables de les remplir, 322. Il rendra compte de huitaine en huitaine des besoins des armées et des moyens qu'il aura pris pour y satisfaire, II, 147. Il est mis à sa disposition, des fonds pour les dépenses qu'exigent les circonstances, 171.

Prast : sa proposition de lever une légion est décrétée, I, 194. Le décret est rapporté, 197.

Q

R

porés dans le 13e. régiment des chasseurs à cheval, I, 225.

S

U

V

Ii

Fin de la table des matières.

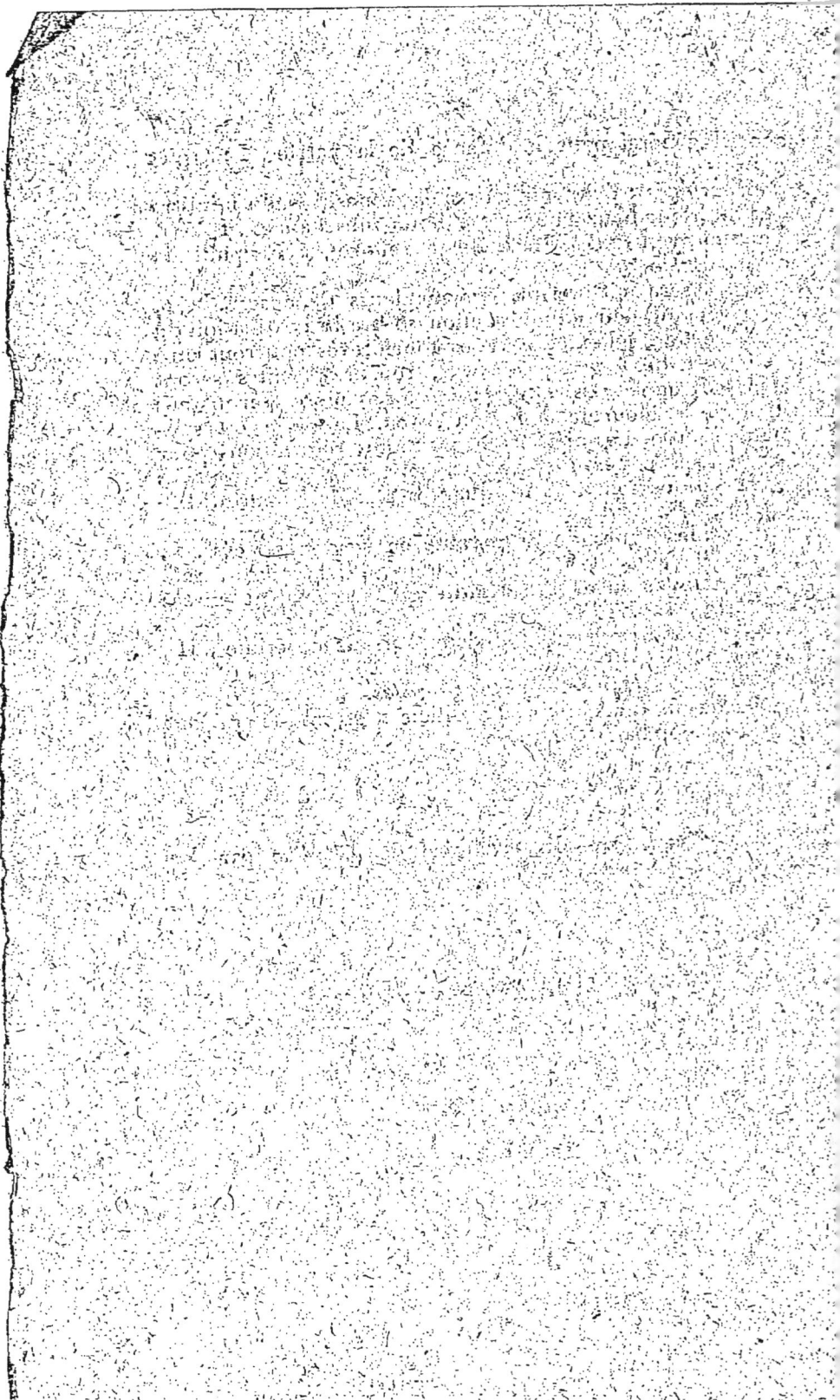

www.ingramcontent.com/pod-product-compliance
Lightning Source LLC
Chambersburg PA
CBHW060927220326
41599CB00020B/3044